国際交易の古代列島

田中史生

角川選書
567

国際交易の古代列島　目次

図版作成／リプレイ

プロローグ――交易史から国際交流を考える

現代は、人も財も国や地域の枠組みを超え、地球規模で行き来する時代。いわゆるグローバル化の時代である。情報技術の革新が、この流れを加速度的に進行させている。

しかし、市場経済とＩＴが牽引《けんいん》する今のこの大きなうねりには、戸惑いを覚える人も少なくないだろう。グローバル化の進展は、法やシステム、考え方や文化までも地球規模で流通させ、国境を超えた社会の「均質化」をすすめながら、その一方で、新たな支配秩序や中心―周縁関係をつくり出し、「格差社会」という一面も押し広げている。グローバル化に続けという威勢のよい掛け声とは裏腹に、反グローバリズムの動きが広がり、東アジアではナショナリズムが不気味に共鳴しあう。そんなに明確なイズムを掲げなくとも、昔のように国家の壁を高くして、壁の内側で一息つきたいと思う人はおそらく増えている。

けれども歴史的にみるならば、財の交換を目的に結ばれた越境的な社会関係が、それまでの社会の枠組みや政治体制を大きく揺るがすといったようなことは、古代からはじまっていた。私たちが「現代社会の課題」と悩むグローバル化やボーダレス化には、古代にまでさかのぼる人間社会共通の問題が含まれているのである。

本書は、日本列島に国家が誕生する古代において、財を獲得するための交易関係がどのように列島を越えて結ばれ、それが引き起こす社会不安や課題に古代人がどう向き合い、乗り越えていったのかを、通史的にみてみようという試みである。叙述の出発点は紀元前までさかのぼる。そこから中世とよばれる新時代の夜明けまで、近代の国際経済システムが成立するはるか以前の列島の古代人たちが、文化の異なる地域や集団とさかんに交易を行いながら、いかにして社会変容をとげていったのか。その千数百年の歴史を紐解《ひもと》いていこうと思う。

そこから浮かび上がる古代日本の国際交流史は、これまで馴染《なじ》んできた歴史像とは少し違ってくるだろう。一般に、国際交流の歴史は、王権や国家の間で繰り広げられた外交の歴史を中心に描かれてきた。この場合、国際交流の主役も政治を担う王権や国家である。けれども国際交易では、たとえば民間の商人も重要な主役となる。王権や国家はそうした主役の一つにすぎない。モノを介して結ばれる越境的な交易関係には、こうした多様な主役たちが、それぞれの思惑で結び合う、国も民族も文化も超える連鎖的で広域的な社会関係があらわれる。また、遠距離を旅し、異文化を渡り歩く交易者たちは、多くの危険と隣り合わせの不安を、社会秩序を提供する政治権力や、精神的な安らぎを与える宗教に接近して払拭《ふっしょく》しようとする。仲間どうしの絆《きずな》、交易相手との信頼関係を深めるさまざまな工夫も怠らなかった。財を獲得する方法も、売買や商取引だけとは限らない。贈答や戦争も財を獲得する重要な手段とされていた。それはさまざまなレベルで行われ、時に制度化され、大規模に行われることもあった。

こうして、古代の交易から国際交流史をみることは、日本史と世界史のつながりを国家間関係史としてみることに慣れてきた私たちに、国境で引かれた歴史とは別の舞台の、多様な分野と主役でつながる国際交流史があったことを気づかせてくれるはずである。またそれらが、国境をもつ人間の歴史に多大な影響を与えていたことを知ることになるだろう。そして筆者はこのことが、グローバル化時代を生きる私たちに、越境する社会を歴史的に考えるきっかけも与えてくれると期待するのである。

I　東アジア海域交易圏と倭人の首長たち

1　東アジア海域交流・交易圏をさかのぼる

戦国の強国燕と海域交流・交易圏

古代中国の地誌『山海経《せんがいきよう》』の「海内北経《かいだいほつきよう》」に、「蓋国《がいこく》は鉅燕《きよえん》の南、倭《わ》の北にあり。倭は燕に属す」という興味深い一文がある。巨大な燕の南方には蓋国があり、そのまた南方には倭があって、倭は燕に属しているというのである。『山海経』は前漢の紀元前二―前一世紀までにその原形ができたとされ、後世の加筆や空想的・伝説的な記述も多い。けれども「鉅燕」は、春秋戦国時代、現在の北京を中心に渤海《ぼつかい》海域に面した河北《かほく》省北部から遼寧《りようねい》省を支配した燕のことで、その南方の「蓋国」を朝鮮半島に、そのさらに南方の「倭」を日本列島に求める見解は、有力説の一つである。司馬遷《しばせん》の『史記《しき》』によれば、燕は東方の朝鮮半島各地から「利」を集めたというから（貨殖伝）、朝鮮半島ともさかんに交易をしていた。そしてこの朝鮮半島の南部は、弥生《やよい》時代、西日本と密接な交流・交易関係にあった。

こうしたことから、中国の戦国時代、燕は渤海、黄海《こうかい》をとりかこむ地域に政治的・経済的な関係をつくり、西日本も朝鮮半島を介して燕とつながっていたのではないかとする説がある（山尾幸久）。筆者もこの仮説は、ある程度当を得たものと考える。近年、考古学において、その想定を裏付けるような知見が増えているからである。燕はすぐれた金属器文化を有した戦国七雄の一つであった。この燕の系統に属する青銅器・鉄器の分布から、紀元前四―前三世紀、燕が東方の遼東《りょうとう》地域へ進出すると、燕系金属器も朝鮮半島や弥生時代の日本列島に本格的に伝わったと考えられるようになってきたのである（図Ⅰ-1）。そしてちょうどこの頃から、北部九州と朝鮮半島東南地域との相互交渉も本格化した様相がとらえられている。

弥生時代は、水稲農耕だけでなく戦争も行われるようになった時代である。弥生の村々は、森を切り拓き、土を起こして田に水を引き、戦いにも勝利しなければ

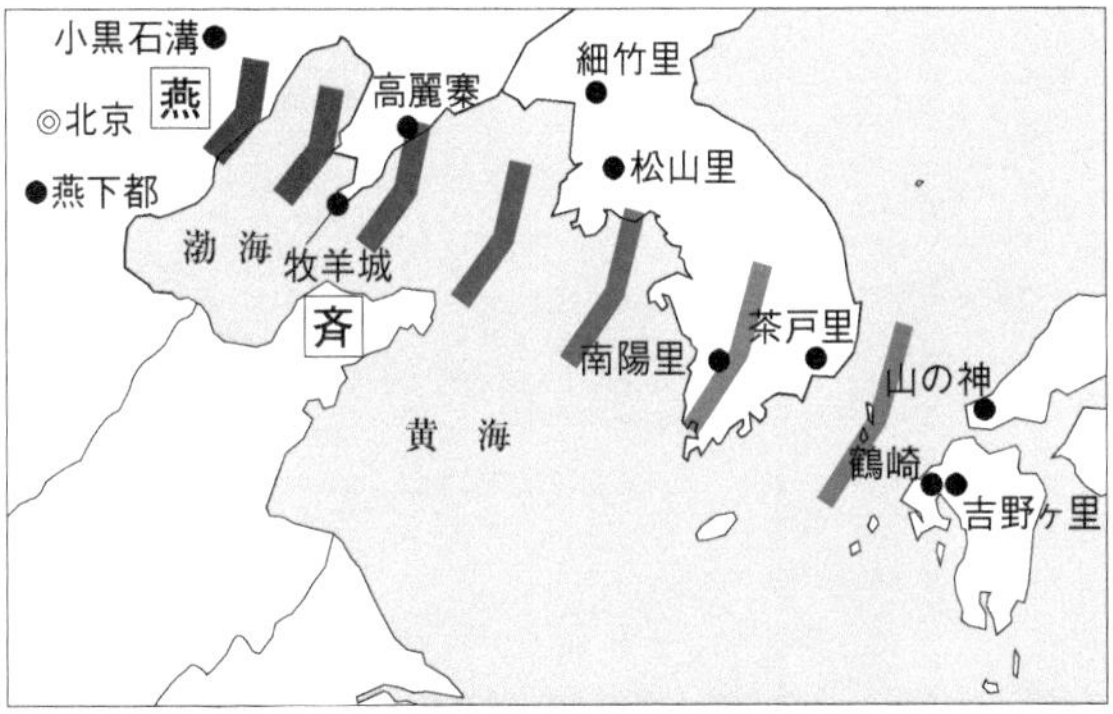

図Ⅰ-1　燕系金属器の東方への広がりと東アジア海域

ならなかった。それには、石器に比べて鋭く、耐久性にもすぐれた鉄製・青銅製の農具や武器が有利である。このため、弥生の人々は海の向こうの金属器・金属素材に注目するようになった。その本格的な導入も、中国の燕の動向と密接にかかわっていたというわけである。

そうなると、日本列島について記した確実な初見史料として知られる『漢書《かんじょ》』の「倭人」の記事が地理志燕地条におさめられていることも、重要な意味をもつことになるだろう。『漢書』は、後漢《ごかん》時代に班固《はんこ》（三二―九二）らが編纂した前漢《ぜんかん》に関する歴史書である。その燕地条は、燕地の領域と歴史や風土を説明し、前漢時代に楽浪《らくろう》郡が設置されて朝鮮半島に社会変化が起きたと述べたあと、「夫《そ》れ楽浪海中に倭人あり、分かれて百余国と為る。歳時を以て来たりて献見すと云う」という日本史の教科書でもお馴染みの著名な文章を続ける。『漢書』もまた、「倭」を、海を介した燕地とのつながりのなかでとらえたうえで、百余国におよぶ倭人の国々が前漢と定期的な通行関係をもつようになったと伝えているのである。

要するに『山海経』や『漢書』には、漢代の人々の、燕から朝鮮半島、日本列島へとつながる交流圏があるという地理認識が示されている。それがある程度実態をともなう認識であったことも、燕系金属器の分布によって確認できる。そこで留意されるのは、燕が、山東を支配した斉《せい》などとともに、魚、塩などの海産資源を豊かにもつ海域国家だったという事実である（鶴間和幸）。燕は、もともと東方海域との結びつきが強い国であった。

以上のことから、筆者は、紀元前四―前三世紀の日本列島が、燕の東方進出にともなって、海を介し金属器文化を流通させる燕地交易圏に組み込まれていったと考える。そして、この東アジアの海域交流・交易圏が、以下で述べるように、列島史を、より広域的な歴史と結びつける扉の役割も果たしたとみる。

東アジア海域とユーラシア史

紀元前二二二年、戦国の強国燕は秦《しん》によって滅亡した。翌年、斉も滅ぼした秦の始皇帝《しこうてい》は、中国の統一に初めて成功すると、支配領域を郡―県の行政区に分け、官僚を配置して直接統治をはかる、中央集権的な郡県制を全面的に施行した。内陸国家の秦は支配領域の東端を遼東まで広げ、『史記』が「地は東して海に至り朝鮮におよぶ」と記すように、朝鮮へとつながる中国東方の沿岸地域を影響下におさめることとなった。海域世界を認識するようになった始皇帝は、自らの領域を確認するかのように東方沿岸部への巡行を繰り返す。

ところがその始皇帝が没すると、秦も反乱を抱えて紀元前二〇六年にあっけなく滅亡した。これに代わって中国の新たな覇者となったのが前漢である。

前漢は、郡県制に加え、直接支配の難しい地方に封建制的支配を一部復活させる。始皇帝の時に郡県化した燕も、秦末の動乱期には再び自立していたが、前漢の初代皇帝劉邦《りゅうほう》は、軍功をあげた武将の盧綰《ろわん》を燕王に封じて、燕国を維持した。ところがその後、盧綰が中央と対立し、劉邦没後の紀元前一九五年、モンゴル高原を中心に一大勢力を誇った匈奴《きょうど》に亡命すると、燕国はまた廃されて郡県化した。一方、盧綰の部下の衛満《えいまん》は一〇〇〇人余りを従えて朝鮮に入り、在地有力者を束ねて、王険城《おうけんじょう》（平壌《ピョンヤン》）を首都に衛氏朝鮮《えいしちょうせん》を建国する。燕の混乱が、従来から密接な交流関係にあった朝鮮半島にも飛び火したのである。朝鮮半島と中国大陸の結節点に栄えた衛氏朝鮮は、両地を結ぶ交易に重要な役割を果たし、交易を媒介に周辺の首長層を組織していったとみられている（李成市）。

そして前漢武帝《ぶてい》の時代、日本列島を含む東アジア海域は、より大きな歴史の連関構造に組み込まれることとなった。紀元前一四一年に即位した武帝が、積極的な対外政策を展開し、漢代最大の領域を形成していったからである。

武帝はまず、最大の脅威となっていた匈奴に武力攻勢をかけ、オルドスや、中国と西域を結ぶ河西回廊《かせいかいろう》を攻略し、郡県を置くなどして北方・西方の中央ユーラシアへの支配を強める。その成果があがると、今度は中国南部からヴェトナム北部を勢力圏とした南越国《なんえつこく》に圧力をかけ、軍船を仕立てて紀元前一一一年にはこれを滅ぼした。そしてその領域にも九郡を置いて、漢の直轄地としていった。するとこの三年後には、船団を朝鮮半島にふり向け、山東と遼東の海・陸両面から衛氏朝鮮を攻め滅ぼし、楽浪、真番《しんばん》、臨屯《りんとん》、玄菟《げんと》の四郡を設置する。中国の郡県支配が朝鮮半島にも持ち込まれたことによって、中国の政治的影響力は、より直接的に朝鮮半島や日本列島へもおよぶようになったのである。

このように武帝は、反時計回りに、北方・西方の陸域に対する支配力・影響力を強化すると、南方・東方の海域支配も積極的にすすめていった。また匈奴との抗争に備え西域諸国との提携を重視したため、西域との通行が活発化し、東西で物産や情報の行き来が格段に増大した。筆者は、中国を介してその四方の陸域・海域の地域世界が相互につながる東ユーラシア規模の史的連関構造の基盤が、まさにこのときに形づくられたと考える（図Ⅰ-2）。

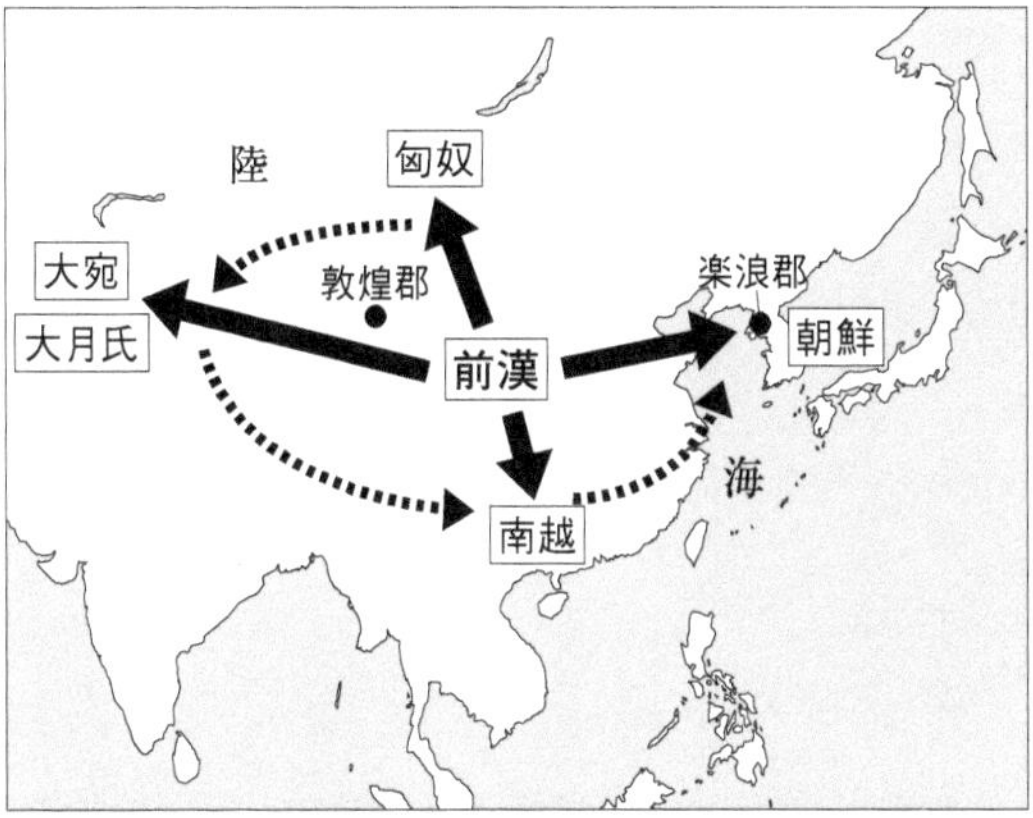

図Ⅰ-2　前漢武帝の領域拡大と東ユーラシア

楽浪郡から日本列島へ

ところで、前漢が衛氏朝鮮を滅ぼし設置した四郡のうち、真番郡、臨屯郡、玄菟郡は、その後撤退・縮小を余儀なくされる。けれども、現在の朝鮮民主主義人民共和国（北朝鮮）の平壌を中心とした楽浪郡だけは、他郡管轄県の一部を吸収しつつ、漢の東方進出の前線基地として成長していった。楽浪郡治は、大同江を五〇キロほどさかのぼった汽水域にあり、東アジアの海に開けた海港都市としての性格をもつ（鶴間和幸）。そのため、朝鮮半島と中国大陸の交易に重要な役割を果たしていたとみられる衛氏朝鮮も、ここを首都としたのだろう。楽浪郡はその地政学的優位性を引き継いだのである。『漢書』が「夫れ楽浪海中に倭人あり」と、倭人の地を、楽浪郡を起点にその「海中」にあるとしたのは、ここが中国王朝の東方海域世界をにらんだ拠点となったからである。

発展する楽浪郡は、朝鮮半島の諸社会に多大な影響をもたらした。平壌市貞栢洞《チョンペクトン》三六四号墳から出土した「楽浪郡初元四年県別戸口統計簿《しょげんこ こう》」木簡《もつかん》には、楽浪郡管轄下の二五県について、紀元前四五年の戸口数と前年度からの増減が記され、前漢の地方支配の文書行政システムが楽浪郡にそのまま適用されていたことを知ることができる。『漢書』地理志燕地条によれば、楽浪郡設置当初、殺人、傷害、窃盗に関する「犯禁八条」の法令により、郡内朝鮮の民の秩序は保たれたが、中国の文化的影響と、中国の官吏や商人の往来の激化で、徐々に秩序が乱れていき、設置から八〇年ほど経つと法令の条文は七倍以上に膨らんだという。

楽浪郡の影響は、郡外南方地域へもおよんだ。そのことを考古学的に裏付けるのが、楽浪との交渉を示す漢式遺物の出土である。なかでも、朝鮮半島東南の加耶《かや》地域に属する韓国泗川《サチョン》市の勒島《ヌクド》遺跡や昌原《チャンウオン》市の茶戸里《タホリ》古墳群などは、楽浪系の遺物が豊富なだけでなく、日本列島との交流を示す遺物も多く出土し、注目される。

韓国南沿岸部に浮かぶ勒島は、小島ながら、陸と海を結ぶ拠点として、全体が先史時代以来の遺跡で覆われている。ここからは前漢の銭貨や漢式の鏃《ぞく》、楽浪系土器とともに弥生土器が出土し、とくに楽浪郡設置期頃の弥生土器の量は、他の韓国の遺跡を圧倒しているという。こうしたことから、楽浪郡の設置で交易ルートが整備されると、勒島は楽浪郡—朝鮮半島南部—北部九州を結ぶ交易の拠点として繁栄していったとみられている（井上主税）。

一方、韓国東南端に位置する茶戸里古墳群では、一号墳から、紀元前一世紀頃の漢式遺物や筆、刀子《とうす》が出土していることが特筆される。刀子は木簡の文字を削る際に用いられた小刀で、ここに筆と刀子を使って中国の漢字を操る者がいたことになる。一号墳は茶戸里の墳墓群の中でも上位階層のもので、この地域の有力層は、漢字文化も受容して楽浪郡との直接交渉をすすめ、郡から漢式の文物を入手し、自らの威信を高めていたことだろう。

その茶戸里墳墓群からは、鉄鉱石や鉄素材としても使用される鉄斧《てっぷ》、さらに北部九州産の銅矛や弥生土器などが出土している。加耶地域は弥生・古墳時代の列島社会に鉄を供給した地域だが、茶戸里古墳群は、紀元前後の加耶の昌原の地が、楽浪郡との交渉だけでなく、朝鮮半島と日本列島を結ぶ鉄交易の拠点でもあったことを示している（朴天秀）。

さて、これら勒島遺跡や茶戸里古墳群から日本列島へ向かうと、その途中の壱岐《いき》島には原《はる》の辻《つじ》遺跡がある。遺跡からは、大規模な環濠集落《かんごうしゅうらく》とともに大陸系の最新土木技術で築かれた船着き場跡などが発見され、紀元前一世紀前後に進行するその計画的な大土木工事には、島外勢力の関与が想定されている。また、北部九州系の弥生土器のほか、朝鮮半島系の土器、さらには前漢の銭貨、「権《けん》」と呼ばれる青銅製の棹秤《さおばかり》の錘《おもり》など、中国系の文物も出土している。こうしたことから、原の辻遺跡も、楽浪郡の設置を契機に活発化した東アジア海域交易とかかわり発展した遺跡とみられている（宮﨑貴夫）。

壱岐からさらに船で南へ向かうと、いよいよ九州本島北岸に到着する。その主要港湾の一つ、博多《はかた》湾口に面した志賀島《しかのしま》では、江戸時代に「漢委奴国王」と陰刻された金印が発見された。これが『後漢書』東夷伝の伝える、建武中元《けんぶちゅうげん》二年（五七）、後漢の光武帝《こうぶてい》が朝貢してきた奴国王に与えた印である。奴国の中心部と目される福岡県春日市の須玖岡本《すぐおかもと》遺跡群では、朝鮮半島と

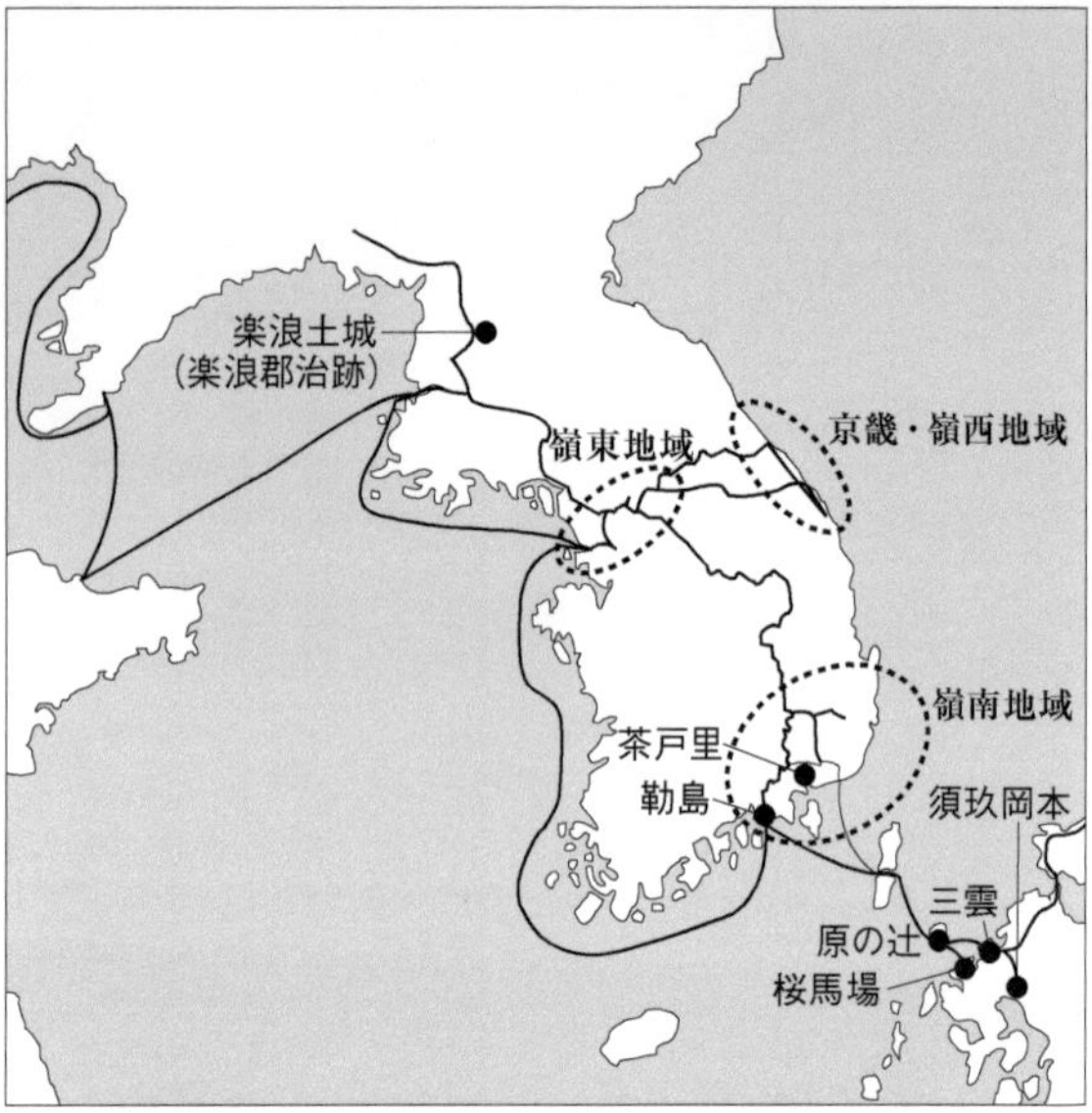

図Ⅰ-3　楽浪郡—日本列島の交易ルート
（高久健二・2012・図12に一部加筆・改変）

の交流を示す鉄器や青銅器の生産工房跡が確認されるとともに、紀元前一世紀前後の中国鏡も多く出土し、前漢との交流があったことが知られる。また、奴国のある博多湾から西へ目を転じると、やはり壱岐から九州本島北岸へといたる交易ルートで中核的な役割を果たした糸島半島と糸島平野がある。ここは『魏《ぎ》志《し》』倭人伝に登場する伊都国《いとこく》の所在地で、福岡県糸島市の三雲南小路《みくもみなみしょうじ》遺跡からは多くの前漢鏡などが出土している。

　このように、考古学からは、楽浪郡以南から北部九州にかけて、漢式の威信財や鉄・鉄製品をめぐり、郡から朝鮮半島南部、北部九州へといたる水陸の交易ルートが開かれ、それを支える階層的な社会も形成されていた様相が看取される（高久健二、図Ⅰ-3）。かつての燕から日本列島へといたる東アジア海域の連鎖的な交流・交易圏は、漢王朝との交渉の窓口となる楽浪郡の発展によって、海港都市楽浪を中心としたものに再編されていったのである。

2　帯方郡から邪馬台国へ

後漢の盛衰と東アジア海域

紀元九年、前漢が滅んだ。外戚《がいせき》王氏出身の王莽《おうもう》が政権を奪い、新朝《しん》を創建したのである。しかしその新も周辺諸民族の離反や内乱を抱え、一四年後には崩壊。二五年には前漢皇室の血をひく劉秀《りゆうしゆう》が即位して、漢王朝が再興された。これが後漢の光武帝である。

活発な対外政策をとった後漢は、匈奴、烏桓《うがん》、鮮卑《せんぴ》などの北辺の遊牧騎馬民族や、西羌《せいきよう》と呼ばれた西辺のチベット系山岳民族と、軍事的に向き合うことが多かった。西域諸国との関係も、匈奴との勢力均衡の情勢に応じて、国交と断交が繰り返される。南辺では、四〇年にヴェトナムの交趾《こうし》で反乱がおこり、大軍をもってこれを抑え込むなどした。また一六六年には、大秦国《だいしんこく》、すなわちローマ帝国からの使節が象牙や犀《さい》の角、玳瑁《たいまい》（鼈甲《べつこう》）をもって、現在のヴェトナム中部の日南郡に到来している。持参した物品はいずれも中国南方の南海諸国などで取引される特産品で、これを実際にローマ帝国からの使節とみるのは疑問とする向きもあるが、いずれにしても、後漢が東南アジアからインドにいたる海域交易と密接なつながりをもっていたことは間違いない。

一方、後漢と東アジア海域諸国との関係は比較的安定していた。倭人の諸国では前述のように楽浪郡を介して通行した奴国の王が、光武帝からその地位を認められ、金印を与えられている。『後漢書』東夷伝は、これに続けて、永初元年（一〇七）の「倭国王帥升《すいしよう》等」の遣使も伝える。この「倭国王」については、「倭面上国王」（『翰苑《かんえん》』）や「倭面土国王」（『通典《つてん》』）とする史料もあり、実際は北部九州の「面土国」の王だった可能性が高いと思うが、帥升が後漢に「倭国王」（倭人の王）と認められていたとしても、やはり北部九州を拠点とする王であったとすべきだろう。考古学からみても、当時の列島では、北部九州が優位的地位を保っていたことが明らかだからである。

ところが、後漢の末期になると、それまで比較的安定していた東アジア海域諸国との関係が揺らぎはじめる。『魏志』韓伝には「桓《かん》・霊《れい》の末、韓・濊彊《わいきよう》盛《せい》たりて、郡県制することあたわず、民多く韓の国に流入す」とあり、二世紀後半の桓帝・霊帝の頃、楽浪郡から韓族諸国への流出者が続出して、これを郡が制御できなくなっていたらしい。黄巾《こうきん》の乱に代表される二世紀後半の後漢の混乱・衰退は、周辺諸国・諸民族の離反を生むなど、これまで後漢の威光に頼ってきた国際秩序を危機にさらしていた。そのなかで、楽浪郡の支配力も低下し、郡から自立する諸族の動きは強まって、朝鮮半島情勢は激しく流動化していた。

これと時期を同じくして、日本列島も不安定な状況に陥っている。『後漢書』は「桓・霊の間」に「倭国大乱」があったとし、『魏志』倭人伝も「倭国乱れ、相攻伐《あいこうばつ》すること歴年」と記している。楽浪郡の影響下に動いていた東アジアの海域交流・交易圏の混乱は、これと直接つながり階層化をすすめてきた北部九州の権力者たちを中心に、倭人社会に大きな動揺をもたらしたとみられる。『魏志』倭人伝によれば、この混乱の収束をはかるため、倭の諸国の支配者たちが共に王として擁立したのが、邪馬台国《やまたいこく》の女王卑弥呼《ひみこ》であったという。

帯方郡と卑弥呼

卑弥呼の時代、中国は魏呉蜀《ごしょく》の三国分立時代を迎えていた。一八四年の黄巾の乱後、後漢政権は多くの反乱勢力や自立勢力を抱え、二二〇年には献帝《けんてい》が魏王に禅譲するかたちで消滅していく。この間、遼東では公孫氏《こうそんし》が自立的な地方政権を築き、東の高句麗《こうくり》に攻勢をかけて、楽浪郡も掌握すると、二〇四年に楽浪郡の南部を割いて帯方郡《たいほう》を設置する。後漢衰退による楽浪郡の弱体化を受けて、当地の郡県支配を立て直そうとしたのである。『魏志』東夷伝の序には、後漢の皇帝が遼東を絶域と位置づけ、公孫氏に「海外の事」を委ねたため、「東夷」との関係が絶たれたとある。朝鮮半島、日本列島にいたる海域は公孫氏の強い影響下に置かれ、一時、中華王朝の直接的な影響から切り離された。『魏志』韓伝は「この後、倭・韓遂《つい》に帯方に属す」と記し、卑弥呼も帯方郡を介して公孫氏と通じたとみられる。

この遼東の公孫氏政権に対し、魏も、呉や蜀との対立を抱えて、しばらくは強硬策に出なかった。けれども、西方の蜀の脅威が弱まると高圧策に転じ、これに反発し自立を強める公孫氏との対決は不可避となっていった。『魏志』公孫度《こうそんど》伝によると、景初《けいしょ》二年（二三八）春、魏は公孫氏討滅の軍を発し、六月、その軍が遼東に達したのである。

『魏志』倭人伝によれば、ちょうどこの六月、卑弥呼は使者を派遣し、帯方郡を介して初めて魏と通じている。しかしそうだとすると、卑弥呼は、魏と公孫氏が戦闘の最中、公孫氏の支配する帯方郡から魏に通じたことになる。このため、卑弥呼の遣魏使も、実際は魏が公孫氏を滅ぼしたあとの景初三年とみるのが通説となっている。ただ『魏志』東夷伝の序によれば、魏は、陸路から公孫氏の本拠地遼東を目指し、海路から楽浪郡と帯方郡を攻略している。このため、景初二年六月には、魏が楽浪郡、帯方郡を一足早く攻略していたとみれば、このとき、卑弥呼が帯方郡から魏に通じることも可能だったはずとする説もある（仁藤敦史）。いずれにしても、魏が公孫氏攻略に際し、海から両郡を攻めたことは注目すべきで、海域に接続する楽浪郡や帯方郡の立地環境をよく物語っている。『魏志』韓伝によると、海路両郡に進攻した魏は、諸韓国の首長らに邑君《ゆうくん》、邑長《ゆうちょう》の地位とその印綬《いんじゅ》を与え、彼らの取り込みをはかった。そして、魏と卑弥呼の間にも帯方郡を介した通行関係が開かれたのである。

『魏志』倭人伝は、帯方郡の使節が邪馬台国へいたるまでのルートも記している。それによると、使節は郡から朝鮮半島を西海岸伝いに「水行」し、今の韓国東南端の金海《キムヘ》にあった狗邪《くや》韓国《かんこく》にいたると、そこから対馬国へ渡った。金海地域は、先にみた茶戸里遺跡があり、以前から倭―韓交流の拠点であったが、二世紀前後の時期には良洞里《ヤンドンニ》古墳群が、三世紀中葉からは大成洞《テソンドン》古墳群が成長している。いずれも板状《ばんじょう》鉄斧などとともに日本列島との交流を示す遺物が多数出土し、ここが邪馬台国の時代も倭人社会に鉄を供給する中心地であった。列島へ向かう船は、そこから対馬国、壱岐の一大国（一支国《いきこく》）を経由し、九州北部の唐津湾《からつわん》に面した末盧国《まつらこく》に着岸する。壱岐にはあの原の辻遺跡が、末盧国の位置する唐津平野には甕棺《かめかん》から漢鏡が出土した桜馬場《さくらのばば》遺跡などがある。唐津湾の東は伊都国の領域となる糸島平野と糸島半島があった。要するに『魏志』が記した帯方郡から金海地域を経て北部九州へいたる海上のルートは、漢代の楽浪郡以来の海域交流・交易の伝統を引き継いだものだったのである。

卑弥呼王権への期待

帯方郡から唐津湾の港に着岸した魏の使者は、そこから陸路、糸島を拠点とする伊都国に入った。ここにしばらく滞在し準備を整えたあと、今度は博多湾岸の奴国へと向かい、さらに卑弥呼のいる邪馬台国を目指したのである。ところが『魏志』倭人伝の記載をそのままたどると、邪馬台国は九州南方海上に没する。このため、邪馬台国をどこに求めるかは、それこそ国民的関心事といえるほどの注目度で、日本では長い論争の歴史がある。それは今も続いているのだが、近年、考古学を中心にこれを奈良盆地に求める説が有力となっている。筆者も、西日本の倭人社会を代表する政治センターは、卑弥呼の時代、奈良盆地に築かれた可能性が高いと考える。しかしそれまで西日本の倭人たちの主導的立場にあったのは、北部九州の伊都国の王だったろう。『魏志』倭人伝は伊都国について「世に王有るも皆女王国に統属す」と記すし、考古学的にみても、ここが二世紀までは北部九州における倭韓交易ルートの中核だったからである。

ただし、三世紀に奈良盆地に倭人の政治センターが登場するまでの経緯は、西日本と東日本の交流が強く意識されるようになったということ以外、あまりはっきりとしたことはわからない。従来、邪馬台国近畿説は、楽浪郡の衰微を契機とする鉄流通の動揺で、北部九州勢力とヤマトを中心とする勢力に対立が生じ、「倭国大乱」がおこって、これにヤマトを中心とする勢力が勝利し、邪馬台国連合が登場したと説明してきた。けれども考古学的には、そうした大規模な「戦争」を裏付ける資料が確認できない。以後も鉄の普及に関して北部九州の優位性は揺るがなかったこともわかってきた。鉄資源の輸入ルートの掌握をめぐる九州連合とヤマト連合の抗争というストーリーは、大きく疑われるものとなった。

けれども先に述べたように、日本列島とかかわりの深い同時期の朝鮮半島の混乱をみても、楽浪郡の衰微による東アジアの海域交流・交易圏の動揺が、その影響下にあった倭人社会に大きな葛藤をもたらしたことは間違いないだろう。それは、その後に王として共立された卑弥呼が、邪馬台国連合を代表し、とくに外交や交易の管理・掌握に大きな関心を払う政治を行っていた事実からも裏付けられる。

『魏志』倭人伝によれば、卑弥呼は外部からの接触が厳しく制限された宮室内にひきこもり、祭祀《さいし》を用いて政治を執り行っていた。『魏志』はこれを「鬼道《きどう》」を用いて「衆を惑わす」と評している。しかしそれは彼女の政治手法の話である。そこで『魏志』が伝える卑弥呼の行った政治の内容を具体的にみていくと、使者を派遣した中国魏との交流、邪馬台国連合と対立する狗奴国との戦争、「大倭《だいわ》」という官による「国国」の交易の監督、九州北部の伊都国に置いた「一大率《いちだいそつ》」（もしくは大率）という官による魏や諸韓国との外交の管理・掌握と諸国の検察ぐらいである。卑弥呼は外交、交易、戦争など一小国では対応できない問題に対処するために、倭人諸国の支配層から共立された王であったことがわかる。

3　卑弥呼の交易

「一大率」の役割を探る

以上のようにみたとき、一つ不可解なのは、伊都国に置かれた「一大率」が外交の管理だけでなく、諸国が「畏憚《いたん》」するほどの検察機能をもっていたということである。卑弥呼の王権には、邪馬台国連合諸国の内部秩序を直接掌握するような政治を行った形跡がない。しかも邪馬台国が奈良盆地に求められるとするならば、そこから遠い西端の糸島に置かれた「一大率」による諸国の検察とは、いったいどのようなものだったのであろうか。

前述のように伊都国には、もともと倭人の国際交流に主導的な役割を果たした北部九州の盟主的な王があったとみられる。だから、卑弥呼の王権が外交権を掌握するためにここに官を置いた意味はよく理解できる。伊都国は魏の使節も必ず滞在する所で、邪馬台国時代も対外的な要地であった。「一大率」の役人らは、壱岐から唐津湾に入ってきた魏の使節船を、末盧国の港に迎え、卑弥呼に渡される文書や贈答品を厳重に管理し伝送したという。卑弥呼王権は「一大率」によって、魏との交流を厳しく管理し独占しようとしていた。

港に着いた魏使は陸路、「一大率」のある伊都国、すなわち糸島平野に入ると、ここにしばらく滞在し、次いで博多湾岸の奴国へと向かう。その博多湾岸には、まさに三世紀頃から、糸島を凌駕《りょうが》する国際交易拠点の大集落が形成されていた。その代表的な遺跡である福岡市の西新町《にしじんまち》遺跡では、三世紀から四世紀、近畿系、山陰系、吉備《きび》系、北部九州系の人々と朝鮮半島の渡来人とが混住し、鉄交易なども行った、倭—韓の国際交易の一大拠点としての様相が確認されている。博多湾は卑弥呼の頃から、日本海側、瀬戸内海側に点在する同時代の拠点集落ともつながり、東アジア海域と列島沿岸海域をつなぐ交差点、交易拠点として発展していったのである（菱田哲郎）。

ここで注目されるのは、玄界灘に突きだした糸島半島が、国際交易港の博多湾と外交の港である唐津湾を分かつ半島で、伊都国はその双方に通じていた点である（図Ⅰ-4）。伊都国の「一大率」は、この二つの重要な港湾地帯を管理するための官だったとみて、まず間違いない。しかも国際交易港には西日本各地から倭人が集まっていた。つまり『魏志』のいう「一大率」による諸国の検察とは、国際交流拠点にあたる北部九州の国々や、その港湾に集まる諸国の人々を、外交と国際交易の管理を行う「一大率」が検察していたという意味だろう。

ただし「一大率」は、魏との外交を独占したようには、倭韓交易を独占しなかった。すでに述べたように、鉄の普及に関しては、前代からの北部九州の優位性が保たれているからである。北部九州は相変わらず日本列島が東アジア海域交易圏とつながるジャンクションであったし、その地の利によって発達した北部九州の鉄器文化がこれによって否定されることもなかった。では、卑弥呼が「一大率」で交易港を管理した目的とはなんだったのか。

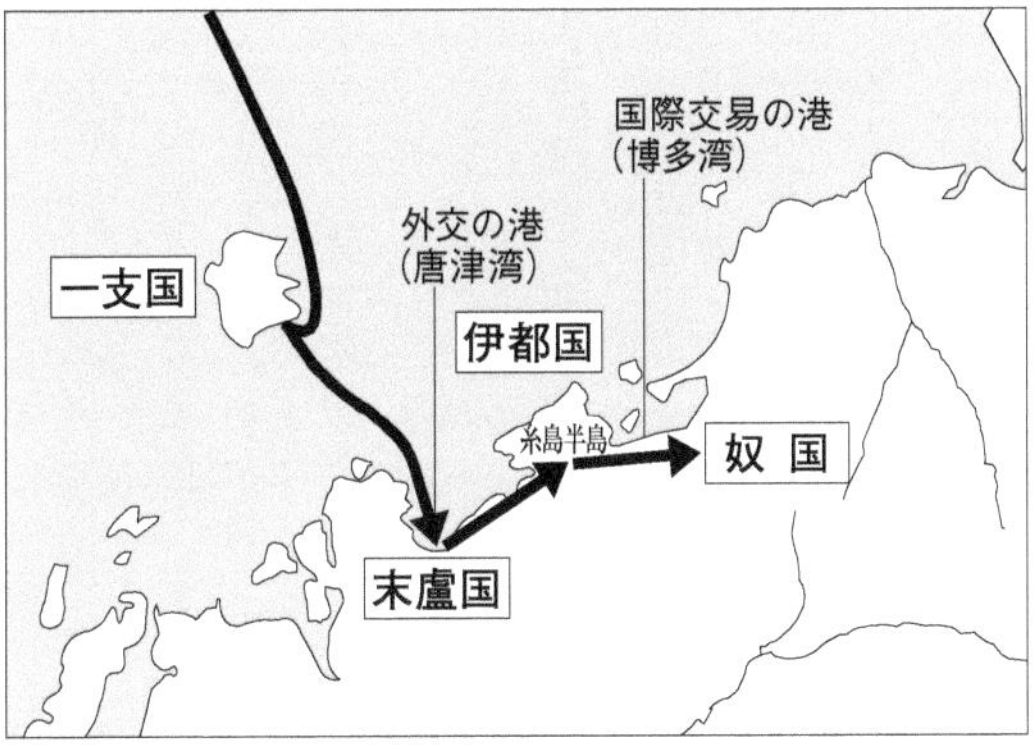

図Ⅰ-4　魏の使節のルート

その答えは、きわめて単純な事実に隠されている。「一大率」の時代、博多湾には西日本各地の人々が集まり国際交易は盛り上がりをみせた。博多湾の交易拠点としての機能は、「一大率」によってむしろ高まっていたのである。要するに、卑弥呼の王権は、秩序の保たれた国際交易港を博多湾に整備することで、連合諸国に開かれた倭韓交易の安定と発展をはかっていたとみられる。それが連合諸国の期待した、王の役割の一つだったからであろう。

こうして復元される「一大率」の役割とは、北部九州における王権外交の管理と国際交易港の秩序維持である。諸国連合を代表する倭王卑弥呼が、国際社会に向けた対外的機能を発揮するために東アジア海域の結節点に置いた現地の官。それが「一大率」であった。

「都市」と「大倭」

「一大率」から浮かび上がる、卑弥呼王権の対外的機能における外交と交易の密接な結びつきは、卑弥呼が魏に派遣した使者の牛利《ぎゅうり》が、「都市」という市の管理者の官職を帯びていたことからもうかがわれる（吉田孝）。ただし『魏志』倭人伝によれば、国々の市を管理したのは「大倭」であった。このため「都市」は、「大倭」と関係する官職とするのが有力で、そこからさらに、国際交易の監視を行ったのも「大倭」だったという見方さえある。けれども『魏志』倭人伝は、倭人の風俗を細かく述べたあとに、続けて次のように記している。

租賦《そふ》を収むる邸閣《ていかく》有り。国国に市有りて有無を交易し、大倭をして之を監せしむ。

それまでは倭人の風俗について詳細に記述しているのに、これに続く右の文章の「国国」が、なんの前置きもなくいきなり倭人社会を飛び越えて倭―韓の「国国」を指しているとみるのは、あまりに唐突であろう。やはりこの「国国」は、倭人の国々を指しているとみるべきである。そしてこの文章に続くのが、すでに検討を終えた以下の文章である。

女王国より以北には特に一大率を置きて、諸国を検察せしむ。諸国これを畏憚す。常に伊都国に治す。

留意されるのは、「一大率」を「女王国より以北には特に」とし、女王国ではなく「特」に伊都国に置かれたものだとわざわざ述べていることである。ということは、その直前の、場所を特記しない「邸閣」や「大倭」は、「女王国」、すなわち邪馬台国にあるものを記している可能性が高い。つまり「国国」の市も、邪馬台国において開かれたはずなのである。

それを示唆《しさ》する遺跡はすでに発見されている。邪馬台国の所在地として有力視されている奈良盆地東南部の纏向《まきむく》遺跡である。ここも列島各地の土器や外来系土器が集まる大規模な交易拠点であった。しかも多量の東海系土器を含む東日本の土器も出土し、ここでは邪馬台国連合の東方に広がる倭人の国々との交易までが意識されていた。『魏志』倭人伝の記事を踏まえるならば、邪馬台国には「租賦」を収める倉庫があり、おそらくその倉庫付近で邪馬台国や、そこに集う諸国の人々が市を開き、これを「大倭」が監督していたのだろう。

このように、卑弥呼王権の交易管理の拠点は、西日本の東辺と西辺にあった。一つは東日本との交流の拠点ともなった邪馬台国であり、もう一つは、東アジアとの交流の拠点となった伊都国である。ここではそれぞれ、「大倭」と「一大率」が交易を管理した。では「都市」の牛利はどちらとかかわっていたかというと、纏向遺跡、西新町遺跡のいずれからも外来系の土器が出土していて、どちらとも言いがたい。卑弥呼に近いとすれば邪馬台国の「大倭」でもよいが、魏に派遣された交易管理官という性格は、外交と国際交易を管理する「一大率」と通じる。もちろん、この双方にかかわっていた可能性もある。

魏と倭の朝貢交易

そもそも卑弥呼にとって、魏との外交は、それ自体が有利な交易でもあった。中国では春秋戦国時代以来、中華＝文明世界と蕃夷《ばんい》＝野蛮世界を区別する中華思想と、中華の君主が高い徳で蕃夷を教化《きょうか》するという王化《おうか》思想が醸成されてきた。漢代以降の歴代王朝は、こうした思想に基づき、異民族の君長《くんちょう》が貢物をもって通行を求めると、それを中華皇帝の徳を慕う蕃夷の朝貢とみなした。また、そうした君長の求めに応じて「王」や「侯」などの爵位を与え、臣として冊封したり、貢物の価値を大きく上回る返礼品（回賜《かいし》品）を与えたりして、中華皇帝の権威を誇示した。このため、朝貢品―返礼品の贈答によって成立する皇帝と君長の朝貢交易は、等価交換ではなく、朝貢を受け入れる皇帝側に莫大な負担を強いる構造となっている。それでも皇帝は、官営工房を発達させ、宮廷文化を彩る華麗な品々を国家直営で製作すると、民間交易に対しては管理を強化し特定物資の輸出規制をかけるなどして、文明的優品の独占と分配能力を高め、蕃夷の君長の朝貢を必死に招き寄せた。中華国は、その努力と交換価値のギャップによって、政治的権威を「買った」のである。

『魏志』倭人伝によると、初めて魏に使者を派遣した卑弥呼が皇帝に献上したものは「班布」二匹二丈と「男生口《せいこう》」四人、「女生口」六人だけである。このうち「生口」は、戦争の成果として獲得される捕虜で奴隷のことを指す。『後漢書』東夷伝によれば、一〇七年に後漢に遣使した「倭国王帥升等」も「生口百六十人」を皇帝に献上していた。こうしたことから、日本列島で弥生時代以降激化する戦争には、交易の対価ともなる奴隷獲得を目的としたものがあったのではないかとの推測もなされている（吉田孝）。

これに対して魏は、卑弥呼を「親魏《しんぎ》倭《わ》王《おう》」に冊封して金印を賜与し、またその使者らにも官職と銀印を与えた。そして「絳地《こうじ》交龍錦五匹、絳地縐粟罽《すうぞくけい》十張、蒨絳《せんこう》五十匹、紺青五十匹」を以て、倭王の貢物に応えた。それらは、龍の交わる文様の深紅色の錦《にしき》や、深紅色の毛織物、茜《あかね》色《いろ》や紺青色に染め上げた絹布《けんぷ》など、中国一級の織物製品である。おそらく官営工房で製作されたものだろう。しかも卑弥呼への下賜品はこれだけにとどまらない。特別に「紺地句文錦三匹、細班華《さいはんか》罽《けい》五張、白絹五十匹、金八両、五尺刀二口、銅鏡百牧、真珠・鉛丹《えんたん》各々五十斤」までが与えられたという。さらに魏の皇帝は、これらを倭の国中の人々に示し、倭王の背後に魏のあることを知らしめよと、卑弥呼に申し伝えている。卑弥呼の貢物を圧倒する質・量の品々には、倭王を冊封して保護する中華皇帝の圧倒的な力を倭人にみせつけて、倭王の倭人支配をサポートしようという意図が込められていたのである。実際、各地の古墳から出土する三角縁神獣《さんかくぶちしんじゅう》鏡《きょう》のなかに、卑弥呼が魏から特別に賜与された「銅鏡百枚」が含まれているとみるのは有力説の一つである。下賜品を受け取った卑弥呼も、自らそれを使用するだけでなく、分配することによって、倭人支配層の上位に君臨する倭王としての権威と求心力を高め、倭人の統合をすすめていったであろう。

このように、中華思想に基づき、交換されるモノの質や量の格差で皇帝と蕃夷の君長の政治的な上—下関係、中心—周縁関係を示す朝貢交易は、朝貢を受ける側が朝貢する側の政治的身分を認めることによって成立する。そのため、朝貢者がこうして得た下賜品を身にまとい、あるいは配下に分配することで、朝貢者を軸とする新たな上—下関係、中心—周縁関係が築かれることも前提とした交易であった。『魏志』倭人伝が記録する朝貢交易は、以後も数年に一度の間隔で行われ、卑弥呼の死後、次の壱与《いよ》（台与《とよ》）の時代にも引き継がれている。そのなかで、倭王は魏へ奴隷や、素朴な繊維製品、弓、矢、真珠、勾玉《まがたま》などを献上するかわりに、魏から官爵と中国一級の絹織物や毛織物、刀や鏡などの高度な工芸品を手にし、それらを自らの支配力の強化に活用していったのである。

三世紀の倭韓交易

邪馬台国時代の朝貢交易が、奢侈《しゃし》品を中心とする、皇帝と倭王の間に限定された数年間隔の交易であったとすれば、倭の韓との間の交易は、これより頻度も広がりも大きい。

卑弥呼の時代、倭韓交易の日本列島側の交易拠点が博多湾岸に築かれ、西日本各地から倭人が集まっていたことはすでにみた。その交易参加者たちは、主に諸国を代表する首長層か、諸国首長の派遣した人々であったろう。『魏志』倭人伝は、ここでの「一大率」の検察対象が「諸国」であり、「諸国」もそれを敬い畏《おそ》れたと記しているからである。

また倭韓交易では、朝鮮半島側にもその拠点があった。『魏志』韓伝の弁辰《べんしん》条には次のようにある。

弁辰は国に鉄を産出し、韓、濊《わい》、倭はみなここから鉄を入手している。市の交易では、まるで中国の銭のようにみな鉄を用いている。また、鉄は楽浪郡、帯方郡にも供給されている。

弁辰とは弁韓ともいい、狗邪韓国もあった金海地域を含む韓国東南部の洛東江《ナクトンガン》中・下流域一帯の加耶地域のことを指す。この加耶で産出される鉄を目当てに、朝鮮半島内だけでなく、日本列島からも倭人が渡来し、市では鉄が中国の銭のように用いられていたというのである。倭韓交易では、鉄が交易品となるだけでなく、まるで貨幣のようにモノの価値を示す基準としても利用されたらしい。また加耶の鉄は、楽浪郡や帯方郡にも供給されていた。帯方郡から倭へ向かう使者もこの地から対馬へ渡った。金海地域は鉄を基軸とする倭韓交易の拠点となっていただけでなく、帯方郡と倭を結ぶ外交と交易の結節点でもあったのである。ここでも、国際交易の拠点が外交上の交通の要地と重なってくる。

一方、倭人たちが倭韓交易の対価としたものには、朝貢交易品と同じものが含まれていたであろう。魏への朝貢品には、国際社会に通用する倭の高級特産品が選ばれたはずだからである。なかでも朝貢品としてよく登場する絹製品は、倭韓交易でも有力な対価となった可能性が高い。『魏志』倭人伝によると、倭では養蚕《ようさん》・栽桑《さいそう》が行われ、糸をつむぎ、絹織物や真綿がつくられた。また倭錦、絳青縑《こうせいけん》（紺の絹織物）、異文雑錦などの絹製品を魏に献上した。奈良時代以降の日本は、遣唐使が中国唐への朝貢品として生糸、真綿、絹織物などの絹製品を多く持参し、朝鮮半島の新羅《しらぎ》との間の交易でも、真綿をその対価にさかんに用いたことが知られる。こうした国際交易での絹製品の利用は、邪馬台国時代までさかのぼるとみてよい。

しかし倭韓交易では、絹製品のような奢侈品だけでなく、食料品も交易対価となったようだ。『魏志』倭人伝は、対馬に良田がなく、壱岐もわずかに田地があるものの食料とするには不足し、いずれも「南北に市羅《してき》す」と記す。「市羅」とは米などの穀物交易のことで、壱岐・対馬が南北に行う穀物交易とは、朝鮮半島南部と九州北部とを結ぶ交易にほかならない（東潮）。『魏志』韓伝によれば、弁辰社会は土地が肥沃《ひよく》で穀物生産や織物生産が行われていたとあるから、壱岐・対馬には北部九州だけでなく、加耶からも穀物流入があった可能性がないわけではない。けれども、倭韓交易の拠点となる金海地域自体は、当時は海抜二メートルまで海水が入りこんでいて、今のような金海平野はなく、その中心地となる良洞里古墳群や大成洞古墳群は海に面していたとみられている。そうなると平野としては、茶戸里遺跡のあった進永平野がその背後にある程度となる。しかも、遺跡の発展は茶戸里→良洞里→大成洞と変遷し、政治の中心が平野部からどんどん離れ、海側に近づいていった。鉄資源をもつ金海の政治勢力が、その経済的基盤の重心を比較的手狭な平野での農業生産から、広大な海の交易へとシフトさせ、成長をとげたことは間違いない。一方、日本列島側の交易拠点となった博多湾岸は、福岡平野から筑紫《つくし》平野へつらなる九州最大の平野地帯を後背地にもつ。倭韓交易では、互いの豊富な資源を生かし、鉄と穀物がさかんに交換されていたとみるべきだろう。

このほか、『魏志』倭人伝は倭に自生する樟（豫樟）等の樹種に注目していて、これら日本列島の木々も、倭の交易対価品となった可能性がある。最近、金海鳳凰洞《ポンファンドン》遺跡出土の船舶部材が、放射性炭素年代測定で三―四世紀のものと確認され、材は日本産とみられる樟と杉であったことが韓国で話題となった。したがってこの船は倭で建造されたものか、もしくは金海勢力が倭から材を輸入し建造した船ということになる。加耶地域に属する韓国昌寧《チャンニョン》郡の松峴《ソンヒョン》洞《ドン》古墳群からも、六世紀初頭頃の樟製の船の部材を転用した棺が出土していることから、列島産の木材は、ある程度恒常的に朝鮮半島へ運ばれていたとみてよいだろう。この点と関連して注目されるのは、奈良時代に日本で編纂された『日本書紀』（以下『書紀』と略す）が、古墳時代に朝鮮半島諸国へ船の贈与・支援を行ったと伝えることである。『書紀』には、スサノヲノミコトが杉と樟を造船用と定めたという神話もある。こうして船となって運ばれた木材が、朝鮮半島で再加工されることもあったとみられる。

　しかも、倭人が対価とした穀物や木材（船材）は、それと交換される韓の鉄と生産上の直接的な関係にあった。鉄は農具や工具となり、輸出される穀物や木材の生産、加工を大いに助けるからである。権力者が身にまとう奢侈品ばかりが不均等に交換された朝貢交易と比べれば、倭韓交易には両地の経済的なつながりや相互依存状況がよく示されている。

4　倭人の首長と国際交易

卑弥呼の二面性

邪馬台国の女王卑弥呼は、二つの顔をもっていた。これは戦後の歴史学なかでも日本古代中世史研究に大きな影響を与えた石母田正《いしもだしょう》の言葉である。

石母田によれば、その一つは、宮殿にこもり、神と交信しながら政治を行うシャーマンとしての「未開」の風貌《ふうぼう》である。これは特別な禁忌《きんき》に緊縛されて共同体から隔離されることで、共同体を統合し代表する「王」たりうるという、「未開社会」一般にみられる首長の姿である。そしてもう一つは、「親魏倭王」として現実の国際社会の変化に機敏に対応し、外交を主導する「開明」的な風貌である。この二面性は、共同体を代表する首長が、高度に発達した地域と対外関係を結ぶことによっておこる。つまり、卑弥呼のシャーマンとしての「未開」の風貌は、各種の禁忌で秩序が維持される倭人社会内部の後進的な社会構造に規定されている。一方、外交を主導する「開明」的な王の顔は、国際社会の文明的な側面に規定されている。ここに石母田は、共同体を代表する王＝首長の姿を見出した。

ところで、今では日本史の教科書も古代の豪族や支配者を「首長」と記すようになったが、これはもともと文化人類学の首長制の概念に基づくもので、これを日本古代史で積極的に用いたのも石母田であった。国家の前段階とも位置づけられる首長制社会では、部族社会よりも生産性が向上し、生産と再分配を組織化する社会統合がすすむ。このなかで、政治、経済、社会、宗教などの諸活動を統合・調整するセンターの役割を果たしたのが首長である。邪馬台国連合の各小国にも首長はいたが、卑弥呼は、連合諸国全体のセンターとして、神と交信して呪術《じゆじゆつ》宗教的な政治を執行し、外交や交易をコントロールして、朝貢交易の成果や、博多湾交易の機会を小国の首長に分配する最上位の首長であった。

ただ、石母田が「未開」とみなした卑弥呼のシャーマンとしての顔も、「開明的」と評した外交を主導する王の姿も、当時の倭人には異なる顔としては見えていなかったであろう。卑弥呼が交信・交流した世界は、国際社会であれ神の世界であれ、古代人にとっては共同体の「外」の世界としてあった。卑弥呼の二つの顔は、共同体を代表して「外」との交渉を行い、その成果を共同体の「内」にもたらすという意味において、同じ顔なのである。

首長の対外的機能

ところで、奈良時代に編纂された記紀や『風土記』『万葉集』といった古代史料には、地域を空間的に間仕切る地理的指標として、山、野、河、海、崎、原、浜などがたびたび登場する。これらは関などと同様、交通を遮断し人々の往来を妨げる場で、郡界や国境などもこうした所に設けられた。またこうした場所は、交通を妨害する「荒《すさ》ぶる神」が住んでいるともいわれた。

つまり古代人たちは、自分たちのくらす「内」なる世界が、「荒ぶる神」も住む山野河海などの異界にとりかこまれていると考えていたのである。

しかし共同体を代表する首長は、この恐怖と混沌が渦巻く異界と向き合い、そこからなんらかの利益や成果を共同体にもたらす。こうした首長の姿をつかむには、『常陸国風土記《ひたちのくにふどき》』行方《なめかた》郡条が載せる、現在の茨城県霞ヶ浦近くの谷の開発伝承がわかりやすい。

そこに登場する箭括氏麻多智《やはずのうじのまたち》は、この谷の水田開発を主導した六世紀のはじめ頃の当地の首長である。この時、谷の神と信じられていたヘビが群れとなってやってきて、開発が妨害された。怒った麻多智はこれをうち殺し、山の登り口まで追い払う。そして、そこに境界杭を打ち、ここより上を「神の地」、下を「人の田」とすると宣言し、谷の神を代々敬い祀《まつ》ると誓った。こうして、もともと異界の神の地であった谷は、田という共同体の秩序に組み込まれ、異界との間には新たな境界が設定された。首長の麻多智は、「荒ぶる神」と対峙《たいじ》し、それを祭祀によって鎮め、共同体に秩序と安心と富をもたらしたのである。

しかも、首長が対峙すべき異界とそこに住む「荒ぶる神」のイメージは、異域に住む人々＝異人のイメージとも重ねられる。たとえば『書紀』の景行《けいこう》紀が載せるヤマトタケルの「東征《とうせい》」伝承では、「蝦夷《えみし》」と呼ばれた列島北方の人々が、交通を妨害し人々を苦しめる山の「邪神《じゃしん》」や野の「姦鬼《かんき》」と同列に扱われ、畏怖《いふ》されている。「荒ぶる人」と「荒ぶる神」の戦いがないまぜとなったヤマトタケルの「東征」伝承は、共同体を代表する首長が、異界の神だけでなく、それと同列に扱われる異域の異人とも向き合う存在であったことを教えてくれる。

さらに、こうした「荒ぶる神」と重ねられる異人への畏怖は、言語や文化が大きく異なり、日常的に没交渉の相手にはとくに増幅された。欽明紀《きんめいき》には六世紀の半ば、佐渡島に突如来着し、独自の生活を開始した粛慎人《みしはせ》に対し、地元の人たちが「人に非ず」「鬼魅《おに》」と恐れて近づかないことが記されている。この粛慎人は、おそらく北海道のオホーツク文化集団に属する人たちのことだろう。当時、北海道の道北・道東からサハリンにかけての地域には、海獣狩猟や沿岸漁労に長けた海洋性のオホーツク文化が広がっていた。この文化に属する人たちが佐渡島沿岸部に渡来し、得意の漁労生活を開始すると、島民はこれを人ではなく、得体の知れぬ化け物だと恐怖したのである。この話をみても、倭人一般にとって、言葉も文化も大きく異なる国際社会との交流がどれほど勇気のいることであったか、容易に想像がつく。

ならば先にみた卑弥呼の二つの顔も、実は、共同体を代表して外の世界と交わらねばならぬ古代首長の姿、つまりは首長の対外的機能をよくあらわしているということになろう。

重層的な首長制社会の交易

共同体は、こうして畏怖される異域や異界、異人や神に囲まれながら、外の世界と接触する場をいくつか設けていた。道、橋、津などの交通路・交通施設は、こうした外部世界に通じる基本的な回路で、共同体と共同体をつなぐとともに、共同体の「内」と「外」を分かつ境界の機能も果たした。そして市は、こうしたところに設けられることが多かった。

交通の要地に置かれた古代の市が、異界との接点でもあったことは、そこで交易だけでなく、共同体の内外から農民や漁民を含む多様な出身、階層の人々が集まる古代の市では、歌垣や邪霊のお祓《はら》い、死者との交霊、祈雨などが行われたことからもよくわかる。だから、一般的に、対外的機能をもつその土地の首長が秩序の維持をはかる役割を担った。

ただ、邪馬台国時代に博多湾で行われた倭韓交易は、大首長の卑弥呼が「一大率」によって交易の場の秩序維持につとめただけでなく、前述のように交易参加者自体も諸国を代表する首長層か、首長の派遣した人々を中心とし、いわば、首長間交易としての様相を呈していたと思われる。それは、博多湾での交易が日常的な交易と異なり、危険な海を越えて列島内外を結ぶ、希少な遠距離交易だったからであろう。この交易に参加するには、ある程度組織化された交易隊を組む必要があったし、交易品も希少品や高価値のモノに偏っていた。加えて、倭人たちは、韓人との交易自体を自らの所属する小国の首長に任せていた可能性もある。前述のように、古代人は言語や文化が異なる相手に強い畏怖を感じ、その相手との交渉自体を首長に任せたがっていたからである。

実際、一般の倭人にとって、共同体を代表し外と向き合う首長とは、卑弥呼ではなく、小国の首長だった。このことは、『魏志』倭人伝が伝える倭人の入れ墨からもうかがえる。

それによると、潜水漁を行う倭人には、水中の大魚や怪物をはらうために、入れ墨（文身《ぶんしん》）をする風習があった。入れ墨には、得体の知れぬものがうごめく異界に向けた魔除けの意味があったのである。しかも邪馬台国の時代になると入れ墨は、「諸国の文身各《おのおの》異なり、或《あるい》は左にし或は右にし、或は大に或は小に、尊卑《そんぴ》差有り」と、自らの所属する国とそこでの身分を示す飾りとしても広がっていた。倭人たちは、異域に向かい立つ自分たちのアイデンティティを、各小国を単位に、その身分秩序に沿って入れ墨で表現していたのである。

このため、倭人の日常的な信仰や祭祀も、各国を代表する首長によって取り仕切られていたとみられる。『魏志』倭人伝によると、倭人らは骨を焼き吉凶を占っていたが、その祭祀では父子、男女が区別なく座り、酒もふるまわれた。しかしそこでも、支配層である「大人」に対しては、手を打ち、ひざまずいて拝んでいたという。

一方、その首長たちの上位に立つ卑弥呼の宮殿での祭祀は、小国を束ねる首長たちの連合を代表して行われる、大首長としての祭祀であった。卑弥呼の取り仕切る博多湾交易も、小国の首長層が管理する西日本各地の交易拠点とつながり、小国首長層が参加していたとみられるから、こうした邪馬台国時代の首長制社会の重層的な構造が反映されているといえる。

Ⅱ　対外戦争と国際交易

1　緊迫する東アジア海域と北部九州

華北の争乱からのドミノ倒し

邪馬台国《やまたいこく》が魏《ぎ》に朝貢していた頃、魏の政権中枢では派閥抗争がおこり、司馬《しば》氏が台頭しつつあった。そして二六五年、司馬炎《えん》がとうとう魏を倒し、武帝《ぶてい》となって西晋《せいしん》が成立する。武帝は、二八〇年には呉を滅ぼし、六〇年ぶりの中華王朝の統一にも成功した。けれども武帝が没すると、その後は権力闘争が深刻化し、政権が不安定化する。この混乱に拍車をかけたのが、漢人の支配を受け、漢人社会内部との関係を深めていた匈奴《きょうど》族ら諸族の蜂起である。三〇四年、匈奴系の劉淵《りゅうえん》が山西を拠点に漢王を自称し、独自の元号も立てて晋と対立した。その遺志を継いだ子の劉聡《りゅうそう》は、三一一年に羯《けつ》族出身の将軍石勒《せきろく》らを差し向けて洛陽の都を陥落させ、洛陽は廃墟と化す。羯族とは、中国西方の中央アジアを中心とする諸種族の混血で、政治的に匈奴に従属してその文化的要素を色濃くした人々とされている。

その後、晋王室の司馬睿《えい》が、江南の建康《けんこう》（南京）を拠点に三一八年に帝位につき、晋王朝（東晋《とうしん》）を復活させるが、華北一帯は、非漢族が次々と建国と興亡を繰り広げる、いわゆる五胡十六国の乱世に突入する。華北からは流民が相次ぎ、この混乱は朝鮮半島へもおよんだ。

朝鮮半島の北部では、鴨緑江《おうりよくこう》中流域を拠点に魏や西晋に従属してきた高句麗《こうくり》が、晋の弱体化で孤立した楽浪郡を三一三年に滅ぼし、帯方郡も攻略した。ここに、東アジア海域に多大な影響を与えてきた楽浪《らくろう》郡、帯方郡が消滅したのである。高句麗は、両郡の経営を担ってきた漢人や、華北の争乱を逃れる中国系の官人層、知識人たちを次々と取り込むと、彼らの先進的な知識も用いて支配体制を整備・強化し、飛躍的な発展をとげる。そして華北群雄の圧力を受けながらも勢力拡大をはかり、朝鮮半島を南進しはじめたのである。

この動きに朝鮮半島の南部社会は大きく緊張する。そのなかで四世紀になると、西側の馬韓《ばかん》諸国から百済《くだら》が、東側の辰韓《しんかん》諸国から新羅《しらぎ》がはっきりと台頭してくる。ただ百済と新羅では、高句麗に対する戦略が大きく異なっていた。もともと、楽浪郡、帯方郡の衰退にともない両郡への干渉を行っていた百済（伯済《はくさい》）は、両郡滅亡後、高句麗同様に中国系知識人を積極的に受け入れて支配体制を強化し、南進する高句麗とは、旧帯方郡域を主要舞台に激しい攻防を繰り広げるようになった。けれども新羅は、むしろ高句麗に従属することで成長する選択をした。このため、高句麗南進の緊張は、新羅を介し、倭韓《わかん》交易の拠点であった加耶《かや》地域に到達する。

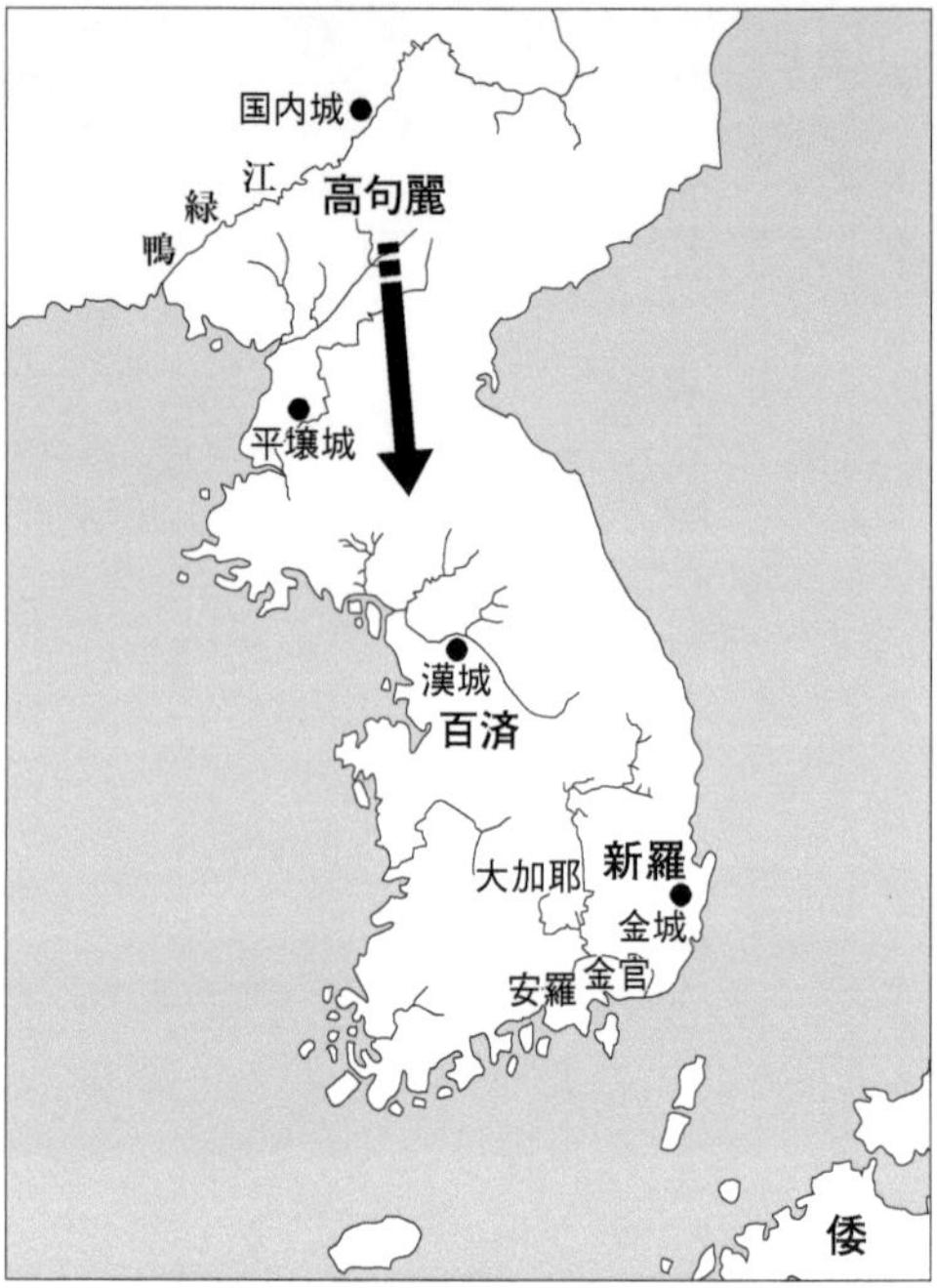

図Ⅱ-1　4－5世紀の朝鮮半島

これに対し、狗邪韓国《くやかんこく》の後身金官国などの加耶南部諸国は、高句麗と対抗する百済と結び、倭にもこの陣営に加わるよう促した（図Ⅱ-1）。

奈良県天理市石上神宮《いそのかみじんぐう》所蔵の七支刀《しちしとう》は、三六九年、「百済王世子奇」が倭王のためにつくったという内容の銘文をもち、高句麗と戦う百済が、倭と連携を深めたことを示す一級資料である。ドミノ倒しのように朝鮮半島南端部にまで波及した国際社会の緊張は、四世紀後半、海を渡って日本列島へも伝わったのである。百済や加耶南部からは、倭の支配層をつなぎとめようと、先進的な文物と技能者が提供されるようになった。

五世紀に入ると、華北で北魏《ほくぎ》の支配が強まる一方、江南では東晋が衰滅し、四二〇年に宋《そう》にとってかわられた。『宋書《そうじょ》』倭国伝によれば、その翌年の四二一年、倭王の讃《さん》が初めて宋に遣使朝貢し、四二五年にも司馬の曹達《そうたつ》を派遣し再び宋に朝貢している。「曹」という中国的な一字姓をもつ曹達は、朝鮮半島でも活躍していた中国系知識人の子孫であろう。倭でも、同盟国百済などから中国系の人々が渡来し、王権の対外政策に重要な役割を果たしていたのである。以降、珍《ちん》、済《せい》、興《こう》、武《ぶ》の各王が宋へ朝貢使を派遣した。こうして宋に継続的に朝貢し、中国史書に記録されることになった五人の王を、倭の五王《ごおう》と呼んでいる。

倭の五王は、宋に対し、王号・将軍号などの官爵をさかんに要求した。倭国内における自らの優位性と、朝鮮半島の紛争への関与を正当化する軍事支配権を、中国官爵によって誇示しようとしたのである。たとえば、四七八年に宋から「倭王」に冊封された武には「使持節《しじせつ》、都督《ととく》倭・新羅・任那《みまな》・加羅《から》・秦韓《しんかん》・慕韓《ぼかん》六国諸軍事」という称号も与えられた。これは、宋が倭王に対し、倭から慕韓までの六国の軍事支配権を認めたことを意味する。宋にこの肩書きを認められたからといって、倭王が宋の直接支配のおよばない朝鮮半島諸国の軍事権を実際に掌握できるわけではないが、それでも倭王は、当該地域の軍事的な関与を宋が支持していることを、国の内外に示すことはできた。また倭王は、配下の有力首長らの官爵も宋に要求した。中国官爵を王権の政治組織の整序にも利用していったのである。

この四世紀後半から五世紀にかけて、各地の古墳には武器・武具の副葬が増加する。出土する甲冑《かっちゅう》は、近畿の工房でつくられ、王権から分配された可能性が高いとみられている。緊迫する東アジア情勢に積極的にかかわるようになった倭人の首長層たちは、大王と呼ばれるようになった倭王を中心に、急速に軍事化していったのである。

交易拠点の衰退と沖ノ島

王権の軍事化がおしすすめられていた頃、倭人の国際交流拠点、北部九州でも大きな変化がおこっていた。西新町《にしじんまち》遺跡をはじめ、福岡平野の国際交易拠点が衰退するのである。壱岐の原《はる》の辻《つじ》遺跡からも大集落が解体消滅してしまった。しかしこれとは対照的に、倭韓をつなぐ玄界灘の沖ノ島では、巨大な岩の上で神まつりを行う岩上祭祀《さいし》が開始される。

現在でも篤い信仰を集める沖ノ島は、福岡県宗像《むなかた》市に属し、九州本土から約六〇キロの沖合いに浮かぶ絶海の孤島である。宗像三女神の一柱、田心姫《たごりひめ》を祀《まつ》り、四世紀後半から一〇世紀初頭頃までの祭祀遺跡が残る。記紀によれば、宗像三女神を祀ったのは宗像地域を本拠とした宗像氏（胸形君）であった。ただし、遺跡や遺物の状況からみて、沖ノ島の岩上祭祀の出現には王権の強い関与があったことが確実である。しかも、博多《はかた》湾岸の国際交易拠点は衰退するから、近畿の王権の対外交渉の航路は、四世紀後半頃、博多湾―壱岐を経由せずに朝鮮半島とつながる宗像―沖ノ島ルートに切りかわったと考える向きもある。

確かに宗像は、北東部に山陰や瀬戸内とつながる響灘《ひびきなだ》、南西部に玄界灘が広がる位置にあって、近畿からの船は、博多湾の手前の宗像から、沖ノ島を経由して朝鮮半島へ行くこともできる。沖ノ島における王権祭祀のはじまりが、近畿の王権がより直接的に朝鮮半島と交流するようになった動きを反映している可能性は高いだろう。

けれども、この宗像―沖ノ島―朝鮮半島ルートの開拓によって、近畿の王権が博多湾以南の九州勢を無視して国際交流・交易、さらには倭人社会の国際交流・交易を独占できるようになったとか、国際交流・交易を直接掌握するようになったとみることはできない。宗像―沖ノ島ルートは、博多湾―壱岐ルートから切りかわったといえるほど太いパイプとしてあらわれてこないからである。糸島では相変わらず朝鮮半島南部の土器が出土するなど、前代の交易関係が維持され、有明沿岸地域と朝鮮半島西南部との交流もこの頃に活発化している。福岡県うきは市の月岡《つきのおか》古墳の被葬者など、河川交通で瀬戸内海や有明海とつながる九州内陸部の首長も、朝鮮半島と近畿の王権の双方との結びつきを深めていた。王権の対外交渉も、実際は、このように九州の首長との関係を介して多元的に行われていたと考えるべきである。

以上のような様相は、本州に視野を広げても基本的に同じである。王権の所在する近畿だけでなく、王権との結びつきが強い各地の遺跡では、朝鮮半島から直接入手したとみられる文物や、渡来人の居住を示す痕跡が確認されるようになる。軍事化をすすめる大王とその配下の首長たちは、使者や軍を頻繁に派遣し、緊迫する国際情勢に関与するようになると、朝鮮半島との交流の機会を大きく増やし、そこから直接人や文物を自らの本拠地に呼び込むようになった。こうして、倭韓の間に立ち、倭人諸国に平和的な国際交易の機会を保障してきた博多湾交易は、その役目を終えていったのである。郡県支配の終焉とともに訪れた東アジアの地域勢力の成長と軍事的緊張は、郡県支配と結びついて展開してきた東アジア海域の交流のあり方そのものを大きく変えようとしていた。

宗像勢力の成長

近年の考古学の成果も参照すれば、現在のところ、沖ノ島と宗像の関係については、おおむね次のような変遷が描けそうである。

四世紀後半に各地の首長を率いて朝鮮半島情勢に関与するようになった近畿の王権は、響灘から直接対馬や朝鮮半島へと向かうルート上に浮かぶ沖ノ島に着目し、ここで祭祀を行うようになった。以前から朝鮮半島と交流のあった宗像の首長層も、この祭祀をともなう海上交通にかかわり、朝鮮半島から人や文物を呼び込むようになる。ただ、この時期の宗像は、有力な首長墓も沖ノ島との強い結びつきも明確には確認できず、沖ノ島へ向かういくつかの渡海地の一つにすぎなかったとみるべきである。ところが五世紀半ばになると、宗像地域は、沖ノ島の祭祀の発展と、響灘と博多湾をつなぐ地理的条件によって、王権の注目を集めるようになる。すると宗像では、これに呼応するように沿岸地域の地域連合化がすすみ、王権祭祀と結びついた沖ノ島の祭祀を支える、北部九州でも有数の倭韓交流・交易の担い手として、その勢力を拡大させていったと考えられる。

しかしまだ謎は残る。王権と結びついた宗像勢力は、なぜ五世紀半ばになって急速に力を伸ばしていったのだろうか。筆者はそこに、以下で述べるように、近畿の王権自体の変化が影響していたとみる。

五世紀の前半、王権の政治や外交に大きな影響力をもった有力首長層に、奈良盆地南西部を本拠とした葛城《かずらき》勢力と、今の岡山を本拠とした吉備《きび》勢力があった。ところが五世紀半ば頃から、彼らは倭王と対立するようになる。その原因は、倭韓交流の朝鮮半島側の拠点であった加耶地域の情勢変化にあった。金海などの加耶南部地域では、新羅の影響力が増大していたが、五世紀の半ばになると、加耶北部において高霊《こうれい》の大加耶を中心とする勢力が大きく発展し、百済との関係を深める。この加耶地域の断層が、倭人の首長たちを混乱させたのである。以前から加耶南部とのつながりが深い葛城や吉備の勢力は、加耶南部の動向に引きずられて新羅との関係を深めていた。ところが高句麗と対立する百済は、倭王に積極外交をしかけ、倭王の外交は百済や大加耶重視へと強く傾いていった。こうして倭王と、葛城、吉備ら有力首長層の外交方針をめぐる対立が激しくなっていったのである。

右の対立は、倭の五王の一人、済王が即位した頃から急速に表面化する。『宋書』の分析などから、済王と、先代の珍王は王統が異なっていたとされるのも、この問題と関連するだろう。済は即位直後の四四三年、宋に使節を派遣し、急成長の大加耶を含む加耶地域の軍事支配権を示す官爵を要求し、葛城らを牽制《けんせい》しようとした。しかし宋がそれを承認しなかったため、四五一年にあらためて宋に遣使し、ようやく大加耶（「加羅」）を含んだ念願の官爵を得る。しかも済はこの遣使の際、配下の有力首長二三名にも、将軍号と郡太守号の称号を与えるよう宋に要求し、認めさせている。倭王はこれまでも、配下の首長への将軍号の授与を宋に求めたことはあったが、郡太守号を要求したのはこの時が初めてであった。郡太守とは、中国の地方制度に由来する地方官のことである。済王は、葛城、吉備ら王権を支えてきた有力首長と対立するようになると、外交や内政において、これまで以上に地方の首長層の支援と協力を必要とするようになり、彼らを優遇する官爵を宋に要求したとみられる。宗像勢力も、こうした済王権の地方重視の政策を背景に、王権との結びつきを強め、成長をとげたのだろう。

磐井の乱とミヤケと博多湾

六世紀に入っても、北部九州は相変わらず王権の対外政策を支える有力な勢力であった。ところが継体《けいたい》王権の末期、筑紫《つくし》勢力が倭王権を見限る事件がおきる。磐井《いわい》の乱である。『書紀』によれば、継体二一年（五二七）、近江毛野臣《おうみのけののおみ》が継体大王の命を受け、六万の兵を率いて加耶におもむこうとしたところ、かねてから謀叛《むほん》を企てていた筑紫国造の磐井が新羅から「貨賂《まいない》」を受け、火・豊の二国にも勢力を張って、倭国と朝鮮諸国の海路を遮断した。その翌年、物部《もののべの》麁鹿火《あらかひ》がようやく磐井の軍を鎮圧する。磐井の息子葛子《くずこ》は父に連座し罰せられるのを恐れ、糟屋屯倉《かすやのみやけ》を献上し許しを請うたという。

ところで屯倉（ミヤケ）とは、首長層の経営拠点・単位である「ヤケ」（宅・家）に接頭語の「ミ」（御）をつけたもので、王権と貢納・奉仕関係を結んだヤケのことを指す。つまり磐井は、西は玄界灘、北は宗像、南は博多湾に接する糟屋の地でヤケを経営していたのだが、反乱をおこして破れると、息子の葛子がここを王権に献上し、ミヤケとなったのである。史料上、ミヤケ設置の信頼できる記事は、この糟屋屯倉の献上記事が最初とされている。

一方、宗像勢力は、王権に対抗する磐井の動きとは一定の距離をとっていたようだ。磐井の本拠地八女《やめ》古墳群と同規模、あるいはそれ以上の大型古墳群を形成した宗像地域は、考古学的に、磐井の乱の基盤となった首長間連合に属していなかったと考えられている（重藤輝行）。宗像勢力が、磐井の乱後も継続して有力首長墓を造営していることをみても、磐井の側には荷担しなかったとみるべきだろう。ならば、王権の軍は宗像海域までは進めたはずで、その先の南の海域、つまり糟屋付近の海域で磐井の首長連合の抵抗にあったことになる。すなわち、葛子が磐井の本拠地の筑後から離れた糟屋の地を屯倉として献上したのは、この海域が磐井の海路遮断とかかわる、象徴的な場所だったからにほかなるまい。王権の対外交流は、沖ノ島ルートを確保したところで、博多湾ルートが使えなければ、結局成り立たなかったのである（図Ⅱ-2）。

図Ⅱ-2　磐井の乱関係図

その後の王権は、矢継ぎ早に瀬戸内地域と、もと磐井の勢力下にあった筑紫、豊、火にミヤケを置き、博多湾には九州のミヤケを統括する那津官家《なのつのみやけ》を置いて、博多湾を直接支配下に置いた。王権を核に瀬戸内から九州までの各ミヤケをネットワークで結び、物資の運搬や地域経営の合理化をはかっていったのである。

2　軍事と交易

遠征軍と女性

東アジアの軍事的緊張が列島にも影をおとした時代、朝鮮半島から日本列島への財の移動も、軍事と密接な関係をもつようになった。

そもそも倭人にとって遠征は、それ自体、財の獲得と結びついていた。『書紀』には、神功《じんぐう》摂政前紀に、皇后が新羅攻撃に向かう軍に対して、財を貪り、物の獲得に熱中しすぎて敵に油断することがないよういましめる場面がある。欽明《きんめい》紀には、高句麗を攻撃した大伴狭手彦《おおとものさでひこ》が、戦利品の一部を大王や政界有力者の蘇我稲目に贈ったことも記されている。

また遠征は、本拠地から遠く離れた地に長期の滞在が強いられるため、遠征組織を維持するためにも、食料の確保など、現地での経済活動が不可欠であった。史料で遠征に出向く首長が妻を帯同する場面が描かれるのは、おそらくこのこととともかかわるだろう。

たとえば、雄略紀九年三月条には、新羅攻撃を命じられた紀小弓宿禰《きのおゆみのすくね》が、妻を亡くしたばかりで「視養者《とりみるひと》」がないと大王に訴え、大王から「視養」のための女官を賜与されたという話がある。推古紀一一年（六〇三）七月条には、新羅征討将軍に任じられた当麻《たいま》王子が、進軍途中の播磨で妻が死去したことを理由に、征討を取り止めて帰京したという話も載っている。「視養」とは世話をするという意味で、首長の遠征には、首長の世話をする女性の同行が必要であった（関口裕子）。八世紀、九州沿岸を警備した防人《さきもり》に関する史料では、同道した防人の母が食事を準備していて（『日本霊異記《にほんりょういき》』）、こうした世話には食事の用意、食料の確保も含まれていたとみられる。

しかも遠征を率いる首長層の女性の行う「視養」は、ある一定の規模の組織をもって行われていた。舒明《じょめい》紀九年（六三七）三月条には、征蝦夷《えみし》将軍の上毛野君形名《かみつけののきみかたな》が蝦夷に敗れ、城塁を囲まれて弱気となった折、妻が夫の形名に無理やり酒を飲ませ、十の弓を張って数十人の女人に弦を鳴らさせたので、気を取り直した夫が活躍したという話がある。首長の妻は、女性の従者たちも数多く従え、首長の軍務を支えていたのである。首長層の女性たちは、農業の経営・管理、労働力の徴発などで重要な役割を担っていたが、首長遠征の際は、女性従者をともなうそうした組織の一部も従軍させていたとみられる。要するに首長層にとって遠征は、ヤケの組織や機能を一部移動させるほどのものだったのである。

贈答で結ぶ倭韓同盟

さらに首長層は、軍事的な連携や同盟関係からも、朝鮮半島の財を入手する機会を得ていた。連携・同盟を結ぶことを前提に、その相手からの贈与を受けたのである。しかもこのタイプの財の獲得方法は、継続的で規模も大きかった。

ここで、そのことを象徴的に伝える『書紀』神功紀の伝承を少しみておくことにしよう。それは、加耶南部の卓淳《とくじゅん》国の仲介により百済と倭の通行が開始されたことについて述べたもので、次のような内容である。

神功四六年、卓淳国に滞在中の倭の使者は、百済王が倭との交流を望んでいることを知る。そこで卓淳の人の案内で、従者を百済へ派遣した。すると百済王は、初めて百済を訪れた倭人の使者にとても喜び、五色の彩りの絹織物や、角を材料とした弓と矢のセット、鉄の延べ板である鉄鋌《てってい》四〇枚を与え、「宝の蔵」を開いて見せて、倭へ珍宝貢上の意志があることも示した。その翌年、初めて百済から倭へ朝貢使がやってきた。この時、新羅の使者も一緒であった。ところが、両国の貢物を比べると、百済は新羅に大きく劣っていた。その理由を問いただすと、百済の使者は、道に迷って新羅に着き、貢物を強引に取り替えられてしまったと訴えた。そこで新羅に使者を派遣し、その罪を責めた。この二年後、倭王権は卓淳国を経由し新羅を攻撃し、攻略した地を百済に与えた。すると、百済の王と王子が軍を率いてやってきて、永遠に朝貢することを誓った。そしてその言葉どおり、その後も「玩好、珍物」をもたらすようになり、「七枝刀一口、七子鏡一面、及び種々の重宝」なども献上された。

右の伝承は、『百済記《くだらき》』という百済の古記録をもとに撰述された史料をベースとし、「七枝刀」も、高句麗と対抗する百済が三六九年に倭王のためにつくったという、あの石上神宮の七支刀と対応しているから、一定の史実を踏まえたものであろう（図Ⅱ-3）。ただ、それを百済の倭への「朝貢」として伝えるのは、後世の付加・造作とみられる。新羅が百済の貢物を奪って自らの貢物とし、百済に対する自国優位の立場を倭に誇示しようとしたという話も、伝承のベースとなる史実があったかどうかを確かめることができない。それらを取り除くと、この話は要するに、倭が自国にない百済の珍宝に魅了されて、それをもたらす百済と軍事的に連携するようになったというものである。百済が倭王に贈与したという銘文のある七支刀も現存するように、この物語は、高句麗と対抗する百済が倭に鉄やすぐれた工芸品などを贈与し、その見返りとして倭に連携・同盟を求めた史実を反映したものとみられる。

『書紀』によれば、以後も百済は倭王権をつなぎとめようとさまざまなものを贈与した。そのなかには、モノだけでなく人もあった。政治、経済、宗教・思想、生産に関する最新の技能・知識を持つ、いわゆる渡来人である。こうした人やモノを、百済だけでなく新羅や加耶諸国、後には高句麗もさかんに倭

図Ⅱ-3　七支刀
（石上神宮所蔵）

に贈与した。もちろん倭を自国に取り込むためである。

一方、この軍事同盟・連携において、倭人に求められた見返りは軍兵の提供だけではなかった。史料には、人やモノの贈与攻勢をかける百済などの求めに応じ、倭王権が兵＝人だけでなく、モノ、すなわち船、武器・武具、馬、そして麦種や稲種などの穀物、糸・綿・布などの繊維類を朝鮮半島に贈っていたことがみえる。このうち、船、穀物、繊維製品などは、邪馬台国時代からの倭韓交易の伝統を引き継いでいる。ただしそれらは、軍船、兵糧となるなど、当時の緊迫した軍事情勢が反映される。しかも倭人はこうしたモノを、朝鮮諸国からモノや技術を得ることで準備できた。穀物や武器・武具、船の生産には朝鮮半島の鉄が用いられ、渡来の技能者たちは鉄器や繊維の生産技術を刷新し、馬と馬の飼育技術などを伝えた。新羅王からは、船造りにも長けた木工技術者の贈与があったことも伝えられている。朝鮮諸国が倭に贈与したものは、倭に求める支援と対応した具体的な内容をもっていたのである。

なお、百済の都のあった韓国の扶余《プヨ》では、「那尓波連公」（難波連《なにわのむらじ》）という倭系の人名を記した、倭国からもたらされたとみられる物品につけられた荷札の木簡《もつかん》や、「外椋ア（部）鉄代綿十両」と記し、鉄と綿が恒常的に交換されていたことを示唆《しさ》する木簡も出土している。

以上のように、両者の軍事的連携は、人・モノの贈与に対し、人・モノの提供で応じるという、いわば贈答というかたちに埋め込まれて展開した。こうした贈答による交換形態を贈与交換や社会交換と呼ぶことがある。これが、売る、買う、支払うといった商品交換と異なるのは、当事者相互の好意と信頼が不可欠の条件とされる点である（伊藤幹治）。この贈答に基づく相互の好意・信頼関係が、「同盟」の関係をかたちづくっていたといってもよい。

多元的に広がる倭韓の贈答関係

このようにみると、倭韓の同盟関係も、贈答に基づく国際的な信頼関係の締結という意味では、先にみた朝貢交易の場合と似ている。実際『書紀』も、これを朝鮮諸国からの朝貢記事として伝えている。けれども朝貢交易では、中華王朝が朝貢国に圧倒的な返礼品を贈り、時には政治的身分も贈与して、意図的に不均等な贈答関係をつくりだし、国際的な上下の信頼関係を形成していた。ところが倭韓の同盟関係のなかで繰り広げられた交易に、こうした不均等な上下関係をつくりだす要素がみえない。

たとえば、一定の史実をもとに記載されたことが確実な『書紀』の伝える五五〇年代の百済の聖明《せいめい》王と倭の欽明大王の贈答はこうである。すでに倭から兵糧支援を受けていた百済の聖明王は、あらたな国際紛争を抱えると、仏像や経論を贈って、あらためて欽明大王に援軍を要請した。これに対し、欽明はわずかに馬二匹と船二隻、弓矢五〇セットを贈るが、これは聖明の要請を受ける意志を示したもので、いわば手付金にすぎない。しかもこの時に欽明は援軍派遣の条件として、さらに諸博士と占いや暦のテキスト、さまざまな薬を贈るよう要求している。すると今度は、聖明がまた使者を派遣し、倭が兵一〇〇〇人、馬一〇〇匹、船四〇隻の準備を行っていることを確認したうえで、その後、欽明に要求どおりのものを渡した。これを受けた欽明は、約束どおり兵や馬、船を百済へ贈ったのである。これに聖明は感謝したが、さらなる援軍を必要としたので、また使者を派遣し絹織物と毛織りの敷物、さらに鉄の延べ板三〇〇枚、捕虜五人を贈り、あらためて欽明に派兵を要請している。

このように、両者の同盟関係では、使者を介してまるで値段交渉をするかのようなやりとりが何度も繰り返される。両者は必要な財を提示しあい、交換に見合う質・量について折り合いのついたところで贈答関係を結ぶといった、均等交換が志向されている。『書紀』がこれを百済が朝貢したかのようにいうのは、やはり史実と異なるとすべきだろう。

しかも倭王に従う首長層も、直接、かつ独自に朝鮮半島から先進文物や渡来人を得ていた。首長層は、倭王権に対する奉仕の見返りに、外交を主導する倭王からこれらを賜与されることもあったが、外交実務担当者として朝鮮半島へ渡ったり、朝鮮諸国と交渉をしたりするなかでも、これらを直接、また独自に入手することができた。たとえば、倭と百済の通行開始を述べる先の伝承では、倭人の使者が百済王から鉄鋌などを贈られているし、磐井の乱では、新羅から磐井に対し「貨賂」が渡されていた。また『書紀』神功皇后摂政六二年条が引く『百済記』によれば、五世紀に新羅に接近して倭王と対立した葛城勢力にも、新羅から美女二人が贈られていたという。この他、継体紀のいわゆる「任那《みまな》四県」をめぐる記事では、百済による「任那四県」支配を倭が認めるべきだと主張した大連の大伴金村《おおとものかなむら》と哆唎国守《たりのくにのみこともち》の穂積押山《ほづみのおしやま》に対し、百済から賄賂《わいろ》が渡されていたという噂があったとするなど、類似の話は、不確実なものも含め、『書紀』に数多く収められている。これらは朝鮮諸国が、倭で王権外交を実質的に担う人物、あるいはその当事者に個別の贈与を行って、彼らと一定の社会的な信頼関係を築き、人的・物的支援を得たり、倭王権の対外政策に影響を与えようとしたりしていたことの反映である。

そもそも王権外交は、外交のすべてを王が一人で担うわけではない。実務レヴェル、あるいは外交政策の決定過程において、王のもとに集まる支配者達がこれにさまざまに関与し、サポートしていた。王に代わって外交実務を遂行する彼らは、職務遂行上も、独自の国際的なネットワークを必要としたのである。ここに、国際的な贈答関係が、王だけでなくその周囲の首長層にまで多元的に広がる理由がある。しかも朝鮮半島諸国から提供される財や知識は、生産力、技術力、組織力の向上と刷新に直結するものであったから、共同体の経営者でもある倭人首長層にとって、これらは羨望の的でもあった。朝鮮諸国にとっては、倭人社会がこうした構造的特質を抱えていたゆえに、自らの保有する財や知識の優位性が、倭人首長層を個別に引き込む武器となったのである。

Ⅲ　律令国家の成立と国際交易

1　隋・唐帝国の登場と列島の南北交易

隋の成立と東アジア

倭《わ》王権が磐井《いわい》の乱後の対応に追われていた頃、朝鮮半島では対高句麗《こうくり》で一時連携を強めた百済《くだら》と新羅《しらぎ》の関係が悪化していた。高句麗に圧迫された百済が南進政策をとり加耶《かや》攻略を本格化させたことで、同じく加耶進出を目論む新羅との間に深刻な対立が生じたのである。先にみた倭の欽明《きんめい》大王と百済の聖明《せいめい》王とのやりとりは、こうした国際情勢を受けた同盟関係の模索のなかでおこったものである。百済と新羅の攻防は、結局、新羅優勢のなか、五六二年に新羅が加耶諸国を掌握するという結末に終わる。このため、倭国政界には台頭する新羅との外交関係を模索する動きも強まった。新羅は高句麗領へも進出するようになり、これへの対処を迫られ

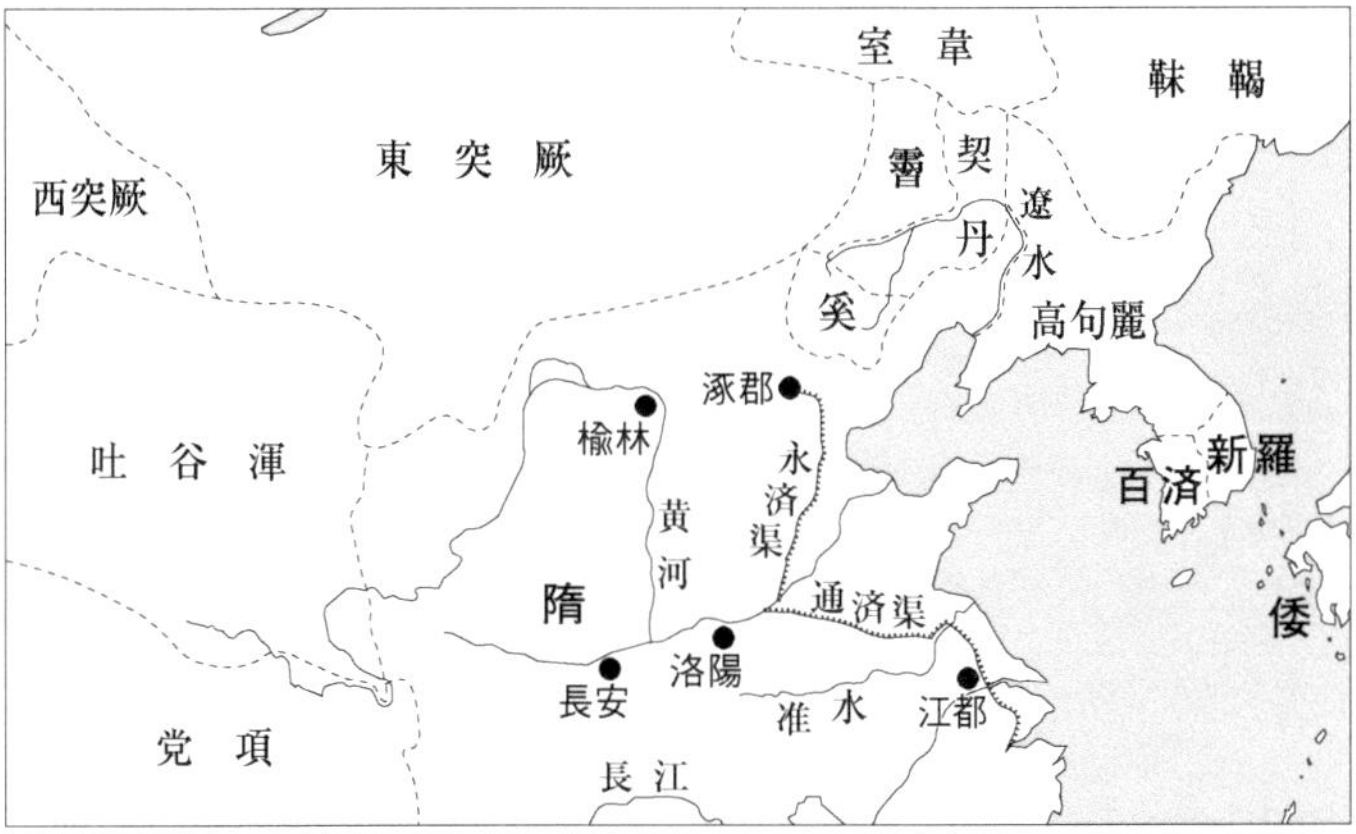

図Ⅲ-1　隋と周辺諸国図
（金子修一・2001・第１図に一部加筆）

た高句麗は、倭との友好的な国交の樹立に向けて動きはじめる。

さらに中国大陸でも大きな変動があった。五八九年、北朝の隋《ずい》が、長く南北に分かれて争ってきた中華王朝の統合に成功したのである。華北の争乱から南朝・北朝の対立にいたる中華の分裂は、これまで日本列島を含む東方諸地域の政治動向に多大な影響を与えてきた。しかしその基本構図がまったく変わってしまったのである。その北方では、六世紀半ばにモンゴル高原を中心に広大な草原世界を支配する遊牧国家の突厥《とっけつ》が勃興し、中華王朝を圧迫していたが、これも隋の圧力で五八三年には東西に分裂する。隋は東突厥を警戒しつつ臣従させることに成功すると、そのパワーを直接東方世界へもおよぼすようになっていった（図Ⅲ-1）。

これに機敏に反応した百済、高句麗、新羅は、隋に使者を派遣し冊封を受ける。けれども五九八年、国境を接する隋と高句麗がとうとう戦闘を開始し、東アジアの緊張は一気に高まっていった。高句麗は対隋政策として、東突厥との連携を模索するとともに、倭への外交攻勢をさらに積極化させていく。隋にとっては、周辺諸国のなかで、隋代全期にわたって主要な敵対勢力であり続けたのは高句麗のみであった（金子修一）。

こうしたなか、倭王権は隋の国際秩序の影響下に等しく置かれた朝鮮半島情勢をにらみながら、六〇〇年に第一回遣隋使を派遣した。倭の五王以来、久々に中国王朝との通行を再開したのである。ところが結果はさんざんであった。『隋書《ずいしょ》』によると、倭の遣隋使は自国の王の政治を紹介して「天を兄とし、日を弟とする」とか「夜明け前に政治をとり、日が昇ると政務を停止し、あとは弟に任せる」など独特の世界観を披露し、隋の文帝《ぶんてい》から「はなはだ義理なし」と一蹴されて、政治のやり方を改めるよう諭されたという。それは、高句麗、百済、新羅も組み込まれた中華的な世界秩序において、「野蛮国」のレッテルを貼られたに等しい。

この衝撃が、倭の国制改革を強くおしすすめる契機となる。位階によって組織された官人が宮殿で整然と政務や儀礼を行う、東アジア共通の政治手法を取り入れると、六〇七年に隋との交渉について仕切り直しをした。こうして倭は隋の冊封を受けない朝貢国となり、隋との間に朝貢交易もはじまったのである。この関係は、次の唐との間にも引き継がれていく。

流求とヤク

ところで『隋書』流求《りゅうきゅう》国伝によると、六〇八年に隋を訪れた倭の使節団は、同年に隋の使者が「流求国」から持ち帰ったという布製の甲《よろい》を見せられた。その「布甲」に見覚えのあった倭人たちは、「これは、夷邪久《いやく》国の人びとが使うものです」と答えたという。

　では、隋の使者の訪れた「流求」とはどこであろうか。一般にリュウキュウといえば沖縄だが、それは中国の明代以降の史料に基づいている。それより前の元代に成立した史料では、「流求」「琉球」は台湾付近である。しかも『隋書』は「流求」の風俗やそこにいたる行程を詳しく記述しながら、ここが台湾・南西諸島のどの付近を指すのかを特定できる情報に乏しい。このため、一三世紀の史料のいうリュウキュウ＝台湾が七世紀までさかのぼるとする台湾説と、リュウキュウ＝沖縄が一二世紀末以降に一時台湾に切り替わったとする沖縄説が、それぞれの立場で、『隋書』の「流求」に関するさまざまな解釈論を提示している。

　けれども筆者は、『隋書』の「流求」は沖縄よりも台湾付近とみておいたほうがよいと考えている。というのは、北宋代の一〇世紀末頃に成立の「知邵武《しょうぶ》縣日編集閩中異事《びんちゅういじ》」（『潏水集《けつすいしゅう》』巻五）に、「流求国」は条件次第で中国大陸から望めると記されているからである。この史料は従来見落とされていたが、今のところ「流求」の位置をある程度特定できる最も古い確実な史料である。しかもそこには、一部『隋書』の情報を踏襲しつつ、『隋書』とは異なり、泉州を起点にその東方の「流求」までの島々の形や風俗が、独自の見聞に基づく情報によって書き記されている。これと重なる泉州を起点とした「流求」までの行程は、北宋代に編纂された『新唐書《しんとうじょ》』地理志の泉州清源郡にも注記としてみえ、『新唐書』の編者も「閩中異事」と同じ地理認識に立っていた。だから『隋書』も踏まえた独自の情報を組み込む「閩中異事」の地理認識を、特殊なものと退けてはならない。つまり本史料は、『隋書』から一三世紀のリュウキュウ関連史料までの間をつなぐ、台湾説に有利な史料なのである。

そこで当時の隋の対外政策についてみてみると、隋は突厥や高句麗だけでなく、西域や東南アジア方面に対しても積極策をとっていた。台湾攻略もおそらく、こうした動きとかかわっているだろう。久びさに中華を統合した隋は、北方・西方の陸域世界、東方・南方の海域世界に高い関心を示していたのである。

一方、倭人が語ったイヤク(夷邪久)とは、九州以南の奄美《あまみ》・沖縄諸島を指すとみてよい。このイヤクは『書紀』ではヤク(掖玖)という名で登場する。六一六年にヤク人が渡来したという記事を初見とし、以後、倭とヤクの交流記事がたびたびみられるようになる。つまり『隋書』の話は、台湾島の布製の甲が奄美・沖縄諸島で使われるものと似ていたので、奄美・沖縄諸島の風俗を知る倭人の使者は、これをイヤクの人びとが使うものだと言ったと考えられる。そうなると、『隋書』の記事は『書紀』のヤクの初見記事より八年ほど早い。これによって、倭とヤクとの交流は七世紀初めには開始されていたことがわかるのである。

七世紀にはじまる南方交易

最近、この時代の奄美・沖縄諸島の様子を知る手がかりとして、ヤコウガイ加工場の遺跡が注目されている。ヤコウガイは南方産の大型巻貝で、日本列島では屋久島《やくしま》以南に生息する(図Ⅲ-2)。ヤコウガイの加工場遺跡は奄美諸島を中心に分布していて、そこから出土するヤコウガイは、カットされたり磨かれたりしている。日本では奈良時代、まだら文様のある貝を「斑《はん》貝《ばい》」と総称していたが、このなかでヤコウガイは「夜久《やく》の斑貝」とも呼ばれた。ヤク地域から産出される斑貝という意味であろう。おそらく、これが省略されて「夜久貝」と呼ばれるようになったのだろう。九世紀以後の日本の史料によると、平安の貴族たちは、交易などで手に入れたヤコウガイを、杯に加工したり螺鈿《らでん》細工用の材料に用いたりして重宝した。加工された大量のヤコウガイが出土する奄美諸島の遺跡は、こうしたヤコウガイ交易が七世紀にさかのぼることを示すものなのである。

図Ⅲ-2　ヤコウガイの貝殻
左は表面を少し磨いている。(筆者撮影)

ヤクとの交流では、ヤコウガイだけでなく、当地特産の「赤木《あかぎ》」も入手されていたとみられる。奄美・沖縄諸島から取り寄せられた赤木がどの樹木を指すのかは明確でないが、奈良時代には経典の軸や大刀の柄などに使われ重宝された。この他、八世紀の「伊藍嶋《いらんじま》」（沖永良部島《おきのえらぶじま》か）から竹が貢進されていたことを示す木簡《もつかん》が、福岡県の大宰府《だざいふ》史跡から出土している（図Ⅲ-3）。以前から知られていたこの木簡は、しばらくそこに記された物品名が判読できなかったが、これが「竹」であることは、二〇一一年に筆者も加わった保存処理後の木簡の再調査で確認された。畿内に移住さ

図Ⅲ-3
大宰府出土の伊藍嶋の木簡
（九州歴史資料館蔵
『太宰府市史　古代資料編』
2003より）

せられた隼人《はやと》も竹製品の製作に従事させられているように、南九州と竹とのかかわりは深かった。

ただし、奄美・沖縄諸島の人々は、弥生《やよい》時代から九州の倭人たちとゴホウラガイやイモガイといった貝の交易を行っていて、倭人との交流はかなり古くからあった。つまり『隋書』や『書紀』の記事は、倭人と奄美・沖縄諸島の人々との交流のはじまりを示すものではなく、倭王権が奄美・沖縄諸島と直接交流するようになったことを示すものである。

では、七世紀の初めにどうして両者の直接交流が開始されたかというと、これにも当時の国際情勢がかかわっていた。この頃の倭王権は、新羅の台頭に加え隋帝国の登場で緊迫する東アジア情勢を警戒し、九州沿岸の警備を強化していた。後に九州を統括し、外国との交流の窓口となる大宰府の前身筑紫大宰《つくしのおおみこともち》も、ちょうどこの頃置かれる。こうして九州沿岸地域の海域交通を監視し、周辺の情報を収集する体制がつくられると、倭の支配者たちは、ヤクに関する知識や情報、さらにはヤクと直接交流するきっかけを、この体制を通して得るようになった。倭王権とヤクとの直接交流が、ヤコウガイや赤木、竹などの貢進、交易をともないながらはじまったのである。遣隋使には、こうした列島周辺海域の情報に詳しい人々が加わり外交交渉にあたっていた。その情報の一端が、彼らによって隋に披露されることになったのである。

唐の成立がもたらす緊張

ところが、列島を含む東方海域に大きな緊張を与えた隋も、その後の大土木工事や高句麗遠征がたたり、全国的な大反乱を抱えて六一八年にはあっけなく崩壊する。こうして隋の跡を継いだのが唐《とう》であった。唐は当初、各地に割拠する群雄勢力との戦いにあけくれ、東方に強圧的な姿勢をみせなかった。けれども二代皇帝の李世民《りせいみん》が六二六年に即位すると（太宗）、残存する群雄勢力を平定し、六三〇年には長く北方の脅威となっていた東突厥をも滅ぼす。この頃から、高句麗は唐への警戒を強めている。

倭王権の最初の遣唐使派遣は、まさにその六三〇年に行われた。長安に到着した遣唐使一行は、東突厥への勝利に酔う唐朝の威勢を目の当たりにしたことだろう。勢いに乗る唐は、六三二年、遣唐使の帰国につけて高表仁《こうひょうじん》を送り、倭に唐の冊封を受けるよう迫った。しかしこの唐の強圧的な姿勢が、かえって倭王権の態度を硬化させてしまう。

八年後の六四〇年、唐は西域の高昌国《こうしょうこく》をも滅ぼす。こうして、東方諸国の唐に対する警戒はさらに高まっていった。その緊張が高句麗に政変を引き起こす。六四二年、唐に対抗する体制を強化しようと、大臣の泉蓋蘇文《せんがいそぶん》がクーデターをおこして国王を殺害し、傀儡《かいらい》の王をかついで独裁的な政権を打ち立てたのである。百済でも、前年に即位した義慈《ぎじ》王が、反対派を追放するなどして権力集中をはかると、新羅の西部を攻めて新羅―唐の海域交流ルートを遮断し、高句麗と手を結んだ。この時、太子を廃された王子の余豊璋《よほうしょう》は、妻子や弟禅広《ぜんこう》らとともに「質」として来倭する。一方、高句麗と百済に挟まれ、窮地に陥った新羅は唐に救援を申し出たが、唐はその見返りに女王の退位と唐王族の即位を突きつける。この新羅の足下をみた唐の要求は、新羅支配層に国論を二分する深刻な対立を引き起こした。

こうした一連の動きは、六四二年に発足したばかりの皇極《こうぎょく》王権をも激しく緊張させた。対唐関係をうまく結べない倭王権の外交は舵取りが難しく、支配層の間に意見対立もあって権力闘争の火種を絶えず抱えていたからである。焦った大臣の蘇我蝦夷《そがのえみし》・入鹿《いるか》父子は、強引に権力集中をはかろうとしたが、これは倭の他の支配者たちに高句麗の大臣クーデターを連想させるものであった。その反発から、とうとう六四五年には、皇極の息子の中大兄《なかのおおえ》らが決起し、蝦夷・入鹿父子を葬り去る乙巳《いっし》の変がおこったのである。

乙巳の変後、皇極は譲位し、弟の孝徳《こうとく》が即位した。発足した新政権は整備された宮殿を大阪湾岸の難波《なにわ》に移すと、さまざまな政治改革に着手する。窮地の新羅もこの新政権には期待したらしい。新羅王族の金春秋《こんしゅんじゅう》が、唐の無理な要求で勃発《ぼっぱつ》した政界抗争を六四七年におさめると、自ら来倭して倭の政界に新羅寄りとなるよう働きかけたのである。けれども倭王権には、高句麗や百済との関係を破棄してまで新羅に荷担する覚悟はなかった。このため、その後対唐関係を深化させ、唐化政策も進めた新羅は、春秋が武烈《ぶれつ》王として即位した直後の六五五年に高句麗と百済からの攻撃を受けると、唐に救援を求め、倭を見限っていく。

六五九年、唐・新羅と百済・高句麗両陣営の軍事衝突が激化するなか、倭王権は緊張緩和をねらい、遣唐使船を派遣し朝貢した。この遣唐使はこれまでのように新羅の支援を得られず、航路の安定した朝鮮半島西側を航行できずに、百済南方の島から一気に中国大陸を目指し、なんとか江南地域へ漂着した。けれども一行は間もなく、唐側に「海東の政《まつりごと》」が行われるとの理由で抑留されてしまう。それは唐・新羅連合軍による百済総攻撃を指していた。唐も倭を百済寄りとみなしていたのである。

倭王権が唐に誇示した北方交易

右の六五九年の遣唐使に関しては、『書紀』斉明《さいめい》五年七月条がこれに随行した伊吉博徳《いきのはかとこ》の記録を引用している。それによると、倭の使節団は「道奥《みちのおく》の蝦夷男女二人」をともない、時の皇帝高宗《こうそう》に謁見したという。高宗は二人の蝦夷の異質な風貌に興味をもち、蝦夷の国の位置や蝦夷の種類、生活などについてたずねた。これに対し倭使は、その国が東北にあり毎年朝貢してくること、蝦夷には都加留《つがる》・麁蝦夷《あらえみし》・熟蝦夷《にぎえみし》の三種があり、家屋や農作物はなく、山中で肉を食べて暮らしていることなどを答えている。また同じく随行員の難波吉士男人《なにわのきしおひと》の記録によると、蝦夷からは高宗に白鹿の毛皮一枚と弓三張、矢八〇本が献上されたという。

このことは、中国の史料『通典《つてん》』などにも、倭国使人に従った蝦夷国からの入朝として記録されている。唐の人々には、蝦夷の長く蓄えた髭や、弓矢に長けていることなどが強く印象に残ったらしい。一方、唐が、多数の部族に分かれて政治的統合のなされていない蝦夷を蝦夷国として記録したのは、倭の使節からの説明に基づいている。しかもその姿は、中華の夷狄《いてき》観に沿って狩猟採集的側面が強調されている。倭王権は、東方への圧力を強める唐に対し、北方異民族の国を従える自身の力を誇示しようとしたのである。

ところで、遣唐使はこの数年前の六五四年にも派遣されているが、そこでも倭王権は唐朝に対して蝦夷との関係を誇示していたようだ。『唐会要《とうかいよう》』倭国条に、この時の遣唐使が巨大な琥珀《こはく》を唐帝に献上したとあるからである。その琥珀は、蝦夷から交易や貢納によって入手されたものであった可能性が高い（蓑島栄紀）。これも、異民族を従え、広域的な貢納・流通圏を支配する倭王権の姿を、唐にモノによって示そうとしたものといえる。皇帝に献上された白鹿の皮や弓・矢も、彼らの夷狄性、すなわち狩猟民としての側面を強調するだけでなく、そうした物品を収集する倭王権の能力を示す狙いもあったであろう。白鹿は王の徳を示す縁起のよい祥瑞《しょうずい》で、唐に倭王の蝦夷支配の正しさを誇るためのものとみられる。また蝦夷の矢羽には北方特産の鷲羽《わしのは》が使われていたかもしれない。平安期、鷲羽は高級な矢羽として珍重され、琥珀などとともに「本朝物」として日本ブランドの代表的な品となるが、琥珀と違い、海外に供給されたことを示す史料がない。しかし、蝦夷の矢羽が鷲羽であったとすれば、倭王権には、自ら確保できる北方の資源を唐に示唆する意図があったかもしれない。

では、国際関係が緊迫化した七世紀半ば、倭王権は列島北方社会とどのような関係を結んでいたのだろうか。

乙巳の変後の六四七年と六四八年、王権は、越後平野に防御施設を備えた支配拠点となる城柵を設けるなど、七世紀半ばから東北北部に積極的に進出するようになっていた。こうした拠点は、基本的に河口部に設けられていて、海からアクセスし、河川によって地域とつながる水上交通の要所がねらわれている。そしてちょうど六五九年の遣唐使の前後には、阿倍比羅夫《あべのひらふ》による海からの大規模な北方遠征が繰り広げられた。このなかで、六五八年、大船団を率いる比羅夫は、蝦夷の服属を促しながら日本海側を北進し、最後に津軽半島付近にあったとみられる有間浜《ありまのはま》に着くと、「渡嶋《わたりしま》の蝦夷」を招いて大がかりな饗応を行っている。この「渡嶋の蝦夷」とは北海道の蝦夷を指しているだろう。

これより以前、東北北部から北海道にかけての地域には、稲作を行わない続縄文文化が広がっていた。しかし倭王権が北方とのかかわりを積極的にもちはじめる七世紀、北海道の道央部から南西部沿岸地帯にかけての続縄文文化は、本州の土師器文化と接触して擦文《さつもん》文化へと変容していく。「渡嶋の蝦夷」も、この初期の擦文文化集団であったとする説が有力である。一方、北海道の道北・道東からサハリンにかけての地域には、前述のように海獣狩猟や沿岸漁労に長けた海洋性のオホーツク文化が広がっていた。オホーツク文化は、北方ユーラシアの靺鞨《まっかつ》部族などとの交流の影響も強く、この文化集団の日本海沿岸における広範な海洋活動も確認されている。北海道にはこの二つの文化が共存していたのである（図Ⅲ-4）。

七世紀中葉に積極化した王権の北方支配には、北方との交易が強く意識されていた。実際、阿倍比羅夫はこの遠征で「政所《まつりごとどころ》」を設けたが、それは中央から派遣された使者が貢納を取り仕切る、いわば交易の拠点であったとみられている。王権は、蝦夷の間に朝貢・饗給の関係を結んで北方との交易を一元的・安定的に行うと、その成果を支配層に分配することで、この交

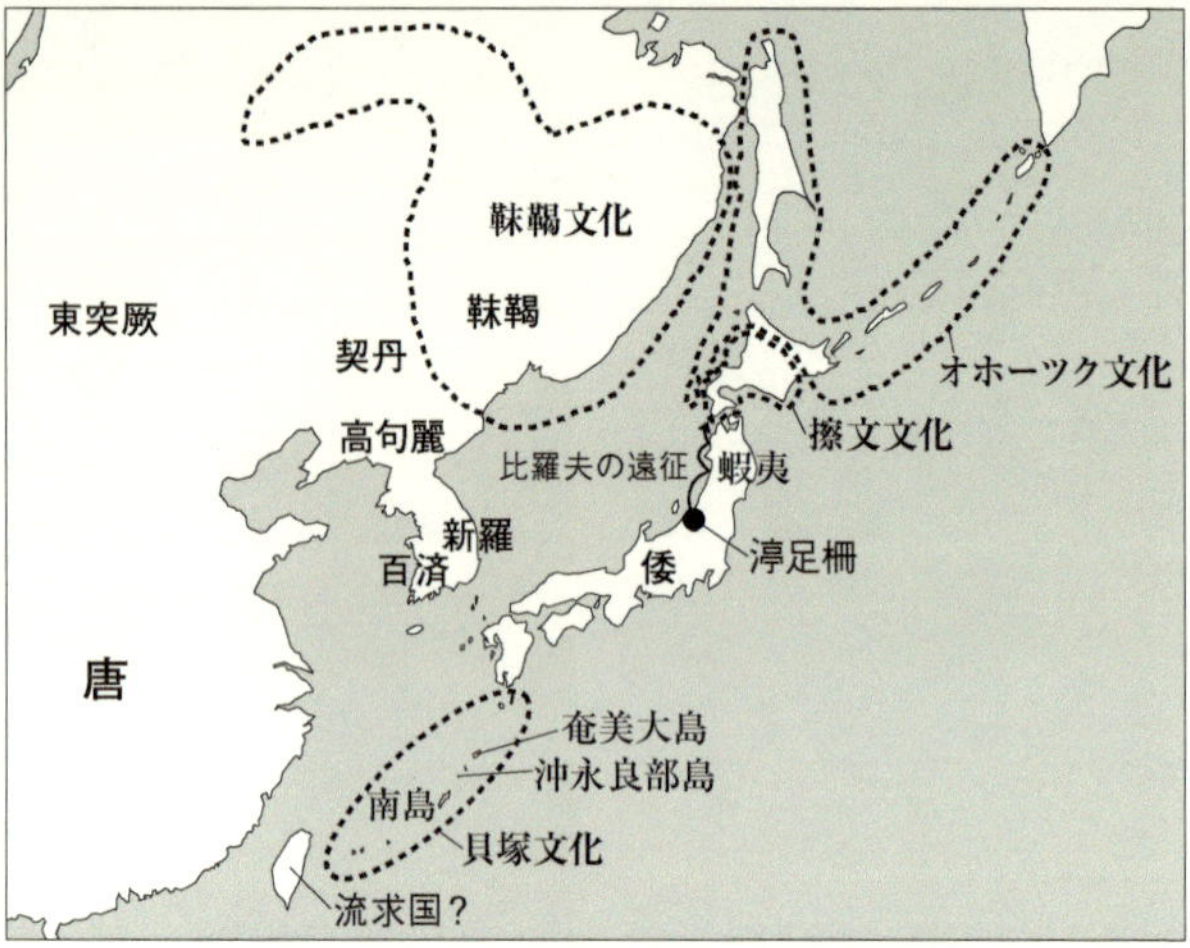

図Ⅲ-4　7世紀の日本列島とその周縁

易に興味をもつ支配層を王権・国家に結集させようとしていた（蓑島栄紀）。

ここでいう朝貢・饗給の関係とは、蝦夷が産物を携えて朝貢し、それを受けた倭王権が饗宴と禄物、さらには位も賜与するという贈答行為によって、両者が上下の政治的・経済的・人格的関係を結ぶシステムのことである。それは倭と中華王朝との間の朝貢交易にうめこまれた上下の政治的・社会的関係にも通じる。つまり当時の王権は、隋・唐と朝貢関係を結びながら、これと同様の関係を倭と蝦夷の間に設定しようとしていたのである。

一方、奄美・沖縄諸島でも、倭王権は隋唐帝国の成立を契機に積極的に進出を行い、交易がさかんになったことはすでにみた。この地域は七世紀後半には「南島」というまとまりで認識されるようになるが、やはり朝貢関係が整序されて、赤木や竹やヤコウガイなどが大宰府、近畿へと運ばれ、南島の人々に饗宴や禄物、位が授けられた。朝貢・饗給の関係が南島社会との間にも設定されたのである。こうして隋・唐の覇権的な中華世界の拡延に触発され、王権の進出・支配・交易の対象とされていった列島の南と北の世界は、以後、国際社会の変化とかかわりながら、大きく動きはじめることとなる。

2　整理される「内」と「外」

点検される贈与外交

磐井の乱後、倭王権は中央政治に関していくつかの重要な改革を行ったが、その一つに群臣会議と呼ばれる会議の開催がある。これは、大王を中心とした王権の意思統一をはかるため、有力な氏の代表者たち（群臣）を集めて大王のもとで行われる合議のことである。けれども、群臣たちが他王権とどのような贈答関係を結んでいるかまでは、この会議で把握することができない。すでにみたように、彼らのもつ国際ネットワークは、王権外交をスムーズかつ有効に機能させるための重要な補助ラインとなる一方、王権の関知しないところで個別に結ばれた他王権との贈答関係が、王権外交の攪乱《かくらん》要因ともなってきた。隋・唐帝国の成立を契機に、国際関係がますます複雑化し緊迫度を増していくなかで、倭王権は、こうした贈答関係にも神経をとがらせるようになっていく。

『書紀』によれば、六四〇年代、泉蓋蘇文のクーデターを告げる高句麗使の船が大阪湾岸の難波津に来着した際、倭王権は早速群臣らを派遣して、高句麗から贈られた「金銀」と「献物」を点検させている（皇極元年二月丁未条）。さらに、百済の太子を廃された余豊璋らが百済使をともない来倭した際も、難波に群臣らを派遣し、「百済国の調」と「大臣に送れる物」「群卿に送れる物」の点検を行った（皇極二年七月己酉条）。この時、群臣たちは「去年」の使節と比較しつつ、百済側の贈物が前例と異なることも指摘している。

ここで注目されるのは、大王が群臣らを難波に派遣し、大王に贈られるモノだけでなく、「大臣に送れる物」「群卿に送れる物」といった、群臣らが受け取る贈物の授受関係も点検していることである。しかもこの時、百済の贈与品については、群臣たちが「去年」の使節と比較して、前例と異なると不満を表明しているから、こうした点検行為が、それ以前から百済使に対しては行われていたこともわかる。隋・唐帝国の成立を契機とした国際情勢の変化を受けて、支配層が他王権と結ぶ贈答関係ついても、大王と群臣が共に確認・把握することで、両者の関係が陰に隠れて個別化することを防止しようとしたのである。

首長制社会の動揺

以上のように東アジア情勢が緊迫化し複雑化していった七世紀、倭人の社会内部でも大きな変容がおきていた。

すでにみたように、邪馬台国の時代、倭人の日常は、各地の首長層が代表する小国の内部にあって、その外の社会とも基本的に首長を介してつながっていた。そして倭王は、これら小国の首長たちによって構成される支配者共同体の上に立つ大首長であった。五世紀以降、軍事的な必要性から倭王を中心とする社会統合はすすんだが、これも各地の首長層に率いられた組織化であったから、首長制社会の重層的な構造は基本的に引き継がれていた。各地の首長層が独自に朝鮮半島との交流関係を深め、その成果を本拠地に持ち帰ったのも、彼らが対外的に各共同体を代表する首長であったからにほかならない。

けれども磐井の乱後、各地にミヤケが置かれて広域的な地域間ネットワークが築かれ、王権への貢納・奉仕体制が整備・拡充されていくと、首長を介して内と外がつながる社会構造自体に変化がみられるようになる。

『書紀』大化二年（六四六）三月甲申条には、辺境地域から中央に徴発された役民が郷里に帰る折、路傍や河で亡くなったり、あるいは路傍で炊飯を行ったりすると、近くの家の者やそこに偶然出会した者が、役民の一行にお祓《はら》いの儀式を強要する事態が頻発しているとし、これらを王権が禁止したことが述べられている。ここからは、列島古代社会に他者や外来者を排他する封鎖的な意識が相変わらず強固に存在していたことを知ることができる。けれどもこうした問題が七世紀後半に顕在化し、それに禁令を出さざるをえなくなったのは、中央への役民徴発が頻繁に行われていたからでもある。

しかも同条には、これに続けて次のようなことも記している。東国から中央に徴発された百姓のなかに、乗ってきた馬が疲弊して歩けなくなることをおそれ、途中の参河《みかわ》や尾張《おわり》あたりで人に代価を支払い馬の世話を依頼する者たちがいて、両者に取引をめぐるトラブルが頻発しているというのである。ここで注目されるのは、王権がその改善策として、契約時に村の首長を立ち会わせて保証人とする制度を立て、秩序の回復を目指したことである。つまり彼らは、どうやら首長を介さずに直接契約を結んでいたらしい。外の世界を畏怖《いふ》し、その外とは首長を介してつながってきた古代社会のあり方が根本的に変わろうとしていた。貢納や徴発で郷里を離れて移動する役民の往来が頻繁になるにつれ、交通の要衝などでは外来者との接触が日常化し、外部者への畏怖心は薄れて、首長の頭越しに外部の人々と直接関係をもつ者たちが増加していった様子がうかがえる。

こうして、古代人に、自らの共同体の外に広がる世界と触れあう機会が日常化していくと、自分の村やその首長を、他の村やその首長と比較し、故郷を捨ててより豊かな村・首長のもとへ走る者も登場するようになる。同条には貧困な主人をあざむいて権勢ある家に仕えてよい生活を求めようとする「奴婢《ぬひ》」の存在が記されているが、首長の身辺に侍し、その経済的基盤に直接組み込まれた人々さえも、主人たる首長と他の首長とを天秤にかけ、豊かなほうへと走っていったのである。この頃から、自らの育った村から離れ、容易に外の世界へと身を投じる「浮浪《ふろう》」の存在も大きな政治問題となっていく。

境界を役人が管理する

以上のように、王権支配の拡大にともない列島規模の交通が活発化すると、村社会の閉鎖性が王権に徴発される人々の往来を妨害する一方で、社会の流動化が共同体の秩序の崩壊をもたらすという、王権の存立基盤を揺るがしかねないさまざまな社会問題が顕在化してきた。このため王権は、首長制の重層的な構造に依存してきたこれまでの支配体制をあらため、地域社会をより直接的に自己のコントロール下に置こうと考えはじめる。

たとえば、先の大化二年三月甲申条によれば、市を管理する市司《いちのつかさ》や、港・河川の渡し場を管理する渡子《わたりもり》らに対して、利用者から手数料を徴収する慣習をやめさせるかわりに、彼らに田地を支給する制が立てられた。市の管理が首長の重要な役割であったことはすでにみた。『万葉集』には港の管理者が占いを行っていることがみえ（一〇九）、祭祀《さいし》を行う水上交通の管理者もおそらく地域の首長層であったろう。つまり、地域の利用者から税を徴収して独自に交通・交易管理を行ってきた首長たちは、その経済的基盤と役割を王権から与えられることで、役人化されていったのである。

内と外をつなぐ管理者が首長から役人へと変化する姿は、先にみた『常陸国風土記《ひたちのくにふどき》』行方《なめかた》郡条の谷の開発伝承にもあらわれる。地域の首長として谷の神と対峙《たいじ》し、これを祭祀によって鎮めて田を開いた麻多智《またち》の話は、その後に、七世紀半ばの行方評《ひょう》の官人であった壬生連麿《みぶのむらじまろ》の話が続く。評とは乙巳の変後の新政権が各地に設定した地方行政組織で、これが後に郡となる。その役人であった麿が谷に池の堤を築こうとしたところ、また谷の神があらわれた。これに対して麿は「大王の政策に従わぬとは、どこの神か」と喝破すると、役民にこれらをすべて撃ち殺すように命じた。すると、谷の神はみな逃げ去ったという。ここには、麿による池の造営が、王権の政策の一環として行われたこと、そして麿はその施策を実行する大王の役人として役民を徴発し、谷の神に立ち向かったことが記されている。かつて、麻多智は地域の首長として異界の神を祀り共同体に富と秩序をもたらした。しかし麿は、評の役人として大王の威光を笠に異界の神を追い払い、王権の政策を遂行したのである。

このように、重層的な首長制の構造に基づいて列島各地に重層的・多元的に存在した内と外の境界世界は、各地の首長がこれを管理し秩序化する段階から、大王が役人を使って管理する段階へと移行し、王による境界領域の一元的支配体制が徐々に整えられていった。もちろんそれは、地域の首長が地域の役人に任命されたように、上からバッサリの改革というより、従来から共同体がもっていた社会関係をうまく取り込みながら進行したものではあった。けれども共同体の首長も、空間支配者たる大王から役人として地域の管理を任されることによって、支配者としての地位を保障される体制に切り替わった歴史的意味は大きい。

3　国際交易を管理する

白村江のインパクト

ここでまた、話を当時の国際情勢に戻そう。六五九年に倭の派遣した遣唐使が、「海東の政」

を理由に唐に抑留されたことはすでに述べた。その言葉どおり唐は六六〇年、西突厥との戦いに勝利したばかりの蘇定方《そていほう》らに一三万もの兵を与え、その軍船が海路、百済へと向かった。一方、新羅軍五万も陸路から百済に進攻し、百済王都泗沘《しひ》城は大軍に包囲された。こうして義慈王は降伏し、百済は滅亡する。

すでに唐・新羅から敵とみなされていた倭王権は、この事態に激しく緊張した。そして、百済再興を掲げて占領軍への抵抗を続ける百済遺臣らにわずかな望みを託し、斉明大王や中大兄らが九州に出陣。唐・新羅との戦争に突入していった。けれども六六三年八月、倭の軍船は黄《こう》海《かい》にそそぐ錦江《クムガン》河口部の白村江において唐水軍に大敗を喫し、勝敗は決した。

それから程なくして高句麗が滅ぶ。泉蓋蘇文の死後、その三子の間で起きた内紛を突かれ、六六八年、唐・新羅軍の前にとうとう屈したのである。

一方、破れた倭は、亡命する百済人や敗走する倭人兵などが西日本に一気に押し寄せるなど、混乱していた。敗戦で権威を失墜させた倭王権は、同盟国を失ったまま敵国に囲まれるという、空前の脅威にさらされたのである。このため王権は、北部九州に沿岸防備のための兵を配備し（防人《さきもり》）、博多《はかた》湾からの敵の侵攻を防ぐ巨大な堀と堤防を設けると（水城《みずき》）、西日本各地に堅牢な土塁・石塁を備えた朝鮮式山城を置くなど、防衛体制の構築を急いだ。

ところがその後、勝者の唐と新羅が対立するという思わぬ事態に、倭王権は救われることとなる。両国は高句麗滅亡の前後から旧百済領の取り扱いをめぐり不和を生じさせていたが、六七〇年代になって、その対立が決定的となっていったのである。ちょうどこの頃、唐はチベット高原を本拠に台頭した吐蕃《とばん》と本格的な抗争を抱えて、東方に対処する余裕を失っていた。その間隙をついた新羅は、朝鮮半島から唐を追い出しにかかったのである。このため唐は倭との関係の改善に動き、新羅も恭順的姿勢を示して倭の取り込みをはかった。こうして倭王権には、中央集権的な国家体制を構築し、国内諸勢力に対する優位性を回復するための時間的余裕が与えられることとなる。結局、倭王権は表向きこの紛争に不関与の姿勢をみせながら、実際は強大な唐を警戒して新羅との関係を重視していった。

その後、新羅は順調に朝鮮半島全域の支配を確立させていく。一方倭王権は、強国唐をモデルに中華思想と律令法に基づく国家体制の整備を、亡命した百済の知識人や、唐化政策を成功させた新羅の支援によって加速させていった。

律令国家と大宰府

こうして日本列島に、王朝名「日本」、王号「天皇」を掲げる日本律令国家が誕生した。天皇は中華の君主と位置づけられ、精緻な官僚制的行政組織と公文書制度が、天皇を軸とする中央集権体制を支えた。律令国家によって支配された人々は、一人ひとり戸籍に登録され、その登録地で口分田《くぶんでん》が班給され、税が取り立てられた。天皇の命によって動く官人組織が、人々を特定地域にしばりつけ、均一な税制をしいて国家を運営したのである。そして対外関係も、天皇とその官による独占が目指された。九州を統括し対外業務を担う大宰府は、その最前線の役所となった。

大宰府のルーツは、磐井の乱後に博多湾岸に置かれた那津官家《なのつのみやけ》にある。隋との通行を開始する頃からは、外交使節の応接などの対外業務を行う筑紫大宰が駐在するようになった。その後、白村江の敗戦を契機に、筑紫大宰の拠点は博多湾から一三キロ南東の、水城に護《まも》られた位置に移され、律令国家の形成にともない官制組織も整備されていった。

律令国家が大宰府に与えた地位と任務は重い。長官の帥《そち》は正三位《しょうさんみ》の大納言に次ぐ従《じゅ》三位の高位者がつき、五位以下の官位者がつく一般諸国司の長官（守）とは圧倒的な差がある。帥に続く大弐《だいに》は正五位上の相当官とされていたが、実際は従四位の任官が相次ぎ、後に実態にあわせて従四位下の相当官に改められた。神祇官《じんぎかん》的機能を果たす主神《しゅじん》や、防人関係、船舶修理などを掌る官人なども、一般諸国にはみられないもので、これらの官員は五〇名を数えた。九州諸国を総管する大宰府は、地方官庁でありながら、まさに中央の八省と並ぶ一級の官庁であった。

律令法によれば、この大宰府が対応すべき外来者は、外国使節の「蕃客《ばんきゃく》」と、自らの意志で天皇の民となることを願う「帰化」である。いずれも中華の君主たる天皇の徳を慕い、野蛮世界から来航した者とされる点は同じであった。そして大宰府は、外来者に対してこの二種の規定しかもたないために、たとえば漂着者も、漂着ではなく「帰化」として扱ったとみられる。「蕃客」と「帰化」の区分しかもたない成立期の日本律令国家は、さまざまな契機で渡来する人々をすべて天皇中心の中華的世界に取り込もうとしていた。

こうして「蕃客」や「帰化」申請者に区分された外来者は、中華天皇の威・徳を示す荘厳な客館に安置され、衣食の支給が保障された。しかしこれも、国家が彼らを閉鎖的空間へ隔離することで、独占的に管理するという側面と抱き合わせの対応である。大宰府の管轄する客館は博多湾岸に設けられていた。これが大宰府鴻臚《こうろ》館《かん》（筑紫館）である。なお最近、大宰府政庁近くからも客館の可能性が指摘される遺跡が発見されているが、こちらの評価については、まだいろいろと課題が残る。この他、外国使節の入京などのために、大阪湾に面した難波や平城京にも客館は置かれていた。

官司先買制と管理交易

入京した来日使節団は、厳重な監視のもと、日本王権主催のさまざまな宴や儀式に参加した。彼らは本国から持参した一級品を天皇や皇后、皇太子に贈り、日本王権からの返礼品を受け取った。外交的な贈答形式の交易である。日本からは多くの場合、絹・絁《あしぎぬ》・生糸・真綿といったシルク製品を中心とする繊維製品が贈られた。けれども軍事同盟の時代、あれほど目立っていたその他の支配層と外交使節との間の贈答が、史料から姿を消してしまう。入京使節は、日本トップ貴族の私邸に招かれることもあって、そこで若干の贈答はあったはずだが、かつてと比べ、その規模が大きく縮小されていることは否めない。贈答の外交関係も、天皇家によってほぼ独占されていったのである。

しかも、日本からの海外渡航は、天皇の任命した公使以外は全面禁止とされた。このため、律令国家による外来者の独占管理と相俟って、これまで支配層が維持してきた独自の国際交流ルートは、大きく制限されることとなったのである。

こうした律令国家の対外関係独占の姿勢は、当然ながら一般交易にもおよんだ。外国使節のもたらす交易品の購入では、まず天皇とその官司が優先的に国家の必要品を買い上げる先買権が設定され、これに違反し官司よりも先に交易を行った場合、その物品が没収されることになっていた。違反者に対する罰則もあった。なお日本律令には、民間の国際商人が来航することを想定した条文がない。これは律令国家成立当初、日本周辺には海域を往還する能力をもつ民間の商人がまだあらわれていなかったためである。対外関係の独占体制をしいた律令国家にとって、日本で行う国際交易といえば、外交使節との間の交易だった。

日本の貴族たちには、官司先買を守れば「蕃客」との交易の機会が公的に約束された。しかしそこでも取引価格は事前に決められていて、「蕃客」と直接自在に交渉して行うものではなかった。たとえば、七五二年（天平勝宝四）来航の新羅使と日本貴族との間の交易実態を伝える正倉院文書の「買新羅物解《ばいしらぎもののげ》」では、関係官司が貴族の購入申請書をとりまとめてこれにあたっている。その対価は生糸や真綿などであった。交易当事者の間に官司を介在させて直接交渉を認めず、交易を管理することで、両者の間に人間関係が結ばれることも防止したのである。

天皇制の国際交易

ところで「買新羅物解」を提出した日本貴族たちは、購入品や署名者などからみて、五位以上の高位者たちとみられている（東野治之）。つまり、官司先買後の交易でも参加階層はある程度しぼられていた可能性が高いのだが、これと関連し、『続日本紀』（以下『続紀』と略す）

神護景雲二年（七六八）一〇月甲子条に次のようにあることも注目されるだろう。

　天皇は大宰府の綿を用意され、左・右大臣（藤原永手《ふじわらのながて》・吉備真備《きびのまきび》）におのおの二万屯、大納言の諱《いみな》（後の光仁天皇《こうにん》）と弓削御浄朝臣清人《ゆげのみきよのあそんきよひと》におのおの一万屯、従二位の文室真人浄三《ふんやのまひときよみ》に六千屯、中務卿《なかつかさきょう》で従三位の文室真人大市《おおち》と式部卿《しきぶきょう》で従三位の石上朝臣宅嗣《いそのかみあそんやかつぐ》に四千屯、正四位下の伊福部女王《いおきべのじょおう》に一千屯を賜った。新羅の交易品を買うためである。

右によれば、この時天皇は、諸臣に新羅の交易品を購入するための資金として、大宰府の真綿を支給している。その支給量は、左大臣と右大臣に二万屯、大納言に一万屯、政界を引退した前大納言に六〇〇〇屯、中務卿と式部卿に四〇〇〇屯などと、政治的地位の上下に則したもの、つまりは天皇を中心とした階層的な政治世界の地位に比例したものとなっている。

また、九世紀の事例を参照すると（『三代実録』貞観《じょうがん》一四年五月二二日条）、「蕃客」にも日本産品購入の機会が与えられた。官司先買や日本貴族との交易が終了すると、今度は日本の市人が集められて、「蕃客」が日本産品を購入するのである。その際、「蕃客」には天皇から購入支援金の官銭も支給され、彼らの世話役として「領帰郷客使通事《りょうききょうきゃくしつうじ》」がつけられているから、やはりこれも中華天皇の恩典を示す管理交易であった。

なお、官司先買と日本貴族層からの旺盛な購入を受けた後の「蕃客」は、本国からもたらした主要交易品のほとんどを吐き出していたはずだから、日本の市人との交易で代価となりうるのは、天皇からの支援官銭を除くと、それまでの間に日本支配層から代価として受け取った日本の絹製品などとなる。つまり、真綿や生糸といった一見バリエーションに乏しい日本支配層の代価の品は、日本で貨幣的機能をもちうるものであったから、「蕃客」は市人たちを通して、これらの一部をさらに別の日本産品に交換していた可能性が高い。いずれにしても、日本の市人たちがここで高級輸入品を手にすることはほとんどなかったであろう。

以上のように、律令法によって整えられた外来者との交易は、天皇制の中華的世界観に基づき、「蕃客」と呼ばれた来日外交使節との交易にほぼ限定され、それは主に、①外交的な贈答形式の交易、②官司先買、③日本貴族による来日使節からの購入、④来日使節による日本産品の購入、の四種に分けられることになる。そしてこの一連の交易がすべて、天皇制の論理に基づき、日本国家によって完全に管理されていたのである。

一方、日本が国外で行う交易は、日本の遣外使節がこれを担当した。遣外使節とは、天皇がそのメンバーを任命し派遣する、いわば動く官司である。それ以外の海外渡航は、支配層であっても全面的に禁止された。かつての首長層の国際交易は、天皇の支配体制のなかに押し込められたのである。そのなかで、国外から持ち込まれる物品は、まず天皇とその官に優品が集められ、その後、特権的地位をもつ貴族層にも身分に応じた入手の機会が与えられた。国際交易のチャンスも、そこで確保される輸入品の質や量も、天皇を中心とする同心円的な身分社会と対応していたのである。その結果、支配層のこれら輸入品への接近は、天皇を軸とした政治世界における、中心への接近として意識されるようになっていく。

かつて倭の首長たちは、国際交易に参加すると、自らを支える共同体成員にその成果をもたらし、またライバルにもそれらを示して、対外的機能を果たす首長としての能力と権威を誇示した。しかし、律令国家の役人たちは、天皇制に組み込まれた身分的動機によって海外優品を入手し、自らの力と権威を誇示するようになっていったのである。

4　交易にあらわれる中心と周縁

官司先買の周縁性

ところが、以上の日本の交易管理体制を、日本がモデルとしたはずの唐の制度・体制と比較すると、日本律令国家の別の顔も浮かび上がる。

実は唐の律令には、日本律令のような輸入品を官司が優先購入する明確な規定がない。唐はむしろ、自国の文化的優位性を示す国内優品が国外へ勝手に流出することを防ぐ政策に主眼を置いていたのである。それは、唐が、魅力ある高級な絹製品や工芸品の輸出を制限し、これを朝貢品に対する返礼品（回賜品《かいし》）とすることで、多くの朝貢国を招き寄せる戦略をとっていたからだと考えられている（榎本淳一）。一方、日本律令にも規制品の国外持ち出しを禁じる規定が一応はあるものの、「蕃客」の所持品検査は入国時のみ行われるものとなっていて、日本が神経をとがらせたのは、輸出品よりもむしろ輸入品のほうであった。

　要するに日本律令国家は、輸出管理を重視する唐の律令をわざわざ改変し、輸入品に対する厳格な官司先買制をしいたのである。そこには、倭国時代以来の支配層と輸入品の特殊な関係が影響しているとみられる。

　すでにみてきたように、律令国家成立以前の倭人社会は、政治、経済、文化のあらゆる面で、東アジア諸地域から渡来する文物に大きく依存した社会であった。外来文物を集めて分配する能力のある者が有力首長とみなされ、倭人たちの上に君臨できたのである。このために、王権外交に参与しながら、先進文物の供給先となっている朝鮮半島諸国・諸地域と独自の贈答関係を結んだ首長層のなかには、大王と対立する者まで登場した。こうしたことに何度も苦しんだ王権は、中央集権的な律令体制を築くにあたり、来着する「蕃客」を客館に閉じ込め、彼らとの贈答・交換を天皇国家の独占・管理下に置いて、海外優品が天皇のもとに集まり、輸入品入手の機会も身分秩序に沿って与えられる体制を築いたのである。

　このようにみると、唐律令と日本律令の交易管理に対する姿勢の差には、同じく中華を標榜しながら、自らのもつ高度な文明を広く国際社会に分配することで権威を保つ中心の王権と、外来文明を身にまとい、渡来の人・モノ・文化を国内諸勢力に再分配することで権威を得る周縁の王権との差が、よく示されているということになるだろう。

モノに示される中心と周縁

右の唐と日本の中心と周縁の関係は、両国間の交流のなかで行われたモノのやりとりにもはっきりとあらわれている。

そもそも中華国日本から派遣されたはずの遣唐使は、唐では蕃国からの朝貢使としてふるまっていた。要するに、天皇中心の中華国としての論理は国内支配向けで、国際的には日本王権も唐の周縁国の立場を受け入れていたのである。ただ遣唐使は、唐に、東夷の最上位国として扱ってもらうことには神経をとがらせている。その執念は、七五三年派遣の遣唐使が、唐の宮殿で新羅の使節と上位の席次を争い、唐側にその要求を呑ませたほどである。このように、日本は新羅よりも優位に立つために、唐の中心性を利用することがあった。

その遣唐使などによって、日本が唐からさかんに輸入したものに書物がある。中国の史書『旧唐書《くとうじょ》』日本国伝は、七一七年の日本の遣唐使が、唐皇帝からの回賜品をことごとく換金して書物を購入して帰国したというエピソードを掲載している。この遣唐使で入唐《にっとう》した吉備真備も、一七年の留学生活を経て、実にさまざまな分野の漢籍を持ち帰った。唐へ留学した僧侶たちは、仏教関連書物だけでなく文学作品などへも興味を広げ、幅広く書籍を収集した。日本は律令国家体制の強化に必要な制度・思想・文化に関する知識を、唐の書物から必死に得ようとしていた。書物を介した唐化政策の推進である。

唐化政策によって中華国を目指した日本の支配層には、高級絹織物、香薬、工芸品など、儀礼やくらしを唐貴族のように荘厳化する国際色豊かな高級品の需要も高かった。その一端は、聖武《しょうむ》天皇ゆかりの品々を中心とする正倉院宝物にみることができる。宝物には、船載された素材などを使って日本で製作されたもの、唐の工芸品を模倣したりして日本で製作されたものも多い。ただ、使用された素材や意匠も含むモノにあらわされた空間的広がりは、唐土を越え、インド、東南アジア、ペルシア、アフガニスタンなどにまでおよぶ豊かな国際性をそなえている（図Ⅲ-5）。けれどもこれも、結局は唐文化を引き写したものであった。日本がモデルとした唐は、西域進出によるインドや西アジアとの交流の深化などによって、国際性の高い絢爛《けんらん》豪華な文化を築き上げていた。こうして世界中から唐に集まった物資と思想・文化・技術を、日本は唐から部分的に継受したのである（飯田剛彦）。

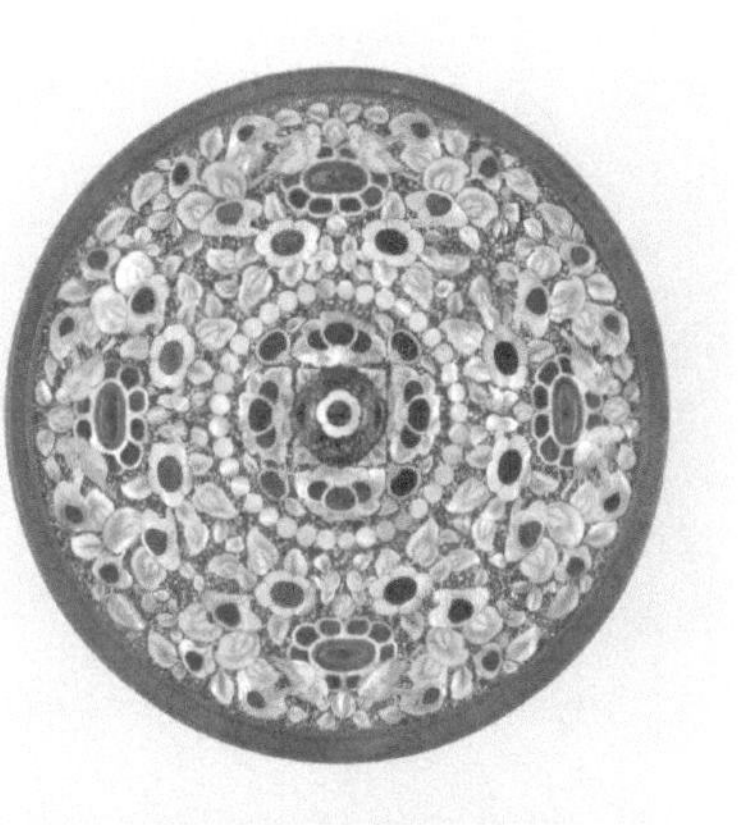

図Ⅲ-5　正倉院北倉の
平螺鈿背円鏡第11号（正倉院宝物）
唐製とみられ、装飾には南海から調達した
ヤコウガイや玳瑁、西域から調達した
トルコ石やラピスラズリが用いられている。

一方、日本から唐へ贈られた物品として、中国史料には琥珀、瑪瑙《めのう》、紙、美《み》濃絁《ののあしぎぬ》、水織絁《みずおりのあしぎぬ》などがみえる。このうち、琥珀が蝦夷から入手されていたことはすでに述べた。絹織物の絁は各地から租税として貢納されていたが、なかでも唐朝にも献上された美濃国産のものが最上級とされた。また日本の紙は、唐でも繭《まゆ》のように光沢がありこれ以上のものはないと讃えられたが、これらは律令文書行政の開始とともに、中央だけでなく地方でも生産が開始され、その一部が中央へ貢納されるようになっていた。

また、一〇世紀前半に編纂された『延喜式《えんぎしき》』には、来日した外国使節への贈与品が規定されている。このうち唐皇帝に与えられることになっている品々は、実際は遣唐使が持参した朝貢品であったとみられている。それらは、中国史料が伝える日本の朝貢品とも重なる瑪瑙や水織絁・美濃絁を含む各種絁のほか、各地から税として貢納された真綿、さらには銀、火打ち道具として使用する水精《すいしよう》（水晶）・瑪瑙・鉄のセット、ツバキ油、甘味料の甘葛汁《あまかずら》、塗料に使う金漆（コシアブラの樹脂液）などである。ツバキ油、甘葛汁、金漆は各地から進上されていたが、銀は対馬から、水精と瑪瑙はおそらくは出雲《いずも》からの進上品であろう。

しかしここに、唐文化を模して日本で精巧につくられた工芸品を含めることはしなかった。これらを日本貴族がいかに珍重したとはいえ、本場の唐に対しては「日本」の特性を示すものにも、ましてや優位性を主張するものにもならなかったからである。日本の支配層は、日本が唐の周縁に位置することを、モノによっても十分理解していた。

こうして、唐から日本にもたらされたモノが、文明の中心を誇示するかのような書物や高度で国際色豊かな工芸品であったのと比べると、唐に示された日本の特産品は、日本列島の範囲を舞台に律令体制下の手工業生産、交易・貢納制などによって集められた繊維製品、鉱物、原材料など、日本の周縁性を示す素朴なものに限られることとなったのである。

モノで競い合う

　右のように、国家と結びつき移動するモノには、中心性や周縁性が示されるから、互いを強く意識し合う隣国の日本と新羅の間では、相手側に示すモノが外交上の優位性を競うための駆け引きの道具ともなっていった。

　新羅も日本と同じく、唐に対しては周縁の王権であったから、たとえば、七―八世紀の新羅は、唐に対し金・銀、絹織物、薬物、動物などの新羅特産物を贈り、自国の交易の乏しさ、産物の貧困を訴えた。ところが倭・日本に対しては新羅物産だけでなく、仏具、金属器物、高級絹織物など、むしろ唐が新羅へ贈った品々と重なる国際色豊かなモノを贈り、自国の交易圏の広さ、先進性を示そうとしている（新川登亀男）。新羅は、自国を絶えず下位に位置づけようとする日本に対して、新羅の優位性と、日本が新羅のさらに周縁部にあることを、東アジアにおける唐朝の中心性を利用し印象づけ、日本を牽《けん》制《せい》していたのである。

図Ⅲ-6
正倉院南倉の佐波理加盤第７号（正倉院宝物）
新羅製とみられ、８口の鋺が入れ子状に重なる。

　さらに日本においては、新羅特産品も新羅の優位性を示すメッセージとなりえた。正倉院には、新羅でつくられたとみられる銅・錫・鉛の合金である佐波理《さはり》製の皿、匙《さじ》、鋺《かなまり》などの飲食器が多く伝わる（図Ⅲ-6）。また、正倉院に伝わる羊毛製のフェルトの敷物にも新羅からもたらされたものがあり、それが宮廷工房や貴族の家産工房の生産品であった可能性も指摘されている（李成市）。新羅の工芸技術はかなり高いレヴェルに達していて、これらが日本の王家や貴族の華やかなくらしを支えていたのである。

しかも『書紀』が新羅を「財の国」「金銀の国」などと呼ぶように、日本貴族にとって、新羅物産の圧倒的豊かさは、新羅からもたらされる金銀に象徴されていた。だから七四九年に陸《む》奥《つ》で初めて黄金が発見されたとき、大喜びした日本王権は、これを鋳造したての東大寺の大仏に塗ると、七五二年に訪日した新羅使にそれを見せつけて、新羅に対する黄金コンプレックスを覆そうと試みている。ところがその高揚感のまま、日本が翌年に新羅へ派遣した使節団は、強い態度に出すぎて、新羅から傲慢《ごうまん》・無礼と追い返されてしまった。そもそも新羅使が日本で見た大仏は、産出量の限られた金でようやく一部が塗金された程度のものにすぎなかったのである。しかも先の「買新羅物解」によれば、このときの日本貴族層は、国産金の不足を補うかのように新羅使から金を購入し、さらには国際性・文明性の象徴でもある香薬、香炉、錫杖《しゃくじょう》などの仏教関連品まで入手している。一方、日本貴族層が準備した対価は、相変わらずの真綿や糸であった。新羅使が塗金された巨大な仏像を見ても、これを日本優位のメッセージとして読み取らなかったのは当然であろう。

同様の競い合いは、日本と高句麗、さらにその後身国を標榜して六九八年に建国された渤海《ぼっかい》との間でも繰り広げられている。たとえば『書紀』斉明五年（六五九）是歳条に、来倭した高句麗使人が羆《ひぐま》の皮一枚を綿六〇斤で売却しようとして倭の市司に相手にされなかったという話が載っている。その後、使人が高麗画師子麻呂《こまのえかきこまろ》という人物の家を訪ねると、子麻呂は官から借りた羆の皮を七〇枚も敷いてこの使人を接待したので、使人は毛皮を高値で売却しようとした自分の行為を恥じ、また不思議がったという。斉明五年のこととして描かれたこの話は、実際は斉明六年の高句麗使滞在時のものとみられ、羆の皮はこの時期に王権が積極的に行った列島北方への進出にともない、入手されたものであろう。この前年、『書紀』は阿倍比羅夫が粛慎を討ち、羆皮七〇枚を献上したという記事を載せていて、子麻呂の示した七〇枚の羆皮はこれに対応するとみられるからである（蓑島栄紀）。話の内容は要するに、高句麗の特産品を誇示しようとする高句麗使に対し、日本（倭）の官の保有する羆皮で接待した子麻呂が競い勝ったというものであるから、『書紀』編者は、これを日本（天皇）の国際的優位性をあらわす逸話として採録したと考えられる。

　そしてこれと同様の構造が渤海との交流にも引き継がれる。最盛期には中国東北部からロシア沿海州、北朝鮮の北部にまたがる広大な領域を誇った渤海は、吐蕃戦争で唐の東方への影響力が低下するなか、靺鞨諸族や高句麗遺民を率いた粟末《ぞくまつ》靺鞨人の大祚栄《だいそえい》によって六九八年に建国された。日本との関係は、第二代渤海王の大武芸《だいぶげい》が、七二七年に日本へ使者を派遣したことにはじまる。九世紀の『内裏式《だいりしき》』によれば、その渤海使を宮殿に迎えた正月七日の儀式では、羆の皮を敷きつめることになっていたが、これの外交上の意味が渤海に対する優位性を表明するものであったことは、先の斉明紀の記事からも明らかである。また『江家次第《ごうけしだい》』には、醍醐《だいご》天皇皇子重明《しげあきら》親王が、渤海特産の貂《てん》の毛皮を八枚も重ね着して渤海使の前に立ちあらわれ、使者たちを恥じ入らせたという逸話も伝えられている。

なお、羆の皮には列島北方からの入手品があったと述べたが、貂の毛皮も渤海だけでなく北方交易によっても入手されていたと考えられている。とくに、重明親王が渤海使を圧倒するために用いた貂の毛皮が、その渤海からの入手品だけだったはずはなく、ここにも北方交易で入手されたものが含まれていたであろう。遣唐使が蝦夷から入手した琥珀を唐に示し、北方異民族を従える倭（日本）王権の姿を誇示しようとしていたことはすでにみたが、王権にとって北方交易は、自らの中心性を対外的に示す重要な財ともなっていたことがわかる。

このように、国際的に流通する特産品や交易品も、外交の場では、その保持や保有量の意味が、国際政治上の競い合いのなかで読み解かれていった。つまり外交とかかわり移動するモノの政治的価値は、一つの政治的主体によって一方的に意味づけされるのではなく、双方向的・多方向的、さらには競合的に意味づけされていくものなのである。

宮都と北部九州の中心と周縁

以上の、中心と周縁の複雑で多元的な関係は、そこを行き交うモノだけでなく、列島の中央と地方の関係にも大きな影響を与えていた。

律令国家の論理からすれば、中華日本の列島における中心地は天皇の居所の置かれた宮都で

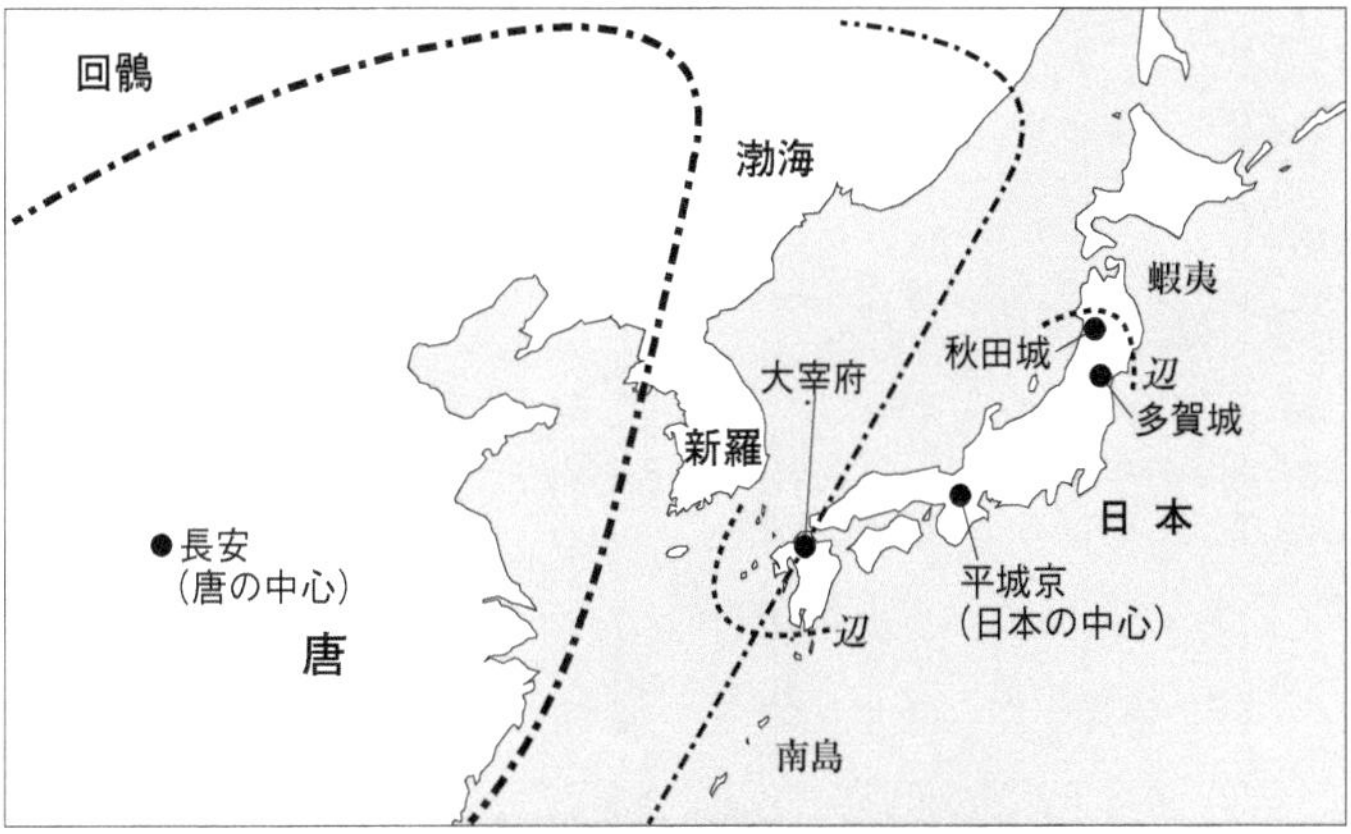

図Ⅲ-7　唐と日本の中心―周縁関係

ある。一方、「内」（化内《けない》）と「外」（化外《けがい》）が接する境界領域は「辺《へん》」と呼ばれ、都から「辺」までは官道が延びていた。九州北部の日本の「辺」に到着した「蕃客」は、日本の中心地の都へのぼり天皇に謁見する。こうして「内」なる古代日本の国土は、天皇の都を中心、「辺」を周縁とする、同心円的な広がりとして編成されていたのである（図Ⅲ-7）。

そのなかで、国家管理のもとに行われる「蕃客」との交易は、客館で行われることになっていたが、それは都の客館においてのことであり、筑紫などの地方の客館での交易は、基本的に行われていなかったとみられる。「蕃客」との交易における官司先買や、その後の階層をしぼった支配層の交易も、宮都の支配層のためのものである。律令の原則は、国際交易の中心地も天皇の都に求めたのである。

けれども、宮都の支配者たちも十分承知していたように、日本は文明国唐を中心とする東アジアの周縁に位置していた。そして、地理的視野の範囲を列島からさらに東アジアまで広げると、近畿の宮都よりも北部九州のほうがその東アジアの「文明」世界に近い。西から東へ移動する「文明」の大局的な流れからみると、九州の「辺」には「文明」世界への接続地域という意味が与えられ、近畿の宮都には「辺」のさらに東方外縁部という位置が与えられる。中心と周縁の関係は逆転することになる。

そしてこの問題こそ、近畿を政治センターとするようになった倭王権が、三世紀以来ずっと抱え続けた課題であった。だから卑弥呼《ひみこ》は、真っ先に伊都国《いとこく》に一大率《いちだいそつ》を置いたし、磐井の乱を鎮圧した王権は、博多湾に那津官家とそのネットワークを急ぎ整備した。天皇中心の中央集権を目指した律令国家が、九州諸国を総管する大宰府を置き、これに中央八省と並ぶ一級官庁の位置づけを与えたのも、当然のことであった。しかしもし、この大宰府を介した九州支配が揺らぐようなことがあれば、律令国家には大きな脅威となる。その危機は、次にみるように、律令国家成立から一世紀もたたないうちにやってくる。

Ⅳ　海商の時代の到来

1　海商の萌芽

鑑真の渡海と海賊

七四二年、仏教戒律の師を日本に招聘《しょうへい》するため、栄叡《ようえい》と普照《ふしょう》の二人の日本僧が揚州大明寺《ようしゅうだいめいじ》を訪れた。この要請を受諾し、来日を決意したのが大明寺僧の鑑真《がんじん》である。鑑真は、この時すでに唐仏教界で戒律の実践・研究の第一人者であった。その後、さまざまな不運と妨害にあって何度も渡海の失敗を重ねた鑑真は、七五三年、ようやく日本の土を踏む。この時、多くの辛苦からすでに視力を失っていた鑑真を、日本朝廷は盛大に迎えたのである。

右の鑑真渡来については、奈良時代の文人貴族、淡海三船《おうみのみふね》が七七九年に著した『唐大和上《とうだいわじょう》東征伝《とうせいでん》』や、鑑真の弟子の思託《したく》が著した『延暦僧録《えんりゃくそうろく》』の逸文などによって、その経緯が比較的

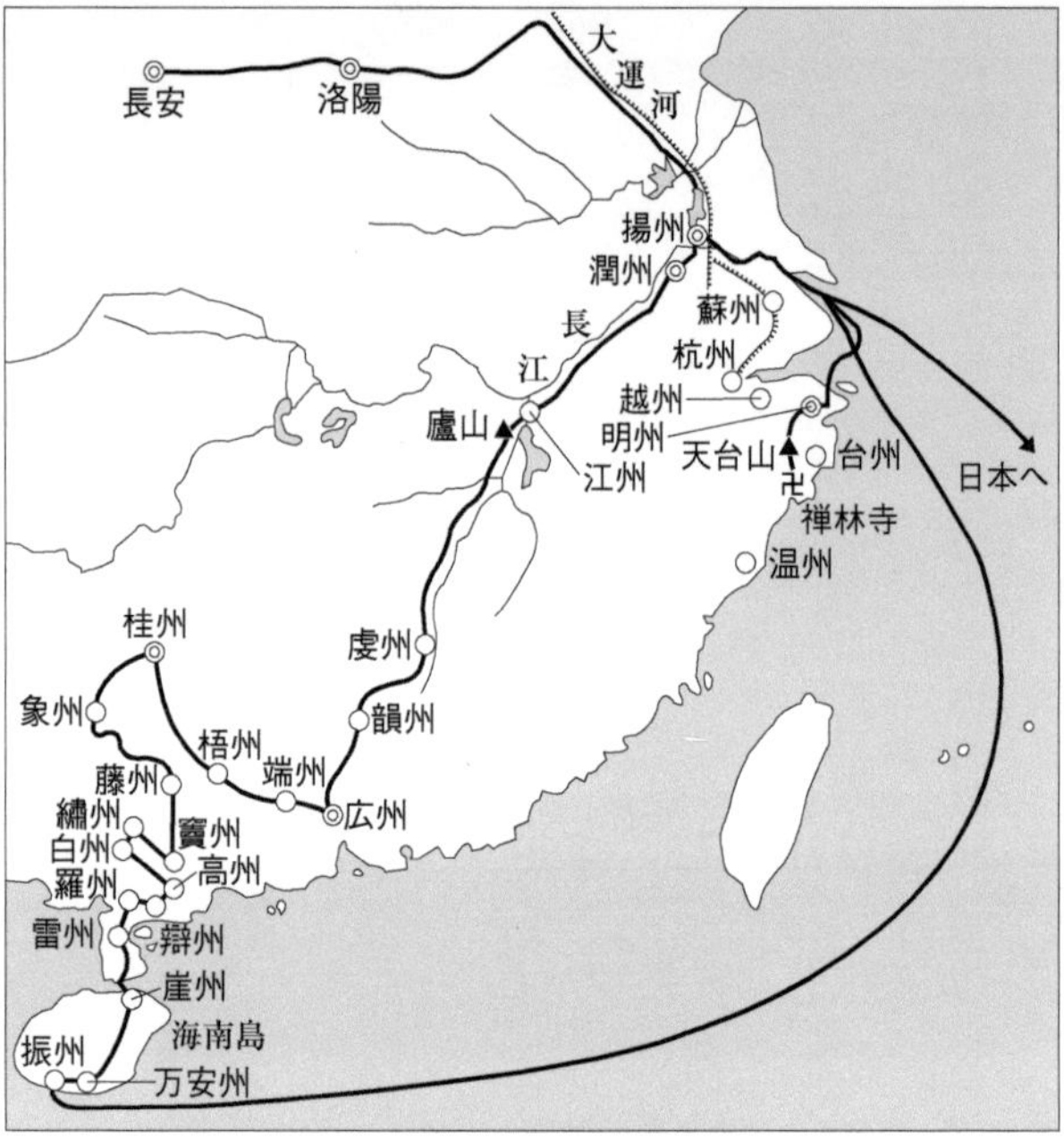

図Ⅳ-1　鑑真の足跡
（東野治之・2009・図7に一部加筆・改変）

詳しくわかる（図Ⅳ-1）。
これらによると、鑑真が最初に日本への渡海を試みたのは唐の天宝《てんぽう》二年、すなわち七四三年のことである。唐朝からは出国の許可が下りないとみた鑑真らは、時の宰相李林甫《りりんぽ》の助言と協力を得て、江南の天台山国清《こくせい》寺《じ》へ向かうという名目で船を建造し準備を整えた。しかし、弟子の密告にあって海賊とのつながりを疑われ、計画は失敗する。その後、海賊の嫌疑は晴れたものの、海賊横行を理由に海上での往来が禁止され、船も官に没収されてしまった。この頃、江南沿岸部の明州《めいしゅう》、台州《だいしゅう》、温州《おんしゅう》では公私の船の往来が妨げられるほど海賊が跋扈《ばっこ》していた。けれども、招聘をあきらめない栄叡と普照の熱意に、鑑真はその歳の暮れには早速再度の渡海を試みている。それは、今の広州《こうしゅう》にあった嶺南道採訪使《れいなんどうさいほうし》の劉巨鱗《りゅうきょりん》から軍用船一隻を購入し、船員一八名を雇って、急ぎ準備されたものであった。軍用船の購入は、おそらく海賊への警戒のためであろう。雇われた船員にも武装した者が加わっていたにちがいない。しかし、こうして官と海賊の目をかいくぐり航行する船も、長江の河口を出ると激しい風と浪にさらされ、最後は座礁して、またしても渡海は失敗に終わる。

このとき、鑑真らを悩ませていた海賊とは、具体的には呉令光《ごれいこう》ら海賊集団のことを指している。中国の史書『資治通鑑《しじつがん》』『旧唐書《くとうじょ》』『新唐書』などによれば、七四四年（天宝三）、海賊の呉令光が台州や明州を襲撃したので、玄宗《げんそう》皇帝は河南尹《かなんいん》の裴敦復《はいとんぷく》、晋陵《しんりょう》郡太守の劉同昇《りゅうどうしょう》、南海郡太守の劉巨鱗らを派遣し、これを撃破したという。つまり鑑真に軍船を売った劉巨鱗は、その翌年、鑑真らを悩ませた海賊を討ったことになる。

ところで劉巨鱗のいた広州は、南海と呼ばれた中国南方諸国と接合する唐最大の海上交易港である。八世紀に入るとペルシア商人やムスリム（イスラム教徒）商人の交易が隆盛の一途をたどり、玄宗皇帝時代の七一四年（開元二）以降は、唐朝も皇帝による交易管理強化のために臨時に市舶使《しはくし》を派遣したほどである。その広州を治める巨鱗が軍船を保有し、呉令光の追討に参加したことは、令光ら江南の海賊勢力が南海交易ともつながっていたことを示唆《しさ》する。

実際、鑑真は七四九年の五度目の渡海で広州の南の海南島に漂着しているが、鑑真一行を支援した当地の実力者の馮若芳《ふうじゃくほう》も、この付近を通るペルシア商船を襲撃し、積み荷を奪い、船員を奴隷として蓄財をした海賊であった。若芳は客と会う際には、高価なアラビア産の乳香を大量に使って灯をともし、邸宅の裏には熱帯産の蘇芳《すおう》木を山積みにしていたという。また鑑真一行は、その後立ち寄った広州でも、香薬・珍宝を満載したインド、ペルシア、崑崙《こんろん》（中国西方）からの商船が無数に停泊しているのを目撃する。この広州を中心とした南海交易の隆盛が、江南を含む中国沿岸部の海賊たちを引きつけていたとみられる。

海商に従った新羅の若者の物語

以上のような民間の海上交易勢力の成長の痕跡は、同時期の江南以北、黄海《こうかい》海域でも断片的に確認できる。たとえば『旧唐書』渤海靺鞨《ぼっかいまっかつ》伝には、七三二年（開元二〇）、渤海王の大武芸が将の張文休《ちょうぶんきゅう》に命じて海賊を率いて登州を攻めさせたことが記されている。この「海賊」とは、遼東《りょうとう》半島付近の海民を組織したものであろう（酒寄雅志）。また『三国遺事《さんごくいじ》』塔像第四・敏蔵《びんぞう》寺条にも、八世紀半ばの新羅に関する次のような伝承が掲載されている。

> 愚金《ぐきん》里に住む宝開《ほうかい》という貧しい女性には、長春《ちょうしゅん》という息子がいた。彼は海商に従って出て行ったまま、長く音沙汰《おとさた》がなかった。そこで母は敏蔵寺の観音像の前で七日間の祈禱《きとう》を行った。すると、長春が突然帰ってきた。その経緯をたずねると、彼は「海上を漂流し船も壊れて多くが遭難するなか、私は一枚の板に乗り、なんとか江南の海岸にたどりつきました。しかしそこでとらえられて、野の耕作に従事させられました。ところが郷里から来

たかのような不思議な僧がやってきて、私を連れ出しました。ぼんやりしていると、郷里の言葉や泣く声がしたので、あたりを見渡すと、ここに着いていたのです。夕方に僧とともに江南の地を出発したはずなのですが、午後八時頃にはここに到着していました」と言った。この時は天宝四年（七四五）四月八日である。この話を聞いた景徳《けいとく》王は、寺に田を施し、財貨を納めたのである。

右の話は、新羅の景徳王が施入した敏蔵寺の寺田や財貨の由来を伝えたものとみられ、その内容は、八世紀の半ば、新羅の貧家出身の長春が海商に従い活動中、嵐にのまれて江南地域に漂着し、その後、観音の力で帰国を果たしたというものである。要するに、この話は観音の功徳を強調する奇譚《きたん》であって、長春帰国の経緯はもちろん史実ではありえない。

けれども、その帰国の年月日が天宝四年四月八日と具体的に伝えられているのは、新羅王家による敏蔵寺への寺財施入ともかかわる、なんらかの史実を下敷きとしていた可能性を示唆する。しかも海商となった新羅人が江南沿岸部に漂着し、どうやら奴隷とされたらしい点などは、同時期の江南地域において海賊・海商の活動が活発化していた事実とまったく対応している。また詳しくは次節でみることにするが、当時の新羅の一般社会は、ちょうどこの頃から飢饉・疫病の蔓延に苦しみ、貧困にあえいでいた。つまり右の物語は、貧困を逃れて海に繰り出した新羅人たちのなかに、中国沿岸部の海商に加わる者があり、彼らが敏蔵寺の観音信仰とも関係していた史実が踏まえられている可能性が高い。

安史の乱と東アジア海域

中国東方海域で海賊や海商の活動がみられはじめた頃、その内陸部でも交易者たちを巻き込んで、唐朝の屋台骨を揺るがす大規模な反乱が発生する。玄宗皇帝の寵愛《ちょうあい》を受けていた節度使の安禄山《あんろくざん》が、盟友の史思明《ししめい》とともに七五五年におこした、いわゆる安史《あんし》の乱である。

軍人として頭角をあらわした安禄山は、父がソグド人、母が突厥《とっけつ》人で、ソグド系商人のネットワークを利用した莫大《ばくだい》な資金力と、ソグド系武人を含む多民族的な軍事力をもっていた。ユーラシア大陸のほぼ中央に位置するソグディアナを故郷としたイラン系種族のソグド人は、後漢《ごかん》時代から中国王朝と通行関係をもち、以後東方へ積極的に進出すると、西晋の頃から河西回廊を拠点に東西交易を行うようになり、中国各地に拠点を築いて、軍事、外交、交易などで活躍するようになる。とくに唐代、東ユーラシアが中国の支配下に入ると、ソグド人は唐朝の制約を受けつつも、活発な東西交易を展開していった。禄山は、こうしたソグドネットワークを基盤に台頭した人物である（森部豊）。華北一帯を巻き込んだ安史の乱は、禄山が七五七年に息子の安慶緒《けいしょ》に暗殺された後もソグド系の史思明らによって続けられた。結局、唐朝はこれを鎮圧するのに、中央ユーラシアで騎馬民族の代表的勢力となっていたウイグルからの支援を受けつつ、九年もの歳月を要したのである。

こうして唐朝はなんとか乱を鎮圧できたものの、権威は失墜し、実行支配地域が中国本土のみとなるばかりか、内部にも自立的・反唐的な地域勢力の伸展を許すこととなった。乱鎮圧を目的に唐朝が各地に置いた節度使たちが、地方分権的な性格を強め軍閥化していったからである。彼らの保護のもとに各地の経済活動も活発化し、交易者たちはますます成長していった。そして唐朝の税制も、むしろそれらを取り込み促進するものに変化する。

一方、乱の第一報がもたらされた日本では、その余波が九州北部に到達するのを警戒し、即座に大宰府に防衛体制を整えさせると、唐の混乱に乗じた新羅「征討」まで計画している。これを主導したのは、政界で権勢をふるっていた藤原仲麻呂《ふじわらのなかまろ》である。八世紀前半、対唐関係を大きく好転させた新羅は、対日外交で強硬姿勢をみせるようになり、新羅をあくまで「蕃国」として処遇する日本との折り合いは悪くなっていた。仲麻呂は、これを戦争という強硬手段で解決しようとはかったのである。その背後には新羅との関係が悪い渤海の支持や誘いもあったとみられている。

こうした状況のなか、七六四年（天平宝字八）七月、大宰府に新羅使が来着する。この新羅使は唐の要請により派遣された使節であった。唐は、渤海経由で日本へ帰国させたはずの日本留学僧戒融《かいゆう》の消息を得ようと、その確認を新羅に依頼したらしい。戒融が実際に渤海から帰国したことは『続紀』によっても確かめられる。ここで注目したいのは、その『続紀』天平宝字八年七月甲寅条が収録した、新羅使と日本との間で交わされた次のような問答記録である。

日本側「近ごろ新羅から帰化を求めて渡来する人々が『本国では兵を集めて警備につとめています。これはおそらく、日本が攻めてきて、新羅の罪を問うからでしょう』と言っている。これは本当か？」

新羅使「唐国が乱れ、海賊が大変多くなっている。このため兵を徴発して海岸線を防衛している。これは国家の危機にそなえたもので、警備をしていることは事実である」

実はその少し前から、渤海も唐との関係を好転させ、唐の外臣である新羅との衝突を好まなくなっていた。以後、渤海の対日交流の主目的は、交易へと大きく傾いていく。一方、仲麻呂も往事の権勢を失いつつあり、この頃の日本が新羅を攻撃する可能性は小さくなっていたとみられる。けれども以上の問答からは、その後も日本は、軍事を含む新羅情勢を、渡来する新羅人から収集し続けていたことがわかる。一方、新羅使は、防備強化の目的を問いただす日本に対し、唐国の乱、つまり安史の乱による海賊の頻発をその理由としたが、日本が情報源とした新羅の渡来人は日本の新羅攻撃にそなえたものと言っているのだから、仲麻呂主導の新羅侵攻計画は新羅でもすでに噂となっていたらしい。新羅の防衛強化の背景に、実際は日本への警戒があった可能性は高いだろう。

しかしそれでも、新羅使が海賊の頻発をその理由にあげたことは重要である。海を挟んで両国沿岸部の情報が互いに漏れ伝わるなか、その言葉が当時の新羅沿岸部の情勢を踏まえたものでなければ、日本側の警戒を解く方便にはならないからである。つまり、安史の乱によって、新羅沿岸部で海賊が急増したことは事実であったとみなければならない。ここにも、新羅沿岸部海域の状況が、唐情勢と深く結びついていたことが示されている。鑑真が目撃し、貧困にあえぐ新羅の若者も引きこまれた東アジア海域の民間交易者たちの胎動は、安史の乱によって大きくなっていたのである。

2　日本で活動をはじめた新羅の交易者たち

観世音寺早良奴婢例文の銀の不思議

ところで筆者には、以前とある史料調査で、早稲田大学の所蔵する「観世音寺早良奴婢例文《かんぜおんじさわらぬひれいぶん》」（以下「奴婢例文」と略す）を実見させてもらう機会があった。その時、文書のなかの不思議な記述に目がとまった。銀の流通に関する記述である。

この「奴婢例文」は、平安時代に東大寺の末寺となった大宰府付属寺院の観世音寺が、東大寺へ提出した所蔵文書の写しである。そこには天平宝字三年（七五九）八月五日の大宰府の国政所《くにのまんどころ》（筑前国）の牒《ちょう》案、天平宝字二年（七五八）一二月二二日、同二二日の二通の三家連豊継《みやけのむらじとよつぐ》の解《げ》案、延喜《えんぎ》七年（九〇七）一二月一三日の日付をもつ弁・史の位署、保安元年（一一二〇）六月二八日の奥署が五枚の料紙を使って順に貼り継がれている。このうち、天平宝字年間の三通は、延喜七年頃に一括して書き写されたものだが、署名部分は自署風に記すなど、原文書の体裁をなるべくそのまま写しとろうとした姿勢も読み取れる。

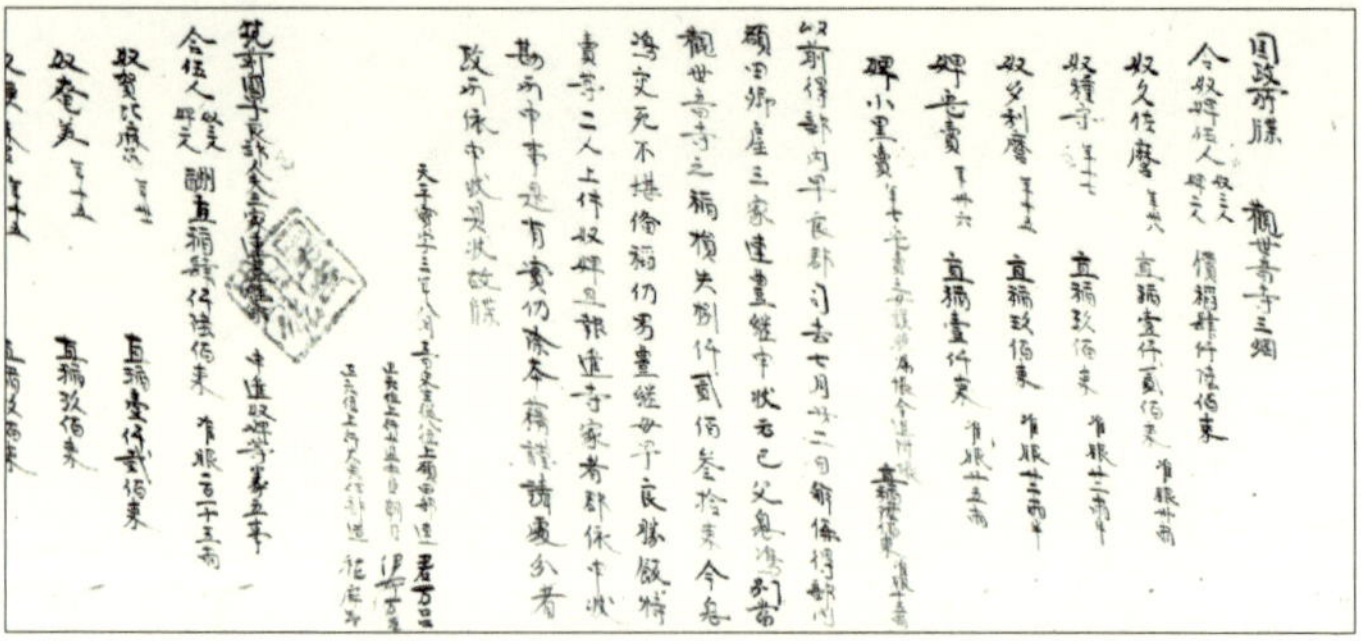

図Ⅳ-2　観世音寺早良奴婢例文（早稲田大学図書館蔵）

その内容は、ある家族の負った借金の返済に関するものである。すなわち、観世音寺の稲を管理する立場にあった筑前国早良郡額田《ぬかた》郷の三家連息嶋《おきしま》が、稲八二三〇束を借り入れたまま急死してしまった。おそらく彼は、観世音寺から稲の運用を任された責任者の一人で、その運用資金の稲を回収する前に亡くなったのだろう。そこで、その妻の早良勝飯持売《さわらのすぐりいいもちめ》と息子の三家連豊継が、四六〇〇束の負稲分を五人の奴婢で弁済することになった。現在伝わる「奴婢例文」の八世紀半ばの三通の文書は、その奴婢が観世音寺に進上されたことを確認する、筑前国や早良郡の行政文書の写しである（図Ⅳ-2）。

　興味深いことにこの三通には、いずれにも銀換算の注記がみられる。たとえば国政所の牒案には、豊継らが観世音寺に進上した奴《やつこ》の一人、三八歳の久佐麿《くさまろ》について次のようにある。

奴久佐麿　年卅八　　直稲壹仟貳佰束　准銀卅両

ここには、彼が負債の稲の一二〇〇束分に相当すると記されたあと、それが銀三〇両と等価であるという注記が付されている。このようにして、四六〇〇束の負稲分として進上された五人の奴婢は、銀一一五両に相当すると見積もられた。これら銀換算の注記も、記載のあり方からみて、「奴婢例文」の原文書が作成された天平宝字頃のものと考えられる。このように、負稲と奴婢が等価値にあることが銀でも示されたということは、銀が価値基準を示す貨幣的な機能をもって流通していたことを示している。

ところが、他の奈良時代の奴婢の売買や進上に関する文書を見ると、それらは稲や銅銭で換算されたものばかりで、銀で換算された例が見あたらない。

そこで、日本列島における銀流通の歴史についてみてみると、確かに倭《わ》国の時代ならば、朝鮮半島からさまざまな契機で流入した銀が貨幣的に用いられることがあった。七世紀後半の天《てん》智《じ》王権の時代になると、それらを用いて無文《むもん》銀銭と呼ばれる銭貨もつくられている。注目されるのは、その銀銭が「両」の四分の一の「分」という国際的な単位に固定され、交換価値も一分の銀の国際的価値によって保証されたらしいことである（今村啓爾）。銀の価値尺度は国内基準ではなく国際基準に沿っていたということになる。その後、次の天武《てんむ》王権の時代になると、対馬で銀が発見され、王権は列島産の銀も手にすることとなった。

けれども、律令国家が成立し、国際交流が国家の管理下に置かれるようになると、銀の流入も管理されるようになる。銅銭流通を促すため、銀銭の使用も禁止された。対馬で生産される銀も、採掘から京への運搬まで、きわめて厳しく管理され、これが九州、その他で一般的に流通することもなかった。こうして、日本では銀の貨幣としての流通基盤は急速に失われ、その痕跡も、八世紀前半で史料から消えてしまう。そのなかにあって、「奴婢例文」に示された八世紀半ば頃の北部九州における銀の貨幣的な流通だけが、当時の日本国内の一般的な銀のあり方から浮いてしまっている。

銀の流通と新羅

一方、もともと金銀を対外政策によく用いてきた新羅に目を転じると、八世紀も銀は唐との朝貢交易などで対外的にさかんに使用されている。しかも、金銀の使用に身分規制を設けていたにもかかわらず、一般需要が旺盛で、その規制はゆるむ一方であった。このため、八〇六年には仏寺に対し金銀を日用器具に用いることを禁じ（『三国史記《さんごくしき》』新羅本紀）、八三四年には貴族から平民にいたるまで、衣服だけでなく車騎《しやき》、器用、屋舎までも、階層ごとに装飾や金銀素材等の使用を規制する法令をあらためて整備している（『三国史記』雑志）。

こうしたなか、『三国遺事』紀異第二・元聖大王条には、日本と新羅の間の、金銀にまつわる興味深い話が掲載されている。七八六年、日本王文慶《ぶんけい》が挙兵して新羅を討とうとしたが、新羅に「万波息笛《ばんぱそくてき》」があると聞いて撤兵し、使者を派遣し、金五〇両でその笛を請うた。新羅王が笛の所在はわからないとはぐらかし、その申し出を断ると、翌年、文慶は再び使者を派遣し、今度は金一〇〇〇両の大金で笛を請うた。これに対して新羅王は、また同様の返事をして断ると、金は受け取らず、使者に三〇〇〇両もの銀を渡して帰国させたという。

七八六年は日本の延暦五年で、これに対応する記事は『三国史記』にも日本側の史料にも見あたらない。文慶王も不詳で、その内容を裏付ける史料が他にない以上、ここに描かれた外交関係を史実と認めることはできない。ただし、ここに日本と新羅の間の交易が、金を使用する日本、銀を使用する新羅と、対比的に語られている点は注目しておきたい。

　実際、東大寺の大仏への塗金が一段落した日本は、金の生産が増加したこともあって、八世紀の終わり頃からは、対外的に頻繁に金を用いるようになっていた。遣唐使や入唐《にっとう》僧たちも活動資金や唐物・書物購入費用として、金をさかんに持参している。このなかで『三国史記』も、八〇四年五月、日本国の使節が新羅に黄金三〇〇両を献上したと記している。この年の遣新羅使は『日本後紀』（以下『後紀』と略す）でも確認できるから、実際に日本は国産金を新羅との交流でも用いていたとみてよい。つまり、笛を入手しようと金を持参した文慶の姿には、日本が新羅に金をもたらしていた実態が反映されている。したがって、これに対して新羅王が豊富な銀で応酬したという話は、新羅の対外交流に銀がさかんに用いられていたことが反映されているとみなされる。実際『三国史記』新羅本紀によると、新羅が八六九年に唐へ派遣した学生三人らに書物購入費用として支給したのは、三〇〇両の銀であった。ここでも、日本が入唐僧の活動に金を支給していたのとは対照的である。

　以上のように、日本列島の社会経済状況からは浮いたようにみえる「奴婢例文」の銀の流通も、筑前と海を挟んだ新羅の社会経済状況とは矛盾しない。北部九州で銀が価値基準の機能を持ちえたのは、七世紀の無文銀銭がそうだったように国際社会の影響、つまりは海域でつながる新羅の影響の可能性が高いのである。

往還する新羅人

そうであれば、新羅と北部九州の間には、銀を価値基準として用い、両地を経済的につなげた人々がいたことになる。彼らこそ、前節でみた、当時の日本と新羅の軍事情報を互いに筒抜け状態にさせていた者たちであろう。

これに関して、日本側は、先の日本と新羅使との問答において自らの情報源を明かしている。新羅から「帰化」を求めて渡来する人々である。

実際、この頃、新羅からの渡来者は頻繁であった。『続紀』天平宝字三年(七五九)九月丁卯条には次のようにある。

天皇は大宰府に次のように命じた。「近ごろ、新羅の人々が帰化を望んでやってきて、その船が絶えることがないが、彼らは本国の賦役の苦しみから逃れるため、遠く墳墓の地を離れてやってきた者たちである。その心中をおしはかると、どうして郷里を思わないことがあろうか。そこで、彼らに再三質問して、帰国したいと思う者があったら、食料を支給して帰すように」と。

『続紀』によれば、この翌年、最終的に「帰化」を望んだ一三一人が武蔵《むさし》国に移配されるなどしている。これとは別に、帰国を選択した者もあったことを考慮すると、当時の大宰府管内には相当数の新羅人が留住していたことになる。その背景には七四五年から新羅で顕在化した、天候異変による飢饉《ききん》・疫病の蔓延・拡大があった。それは、衰弱した父親のために自分の股肉を切り取って食べさせたという民の話が王の耳に入るほど悲惨なもので、七五六年には、中央政界で年々の災異をめぐり時政の得失まで議論されている（『三国史記』新羅本紀）。この苦しみから逃れた新羅人たちが、唐に逃れ、その一部は前節でみた長春の物語のように唐海商と結びつくだけでなく、北部九州へもたどり着いていたのである。

けれども、七五九年九月になって天皇が大宰府にようやくその対応を命じた真の目的は、渡来する新羅人たちのこうした境遇への配慮という表向きの理由とは別のところにあった。この命令の三ヶ月ほど前、日本は新羅「征討」を正式に決定し、大宰府に軍事行動に関する規定をつくらせていて、命令の一五日後には、諸国に命じて「征新羅」用に計五〇〇艘の船も造らせているからである。つまり日本政府は、新羅攻撃の際の兵站《へいたん》基地となる北部九州に多くの新羅人が留まっていることを警戒し、「帰化」の新羅人の東国移配をすすめる一方で、「帰化」を目的としない新羅人は追い返すことにしたのである。

しかしこのことは、渡来する新羅人のなかに、本国の生活苦から海へ漕ぎ出しながら、日本への移住は望まぬ者がいた実態を浮かび上がらせる。そもそも、新羅侵攻を計画した日本王権が、九州北部に渡来する新羅人からの情報漏れや内通を警戒すること自体、彼らのなかに一方通行の亡命者ではなく、往来者がいたことを示している。それは帰国希望者に食料を支給するといいながら、帰国船についてなんら支援策を示さない先の大宰府への命令からもうかがえる。

彼らの多くはしばらく大宰府に留まりながら、帰国船を維持していたのだろう。そして事実、日本、新羅の情報は両岸に筒抜けだった。こうした移動者たちのなかに、新羅の銀の貨幣的機能を北部九州にもち込んだ者、つまり交易者も紛れ込んでいた可能性が高い。安史の乱によって勢いづいた海上交易者の波は、とうとう北部九州にも到達しはじめていたのである。

3 帰化人か漂流者か、それとも商人か

「帰化」の実態をめぐって

これまでみてきたように、南海交易の隆盛やソグド商人の活躍などにより、八世紀の東ユーラシアは徐々に商人の時代に移行し、東アジア海域でも八世紀半ばには民間交易者たちの動きが広がっていた。東アジア海域の中核都市、唐の揚州でも、この頃、ソグド商人やペルシア人たちが数千人規模で居住していた（『新唐書』田神功伝）。八世紀半ばのユーラシアは、唐がタラス河畔でイスラム帝国（アッバース朝）に敗戦したことや、安史の乱の影響で、陸域の東西交流が衰微するかわりに、海域の経済・文化交流がますますさかんとなった時代といわれている。一方、新羅では国内情勢の不安から多くの流民が次々と海へ出ていた。安史の乱後の新羅沿岸部の状況をみても、東アジア海域の民間交易者たちの成長が、ユーラシア規模の動きと連

動しておこっていたことは間違いないだろう。

けれども、六国史《りっこくし》と呼ばれる日本の正史が商人の来航をはっきりと明記した最も早いものは、『後紀』弘仁五年（八一四）一〇月丙申条の、「新羅商人」三一人の長門《ながと》国「漂著」の記事まで遅れる。このため日本史研究者の間には、正史の記述そのままに、八世紀以前の東アジア海域は国家間の使節往還の海、海商の登場は九世紀以降とする見方が依然根強い。しかしこれでは、『書紀』を含む六国史の論理や史観にあまりに無批判であろう。よく知られるように、正史には編纂当時の国家の政治的思惑や認識、制度が意図的に編み込まれている。だから、その他の玉石入り混じるさまざまな史資料のなかにも史実の可能性を探り、六国史を見つめ直すことが求められる。八世紀編纂の『書紀』も、倭国時代の国際交流を「帰化」と国家使節の往還を中心に描くが、それが歴史実態でないことはすでにみた。どうしてそうなるかというと、編纂主体である日本律令国家が、中華的な理念を優先し、「化外《けがい》」からの多様な渡来者を「帰化」と「蕃客《ばんきゃく》」の二種類に分類し処理する体制を築いたからである。その前提で歴史書も編纂された。同様に『続紀』が「帰化」とする人々のなかにも、実際は多様な渡来の実態があった。そのことは、新羅攻撃を前に、いったん「帰化」とみなした新羅人たちの放還《ほうかん》を突然開始した仲麻呂政権の施策からも明らかである。

ところがその後、仲麻呂政権の崩壊で新羅「征討」計画が完全に頓挫《とんざ》すると、「帰化」の内実に目を向けはじめた政府の施策はなしくずしとなった。しかし律令国家にとって、流民の動きに乗じて北部九州に到達した国際交易者たちの波は、きわめて厄介な問題を引き起こすことになるだろう。彼らの交易活動を国家が十分に把握・管理できないままでは、律令国家の対外関係の管理・独占体制に穴が空いたも同然である。しかも官司先買制を基軸とした、律令国家の国際交易の優位性も脅かされかねない。古代の法令集『類聚三代格《るいじゅさんだいきゃく》』（以下『三代格』と略す）におさめられた大同四年（八〇九）正月二六日太政官符《だいじょうかんぷ》によると、八世紀後半頃から、九州では通行許可書を不正に受け取り、大宰府部内から米を運び出すような事態が目立つようになっていた。米の消費地となった京では米価が上昇していたから（鬼頭清明）、九州から京へ米を運び込んで、利益をあげようとする者が登場したのだろう。なかには、官船の官物を押しのけて「私物」を積載する者までいるありさまで（『三代格』延暦二一年三月二二日官符）、こうした不正は官船などを利用しても行われていた。国際交易者たちの活動が北部九州を巻き込むと、それに京が巻き込まれるのも時間の問題だったはずである。

「流来」の登場

こうしたなか、宝亀五年、すなわち七七四年三月三日、中央政府は大宰府に対して一つの太政官符を出している。新羅が日本に対して常に宗教的呪咀《じゆそ》を行っているという情報を得たので、新羅の眺望できる高台に四《し》天王《てんのう》像を安置した四天王寺を創建し、昼は最勝王経《さいしょうおうきょう》を読み、夜はまじないの言葉をとなえて、これに対抗せよというのである（『三代格』）。その高台には、大宰府政庁背後の四《し》王寺《おうじ》山地が選ばれた。どうやら新羅では、仲麻呂政権崩壊後も日本への警戒を解かず、日本を眺望できる沿岸部のどこかで呪咀を行っていたとみられるが、両国の使節往還がないなか、こうした情報も両国を往還する民間人が伝えたのだろう。しかも、この命令の翌日、五年ぶりに来着した新羅使は、日本との対等外交姿勢をこれまで以上に鮮明に示し、新羅をあくまで「蕃国」としたい日本は、これに帰国の渡海費用を支給するだけで、直ちに放還する措置をとっている（『続紀』）。つまり、四天王寺創建の命令は、まさに新羅使の来航を予測したかのようにその前日に出されたものであって、新羅が使節を派遣することを事前に情報を得ていた可能性がある。

こうして、両国に相互の不信と警戒が高まるなか、この時も中央貴族が期待する通例の新羅使との交易は行うことはできなかった。両国間の公的な交易が先細る一方、民間交易者の往還だけが目立ちはじめたのである。

その二ヶ月後の同年五月、突如政府は「帰化」以外の新羅人来航者を「流来《るらい》」に区分し放還する「永例」を立てる。渡来者を「帰化」と「蕃客」に区分し対応するとしてきた対外政策に、「流来」という新たな法的区分を加えたのである。そしてその実行を大宰府に命じた。命令内容はおおむね以下のようなものである。

a　近年新羅人来着の事例が増えている。その多くは「帰化」ではなく「流来」である。
b　なかには帰る手段がなく、「流来」であるのに「我民」となる者もある。
c　今後「流来」は「放還」することとし、天皇の寛大な心を示すこととする。
d　もし船が破損し食料がなければ、役所が便宜をはかり帰国できるようにせよ。

e　ただし、「帰化」の場合は例により申上せよ。

これによって、「帰化」を目的としない漂着者は、急ぎ国外退去させられることとなった。その建前は、彼らにさまざまな保護と便宜をはかって直ちに放還し、天皇の威徳を示すというもので、中華的な体面を表面的には保っている。けれどもこれにより「帰化」ではない交易者も漂着者とされ、直ちに放還されることになる。要するに、この時期の日本律令国家は、東アジア海域に広がりはじめた民間の交易者から国際情報を得ながら、これを「商人」として法的に位置づけ、彼らと積極的に交易関係を結ぼうとはしなかった。「蕃客」と「帰化」を基軸とした、律令国家成立以来の天皇による対外関係独占体制の維持にこだわったのである。八世紀のことを記した正史として七九七年（延暦一六）に編纂された『続紀』が、民間交易者たちの存在を曖昧《あいまい》にしたのも、こうした政府の方針と無関係ではないだろう。

新羅下代と交易活動の拡大

しかし、事態は政府の思惑どおりには進まなかった。国際交易者の動きがますます活発になっていったからである。

七八〇年（宝亀一一）七月、中央政府は因幡《いなば》、伯耆《ほうき》、出雲《いずも》、石見《いわみ》、安芸《あき》、周防《すおう》、長門などの西日本沿海諸国と大宰府に対し、沿岸警備を強化するよう指示を出した（『続紀』）。しかしそれは、関係の悪化した新羅との国家間の軍事衝突の懸念が高まったからではない。前年に来航した新羅使は、外交形式をめぐる相変わらずの対立を抱えていたが、緊張を避けようとした新羅大使の機転もあって、五年前よりも友好的なやりとりが行われ、七八〇年二月に帰国している。しかも、この頃の新羅にそもそもその余裕がない。七七七年と七七九年、新羅は大地震に見舞われるなど、うち続く災異に人心は離れ、七八〇年には謀叛《むほん》までおき、同年四月、兵乱のなかで恵恭《けいきょう》王夫妻が殺害されてしまったからである（『三国史記』）。

こうして新羅は、下代と呼ばれる動揺・衰退期に入っていくが、その転機となった新羅王夫妻の殺害から三ヶ月後の日本における防衛体制の強化は、こうした新羅の混乱・兵乱が対岸の日本へも波及する可能性を素早く察知したからであろう。しかもこの間、新羅情勢を伝える可能性のある外交使節船は見あたらない。日本はこうした情報までも、交易者を含む新羅の渡来者たちから得ていたとみて間違いない。その直後の防衛強化策は、北陸道沿岸部でも行われたが、そこでは賊船襲来にそなえた体制整備を明確に指示している（『続紀』）。要するに、この時に日本が強く警戒したのは、新羅の政治的、社会的混乱による賊船の増加、つまりは人の移動もともなうような海賊船の活動の活発化だったとみられる。

それから約二〇年後の七九九年（延暦一八）五月、渤海から帰国した日本使節が朝廷に興味深い報告を行っている（『後紀』）。それによると、使節船は帰路、暗い夜の海に漂流し着岸地を見失ったが、遠くに火の光が見え、これを頼りに隠岐《おき》国智夫《ちぶ》郡の浜に着くことができた。帰国した使節は、これを隠岐の比奈麻治比売神《ひなまじひめのかみ》の霊験によるとし、海中を漂流した「商賈《しょうこ》之輩《ともがら》」でこの光で助かった者は数えきれないという現地の伝聞まで紹介している。ただ智夫郡は、現在の島根県隠岐諸島の西ノ島に位置し、この海域を航行し漂流する多数の商船も、日本沿海の近距離船ではない。日本海の外洋を往来する商船である。しかも後述するように、隠岐では九世紀の半ば、役人が新羅人と交易を行っていた。したがって、右の遣渤海使の帰朝報告は、新羅商人がすでに八世紀末には隠岐にも出没していたことを示唆するものといえる。なお『延喜式』によれば隠岐の鮑《あわび》は、来朝する新羅使らにも提供されていて、彼らの目当ては新羅でも高級食材として知られる隠岐の海産物であったと推測される。

ちょうどこの頃から北部九州を中心に、新羅系交易者の関与が疑われる中国陶磁の出土例が増え（亀井明徳）、六国史も『後紀』からは東アジア海域の民間交易者の存在を隠さなくなる。後述するように、八三一年（天長八）に日本は新羅商船に対する管理交易体制を整える。『後紀』はその後の八四〇年（承和《じょうわ》七）に完成した正史であった。『後紀』は、八一一年以降、対馬、五島列島などで新羅人の海賊行為や、沿岸部の人々との衝突が相次いだことも記録する。行政の目の届かぬ単発的な国際交易は、時に衝突を生みながら拡大傾向にあった。その背景には、新羅で八〇九年、またも王が乱兵によって殺害されるなど、新羅社会がさらに混迷の度を深めていたことがある。唐でも八一六年、飢えに苦しむ新羅の人々一七〇人が食を求めて浙東沿岸地域に漂着している（『旧唐書』新羅国伝）。新羅の政治・社会の混乱は民衆のくらしを破壊し、海域へ逃れる人々をますます生み出していた。

こうしたなか、前述のように八一四年の「新羅商人」三一人の長門国「漂著」記事が登場する。それが「漂著」とあるのは、彼らも結局は宝亀五年の法令に従い、「流来」として処理されたからだろう。また放還を避けるためか、八一八年（弘仁九）には「蕃客」の「朝貢」をまねるかのように献上品を携えて中央政府と接触をはかろうとする新羅商人も来航する。八一九年（弘仁一〇）六月には、「新羅人船」で到来した唐越州《えつしゅう》商人が、日本側の求めに応じ唐の消息を伝え、翌年正月、渤海使船に乗って離日したとあることも興味深い（『日本紀略』）。民間の国際交易を体制的には十分取り込めない日本が、その一方で、国際情勢を知る情報源としては国際商人を重視し、彼らと接触をはかっていたことがはっきりとわかる事例である。

李信恵と北部九州

ところで、すでにみたように宝亀五年の法令に従えば、「蕃客」「帰化」以外の渡来者は原則「流来」に区分されるから、交易目的の渡来者は放還されるはずである。しかし史料によるかぎり、この法令後も放還されず、長く大宰府管内に留まった新羅人がいた。

『入唐求法巡礼行記《にっとうぐほうじゅんれいこうき》』（以下『行記』と略す）は、承和の遣唐使で八三八年（承和五）に唐へ渡った天台僧円仁《えんにん》の在唐日記である。その会昌《かいしょう》五年（八四五）九月二二日条で円仁は、中国山東半島の登州赤山法花院《せきざんほっけいん》にあった新羅還俗僧李信恵《りしんえ》に関し、興味深い事実を記録している。それによると信恵は、弘仁六年（八一五）に大宰府に来航し、そのまま八年間（実際は九年か）も在留し続け、この間、筑前国太守の「須井宮《しゅせいのみや》」から格別な保護を受けた。その後、天長元年（八二四）来日の「張大使」に従い渡唐して赤山法花院に入ったというのである。

円仁も滞在したというこの赤山法花院は、新羅人たちの国際交易活動を主導する張宝高《ちょうほうこう》（張

図Ⅳ-3　赤山より石島湾を望む（筆者撮影）

保皐《ほこう》）が創建した寺院である。宝高は、もともと身分の低い新羅の海島の出身者で、新羅社会の混乱のなかで生活は苦しく、八世紀末か九世紀初頭頃、新羅を脱出して唐へ渡った。そこで、安史の乱後に勢力を拡大し自立性を強めていた山東半島の李氏一族を掃討する武寧《ぶねい》軍に身を投じると、その才を発揮して、軍中小将の地位にまでのぼった。けれども、八二〇年代頃には帰国し、その軍事的な知識と人脈を駆使して黄海海域の新羅人交易者たちの支配をおしすすめ、黄海を中心に唐―新羅―日本を結ぶ交易世界をリードする存在となっていった。宝高が黄海に突き出した山東半島の突端部に赤山法花院を置いたのは、彼が山東半島の反唐勢力の鎮圧にかかわっていた経歴をもつからだけでなく、彼ら交易者たちにとってこの地が唐の玄関口となっていたからである（図Ⅳ-3）。赤山法花院は、唐で活躍する新羅人の篤い崇敬を集め、彼らの最大の精神的拠り所として発展していった。

だから、長く筑前にあった信恵が「張大使」（張宝高もしくは張詠）の招きで、宝高創建の赤山法花院に入った事実は、彼が筑前滞在中から宝高ら交易勢力とつながりをもっていたことを物語る。ではなぜ、こうした交易の従事者であるはずの信恵が、八年（九年?）もの間、大宰府管内に住み続けることができたのであろうか。

この疑問は、信恵が離日した八二四年（天長元）、大宰府管内に留まる新羅人らに出された、ある法令を見ることで氷解する。この年の八月、日本は「帰化」と称して大宰府管内に居留し、新羅との間で交易の橋渡しを行う新羅人を警戒し、彼らを陸奥《むつ》へ移配する措置を講じた（『三代実録』貞観一二年二月二〇日条）。信恵は、この法令が出されると、陸奥へ移されることを恐れ、宝高らの誘いに乗って唐に渡り、赤山法花院に入ったのだろう。つまり彼は、渡来の理由を「帰化」と称し「流来」に区分され放還されることを免れると、北部九州に駐在した。そして、「流来」に区分されて船舶修理や食料補給の名目で短期滞在が許される海商と、彼らとの取引を望む日本の人々との間に立ち、取引の仲介を行っていたとみられる。

六国史の記録によれば、確かに、信恵が日本にいた頃の新羅人の「帰化」は頻繁である。彼の来日した八一五年からの八年間だけでも、中央への新羅人「帰化」の報告は四件計四〇〇人を超える。しかもこの間の八二〇年（弘仁一一）二月、遠江《とおとうみ》・駿河《するが》両国移配の新羅人七〇〇人が反乱を起こして、伊豆国の穀物を奪って船で海に入り、相模《さがみ》・武蔵等七国軍に鎮圧される事件までおこった（『日本紀略』）。船で海上に漕ぎ出し七国軍と衝突した七〇〇人の新羅人には、海民としての高い能力もうかがわれるが、いずれにしても、この頃の新羅人「帰化」の実数は、六国史が伝える到来数を大きく上回っていたとみなければならない。

ただ、本来、「帰化人」は渡来後、所定の行政手続きを経ると、主に東国に移されて、口分田が支給され、戸籍に登録されることになっていた。ところが信恵の場合、こうした行政手続きは長くなされなかった。この時代は、戸籍制や班田制が行き詰まりをみせた時代である。しかも八一八年（弘仁九）、関東は巨大地震に見舞われ、甚大な被害を被っていた（『類聚国史《るいじゅこくし》』）。穀物を奪った新羅人たちの反乱も、こうしたなかでおこったもので、東国にはもはや、大量の「帰化人」を受け入れる環境が失われていたとみられる。

しかも、信恵には来着した九州に強い味方がいた。信恵は円仁に、筑前国太守、つまり筑前国司のトップ（国守）から格別の保護を受けたと語っている。日本の律令は、移配され戸籍に登録される前の「帰化人」について、所在の国郡が責任をもって保護するよう規定していて、「帰化」を称する新羅人が筑前国司の保護を受けるのは法令にかなっている。おそらくこれを利用し、交易仲介役の信恵は、交易の利益などをちらつかせながら、西海道《さいかいどう》（九州地方）の役人らと癒着し、彼らから特別の便宜を引き出していたとみられる。「流来」を放還する宝亀五年（七七四）の法令後も、信恵のような交易従事者たちは、「帰化」を建前に北部九州の役人たちとの関係を深め、日本で交易ネットワークを広げていたのである。

天長元年の法令は、その実態を踏まえて出されたもので、これを恐れて信恵が日本を離れたように、法令には一定の効果があったようだ。実際、新羅人の「帰化」は以後しばらく史料からみえなくなる。東アジア海域に広がる民間の交易活動を日本が国家的に取り込む体制は、この時もまだ整えられていなかった。

大宰府の管理交易体制

ところが、こうした日本の民間交易に対する消極的姿勢が、八三一年（天長八）になって積極姿勢に転じる。この年の九月七日、中央政府は一つの太政官符を出した。国内の「貴物」を軽んじ、家財を傾けても舶来品に競い群がる風潮を批判し、大宰府に対してこれを厳しく取り締まるよう命じたのである。そして、新羅の「商人」船来着の場合、大宰府が船内貨物を調べて国家必要品の購入とその京進を行い、以外は府官検察のもと適正価格で民間において交易することを許可する制を立てた（『三代格』）。それは、「蕃客」との間で官司先買体制をしいてきた日本が、民間の国際「商人」との交易にもこれを適用することを明確に宣言したもので、彼らとの管理交易体制を本格的に整えた瞬間でもあった。

この日本の方針転換には、大きくは二つの背景があったとみられる。一つは、太政官符がいうように、日本国内の激しい舶来品需要である。太政官符は、こうした人々を「愚闇《ぐあん》の人民」と批判するものの、その実態は、「王臣家《おうしんけ》」と呼ばれた親王ら皇族やトップ貴族、それに、彼らにつらなる人々であった。

というのは、この少し前の八二八年（天長五）正月二日、但馬《たじま》国に渤海使が来着したのを受けて出された太政官符でも、「蕃客」との私交易が禁止されているにもかかわらず、「遠物」を愛でて競って貿易を行おうとする風潮が広がっているとして、「王臣家」が人を派遣して交易を行おうとしたり、自ら交易に参加しようとする国司がいたりした場合は厳しく処罰するよう命じている（『三代格』）。法を犯しても舶来品の獲得を競いあう者たちとは要するに、こうした支配者たちだったのである。実際、中央政府は八八五年（仁和元）一〇月にも、「大唐商賈人」の博多《はかた》湾来着に際し、「王臣家の使、及び管内吏民」が競いあって私交易に走らぬよう、大宰府に管理の徹底を命じている（『三代実録』）。

彼らがこれほどまでに舶来品を求めた理由は後述するが、とにかくこの需要の高さが、宝亀五年の法令、天長元年の法令を尻目に、東アジア海域から海商を次々と呼び込むエネルギーとなっていた。国内需要の高まりを前に、対外関係を管理下に置くという律令国家の目標は、私交易目的の渡来者を遠ざけるだけでは達成できなくなっていたのである。

もう一つは、張宝高の登場後、来航商人たちの組織化が急速に進み、個別的・分散的で動きもつかみにくかった新羅商人も、この頃には宝高を介して管理ができる状態となっていたことである。しかも、新羅王権が八二八年頃、宝高を清海鎮《せいかいちん》の大使に任命し、その存在を公的に認めたことで、日本にとっても彼らの存在を公的に認める国際環境が整った。鎮とは新羅の軍事組織の一つで、清海鎮は朝鮮半島西南端の莞島《ワンド》に置かれた。その鎮の遺構が、莞島の東に接した将島にある（図Ⅳ-4）。ここは山東半島から新羅西岸を通り博多湾へといたる海路の中間に位置し、唐―新羅―日本の交易圏の地理的中心にあたる。つまり莞島は、もともと宝高らの重要拠点であったとみられ、新羅王権はここを清海鎮とし、その長官に宝高をつけることで、宝高勢力の取り込みをはかったのである。こうして宝高らは、新羅王権から公式に当海域の秩序維持活動を委任され、黄海海域での影響力をますます強めることとなった。

『続日本後紀』（以下『続後紀』と略す）承和九年（八四二）正月乙巳条などを参考にすると、以後の新羅商船来航時の手続きは次のようであった。まず、大宰府の役人が博多湾入港の商人と接触し、来着理由を調査し、その結果を商人作成の「解状」（申上書）とともに中央へ報告する。海商は来航の際、出港地の公的機関が発行した渡航証明書も持参していたとみられる。

図Ⅳ-4　莞島より将島（清海鎮遺跡）を望む（筆者撮影）

彼らの申上する来航理由は、おおむね天皇の徳を慕って「化来」したというものであった。この申し出に基づき、海商は「帰化」に準じた扱いを受け、博多湾に面した客館、すなわち鴻臚《こうろ》館《かん》に安置された。「蕃客」「帰化」を独占的に管理し、かつ中華天皇の威徳を示すために設けた客館を、海商との交易管理のため、さらには彼らを日本の中華的世界観に取り込むためにも利用したのである。こうして海商のもたらした貨物は、大宰府がチェックし、官司先買が行われる。その支払いには、大宰府が管内諸国から税として集めた真綿などが用いられたと考えられる。その後、官司先買の対象から外れた品々を対象に、大宰府の府官が監視するなか、取引価格の公定基準を遵守した民間交易が許可される。一方、天長元年に定めた「帰化」の新羅人の陸奥移配は、この政策とともに停止されたようだ。

そして、張宝高らは、この日本による管理交易を基本的に歓迎した。これによって日本国家から宿館や滞在費などが提供され、滞在中の安全が保障されるだけでなく、天皇、政府との取引まで約束されたからである。公定価格に基づき、官司先買後の民間交易で取引価格が抑えられるデメリットを差し引いても、その利益はきわめて大きかった。

こうして日本は、国家間関係を基軸に民間交流を公的に認めなかった対外政策を大きく転換させた。民間の国際商人の存在を公式に認めると、国際交易の国家的掌握が彼らとの交易にもおよぶことを明確にしたのである。それは、現実の国際社会の変化に押された転換であったが、これにより、律令国家の対外関係独占の体制がさらに強化されたことは間違いない。ただそこには、東アジア各地の政治情勢や、流動的・多元的な人間関係で積み上げられた越境的なネットワークという、いくつかの管理しがたい変数が内包されていた。ここに潜む矛盾が、いずれ、張宝高暗殺という衝撃的な事件とともに露呈することになる。

V　唐物を求める政治

1　張宝高と文室宮田麻呂

宝高と新羅王権

張宝高《ちょうほうこう》が清海鎮《せいかいちん》大使に任じられたとき、新羅《しらぎ》は興徳《こうとく》王の治世であった。この頃、新羅は日本と同様の社会問題に頭を悩ませていた。新羅でも国産品を軽視して輸入品に競い群がる支配層の熱狂ぶりが、身分制を脅かすほど過熱していたのである。政界混乱の最中、支配層のなかには奢侈《しゃし》品の獲得を競いあい、自らの権威を高めようとする風潮が広がっていた。しかも、近海で海賊船が頻繁に出没し、新羅人を掠売する状況が目にあまるようにもなっていた。

だからこそ興徳王は宝高の存在に注目したのである。宝高は、新羅国内の政治・社会の矛盾と深く結びつく海域世界に大きな影響力をもっていた。その彼を清海鎮大使に任じ、王権に取り込むことで、海域秩序の安定をはかろうとしたのである。実際、それは一定の効果を発揮した。以後、奴婢《ぬひ》掠売に関する記録がほとんどみえなくなるからである（李基東）。

続いて興徳王は、八三四年、支配層が輸入品に競い群がる風潮をいましめながら、身分に応じた奢侈品の使用制限令をあらためて出した（『三国史記《さんごくしき》』雑志）。この時に制限された品には、紫檀《したん》、沈香《じんこう》、玳瑁《たいまい》など、新羅の商人たちによって揚州あたりで入手されたとみられる南海交易品も多く含まれている。興徳王権は奢侈品を新羅にもたらす宝高勢力を巧みに抱き込みつつ、その流通を規制し、政治・社会秩序の再建をすすめていったのである。

けれども、八三六年一二月、興徳王が後継者を指名せぬまま急逝すると、王位をめぐる王族内の激しい権力闘争がまたも勃発《ぼつぱつ》する。その政争に敗れ、王都を脱出して清海鎮の宝高を頼ったのが金祐徴《きんゆうちよう》であった。これに応じた宝高は八三八年に挙兵する。この時、祐徴は、即位したあかつきには宝高の娘を王妃にするとの約束までしていたという（『三国遺事《さんごくいじ》』）。こうして宝高の支援を受けた祐徴が、八三九年、宿敵閔哀《びんあい》王を倒して即位し、神武《しんぶ》王となった。そして宝高は、この神武王権の保護者となったのである。

宝高暗殺

同年六月、唐は新たに即位した神武王を冊封するための遣新羅使を派遣する（『行記』）。興味深いのは、この冊封使が唐船ではなく「張大使の交関《こうかん》船」、つまり宝高の交易船を利用していたことである。船には、「大唐売物使」で清海鎮兵馬副使の崔暈《さいうん》らも乗船していた。宝高は、新羅が公的に認めた清海鎮大使の肩書きと組織を利用し、唐朝に接近して、おそらくは新羅王の使者として公貿易を行いつつ、唐の冊封使まで呼び込んだ。この頃の宝高の交易活動は、神武王権の対唐政策の一翼を担うほど、公的な性格と政治的意味を強めていたのである。

ところが、神武王はその年の七月に急死してしまう。こうして神武王の子の文聖王《ぶんせい》が即位することとなった。父王に対する貢献への感謝から、文聖王は当初、宝高を鎮海将軍に任命し、章服を与えるなど、厚遇しようとした（『三国史記』新羅本紀）。けれども、出身身分の階層の低い宝高は、中央の新羅貴族層からは浮いた存在となっていったらしい。孤立しつつあった宝高は、八四〇年一二月、日本に交易船を出すと、大宰府《だざいふ》を介して天皇に「方物《ほうもつ》」を献上し、日本王権と直接的な関係を結ぼうとした。「方物」には馬鞍《うまくら》などが含まれていて、宝高はこれらに軍事的な連携の意味を込めていたとみられる。けれども日本朝廷は、新羅政界の混乱や対立に巻き込まれることを恐れた。法令に従った民間交易については許可したが、「人臣に境外の交り無し」と、他国の臣とは外交関係を築かないという建前のもと、これを受け付けず「方物」を宝高に返却したのである（『続後紀』）。

一方、新羅政界の対立は、文聖王が宝高の娘を次妃に迎えようとして、貴族たちの猛反対にあい、その計画が流れたことで決定的となる。新羅政界への接近を順調に進めていた宝高にとって納妃は、自らの出身身分の壁を乗り越えるために是非とも実現させたいものだったにちがいない。しかし宝高を嫌う中央貴族らによって、神武王以来の納妃の約束は破られた。これに激しく反発した宝高は、清海鎮を拠点に反旗を翻す。『三国史記』新羅本紀によると、宝高の兵力を恐れた新羅政府は、しばらく対応策を見出せなかったという。

ところが、かつて神武王擁立で宝高とともに立った閻長《えんちょう》（閻丈）が、政府と結びつき、画策をもって宝高に近づく。閻長は宝高の油断を誘うと、二人で酒を酌み交わしている最中に酔った宝高を斬り殺したという。これを『三国史記』は八四六年春と伝えるが、実際は『続後紀』が記録するように八四一年一一月であったとみられる。こうして清海鎮はしばらく閻長の統率下におかれるが、これに反発する人々で東アジア海域は再び混乱の海となった。

宝高の死の衝撃

宝高暗殺の情報は、直ちに日本へも伝わった。『続後紀』の承和《じょうわ》九年（八四二）正月乙巳条は、その際の朝廷の公卿《くぎょう》たちの反応を比較的詳しく伝えている。

それによると、宝高事件の顚末《てんまつ》を日本に詳しく伝えたのは、この時博多《はかた》湾に来着した李少貞《りしょうてい》らである。少貞は、『日本紀略』弘仁一一年（八二〇）四月戊戌条に「唐人李少貞等二十人、出羽《でわ》国に漂着す」とあるように、以前から日本との交易にかかわっていた在唐新羅人で、もともと宝高配下の海商であった。ところがこのときは、宝高を暗殺した閻長（閻丈）の使者として到来し、閻長の筑前国宛の文書をもたらすと、日本に来航する宝高残党の捕縛と、日本に逃げ込んだ李忠《りちゅう》・揚円《ようえん》らの貨物の返却を要求したのである。李忠らは、宝高の子弟らが日本に派遣した交易使で、八四一年に来日し、年内にその役目を終え新羅へ向かう途中、宝高が暗殺されたと知って、あわてて船を反転させ博多湾に舞い戻っていたのである。

この報告を大宰府から受けた中央の公卿らは、閣長に反発し、もと宝高の臣であった少貞の裏切りにも不信感をあらわにした。それは、宝高の影響力を頼って維持してきた管理交易体制が危機にさらされたことへの苛立《いらだ》ちでもあったろう。

この時に日本の公卿らが受けた衝撃は、それだけにとどまらなかった。混乱を逃れて日本に来着した宝高配下の新羅人らによって、前の筑前国守の文室宮田麻呂《ふんやのみやたまろ》が、逃げ戻った李忠らの貨物を不当に差し押さえているとの訴えまで届いたのである。

それによると、宮田麻呂は、宝高の存命中、密かに取引の約束を交わし、絁《あしぎぬ》を「付け贈り」して多くの「唐国の貨物」の買い付けを依頼し、その荷が届くのを待っていた。ところが宝高急死の報にあわてる。李忠らの船が舞い戻ると、急ぎ港に駆けつけ、宝高の死によって約束していた大量の「報い獲るべき物」が得られなくなってしまったので「宝高の使がもたらすところの物を取る」と告げると、李忠らの貨物を強引に差し押さえたのである。

宮田麻呂の取引

以上によると、未遂に終わった宮田麻呂の宝高との取引は、次のようなものであった。まず、宮田麻呂が宝高に対して、入手したいさまざまな「唐国の貨物」を具体的に伝え、代価となる絁を先に渡す。次に、宝高が宮田麻呂の希望に沿って「唐国の貨物」を揃え、これを日本に送り、宮田麻呂が受領するというものである。しかもそれを宮田麻呂は、宝高への「付け贈り」に対し、宝高からの「報い獲るべき物」と表現している。つまりこの取引は、「贈」に対して

「報」で応える、両者の信頼関係に基づく贈答形式をとっていたとみられる。

一方、天長八年（八三一）に定められた管理交易の手続きは、商船が来着すると、大宰府が船内貨物を調べて官司先買を行い、以外は府官検察のもと適正価格で民間での交易を許可するというものである。だから、宝高の船が宮田麻呂との契約にしたがって日本に多くの「唐国の貨物」をもたらしたとしても、貨物検査と官司先買は免れなかったろう。けれども、法令の定めたその後の民間交易は、両者交換の現場に府官が立ち会い、取引価格までが監視される体制だったが、宮田麻呂と宝高の間の物品交換は、表向き商取引ではなく、大きな時間差をもって「贈」と「報」でやりとりされる贈答形式をとった。つまり、これで交換現場に介入する府官の価格管理を免れることができる。両者の贈答を禁止する法令はないが、天長八年制の趣旨と異なる、脱法的色彩の濃い交易であったといえよう。宮田麻呂は、必要な「唐国の貨物」を、宝高が満足する額で確実に入手しようとしていたのである。

では、宮田麻呂はどのようにして、宝高とこのような取引を行いえたのであろうか。ここで、『類聚国史《るいじゆこくし》』『続後紀』などを参照しながら、李忠らの貨物差し押さえにいたるまでの宮田麻呂の動きを整理すると次のようになる。

八三九年（承和六）五月、従五位下から従五位上に昇進した宮田麻呂は、翌八四〇年（承和七）四月、筑前守に任じられた。その年の一二月、前述のように、新羅政界で孤立しつつあった宝高の派遣した交易船が、日本王権と接触するため、「方物」を持って博多湾に到来する。おそらく宮田麻呂は、この時、筑前守という地位を利用してこの宝高使船に近づき、取引をもちかけたとみられる。筑前国司と新羅商人とのつながりは李信恵の例でみたが、円仁入唐《えんにんにっとう》の際も、筑前国司から宝高への手紙が託されているように（『行記』）、宝高も対日交易を行ううえで筑前国司との関係を重視していた。

ところが、まだこの使船が博多湾に停泊中の翌八四一年（承和八）正月、宮田麻呂は突然筑前守の任を解かれる。それは在任わずか九ヶ月という異例の短さであった。解任理由は不明だが、次の官職が用意されていないから、職務履行の状況を問題とした事実上の更迭《こうてつ》だろう。しかし彼は、その職務不履行を逆手に京へは戻らず、そのまま筑前で約束の「唐国の貨物」を待った。当時、職務履行の不十分な前任国司は、後任者が到着しても事務引き継ぎの完了報告書（解由状《げゆじょう》）を得られないシステムとなっていた。宮田麻呂はおそらくこれを利用し、意図的に事務引き継ぎを遅らせて筑前に留まり続けたとみられる。ところがその年の一一月、宝高暗殺事件が発生し、あわてた彼は李忠船の貨物を差し押さえたのである。

2　皇位継承と唐物

唐物とはなにか

それにしても、宮田麻呂はなぜそうまでして「唐国の貨物」を入手しようとしたのであろうか。これを考えるためには、まず、宮田麻呂が求めた「唐国の貨物」が、当時の日本においてどのような意味をもっていたかを探っておかねばならない。

この頃、日本では、舶来品は「唐物」(カラモノ)とも呼ばれ注目されるようになっていた。唐物は単なる唐の特産品という意味にとどまらない。唐を介してもたらされる沈香、白檀、紫檀といった南海産品も唐物とされたからである。唐を匂わすモノが国際色豊かな構成をとるのは、正倉院の時代から変わらない。宮田麻呂の「唐国の貨物」も、唐国(カラクニ)からもたらされる国際色豊かな貨物の意味であって、唐物と同義とみてよいだろう。

この唐物について、近年の研究は、平安期にそれがさかんに政治利用され、支配者たちの権威を高める威信財として機能していたことをさまざまに明らかにしている。けれども、唐物がなぜ威信財たりえたのかについては、あまりはっきりとした説明がない。唐物の起源に関しては、平安前期、遣唐使や海商がもたらしたモノのうち、王権によって選定・京進された品々が唐物と呼ばれるようになったという説もある(皆川雅樹)。ただ、宮田麻呂も入手予定の品を「唐国の貨物」と呼んでいるから、王権の選定・京進品だけが唐物とされたわけでもなさそうだ。一〇世紀後半の成立とされる『宇津保《うつほ》物語』には、遣唐使で渡海し交易船で帰国した清原《きよはらの》俊蔭《としかげ》によって蔵に納められた個人の秘蔵品を、「治部卿《じぶきょう》の御唐物」と表現した例もある(国譲・中)。平安前期の支配層が唐物を威信財として注目するようになった背景は、あらためて考えてみる必要がある。

これまでみてきたように、もともと舶来品は、倭《わ》国の時代から支配者の権威と結びついてきた。この構造を中央集権的に体制化した律令国家は、舶来品の入手の機会を地位や位に応じて与えることで、天皇を中心とする同心円的な身分制の強化をはかった。こうして支配者たちは、舶来品の入手を、天皇を軸とした政治世界における中心への接近と重ねてイメージするようになる。希少な高級舶来品をたくさん持つ者ほど、権威や身分、政治力、文化力が高いとみなすようになっていったのである。問題は、こうして律令国家の威信財となった舶来品が、なぜ平安前期から「唐物」と呼ばれるようになったかである。

ここで留意したいのは、舶来品に「カラ」を冠するのも、やはり九世紀以前からあったということである。たとえば『播磨国風土記《はりまのくにふどき》』揖保郡条は、韓荷嶋（カラニシマ）について、韓人の船が難破し、船上の物品がこの嶋に漂着したことを島名の由来としている。「カラ」といえば倭国の時代は「加羅」や「韓」といった朝鮮半島を指したが、こうした地域からもたらされる物品が「韓荷」など、「韓」（カラ）を冠して呼ばれていた。しかし遣唐使の時代になると、「唐大刀」（カラタチ）などのように、「カラ」は「唐」へも拡延されていく。つまり唐物の登場は、威信財となりうる「カラ」のモノが、九世紀になると「韓」や「加羅」ではなく「唐」の文字に代表されるようになったことを示しているのである。

それは、九世紀が、以前にもまして「唐」に政治的な意味を見出した時代だったことの影響だろう。そのきっかけは、光仁《こうにん》天皇の皇子で、平安時代の幕を開いた桓武《かんむ》天皇が、天武《てんむ》―草壁《くさかべ》系から天智《てんじ》系への皇統の転換を強く意識し、新皇統にふさわしい新都を築いて（長岡京・平安京）、理想的な天皇像を中華皇帝に求める動きを一層強めたことにある。以後、九世紀の王権はしばらく、政治と文化の両面で前代以上に「文明化」政策ともいうべき唐化政策をおしすすめ、都では唐風の文芸を国家の支柱とした空前の「唐風文化《とうふうぶんか》」が花開いた。そして、この唐化政策を推進するために、唐文化とのつながりや一体性が意識される国際色豊かな文物がますます注目されるようになった。こうして、支配層の求める「カラのモノ」とは、「唐」に代表される、まさしく唐物となっていったと考えられる。

王権が、この唐物をどれほど重視したかは、平安期の遣唐使に如実にあらわれる。八〇五年（延暦二四）、延暦の遣唐使が帰国すると、桓武天皇は直ちに「唐国の物」を天智・光仁両天皇、早良《さわら》親王の眠る山陵へ献じ、その成果を誇った。安史の乱後、唐朝の斜陽は決定的となっていても、延暦の遣唐使には、日本王権を正当化・強化する「唐国の物」を持ち帰ることが強く求められたのである。

円仁も参加した次の承和の遣唐使は、この唐物入手に向けた情熱がもっと熱い。桓武天皇の皇子の嵯峨《さが》天皇の時代以降、多くの施設名称や儀礼が中国的なものに変更され、勅撰漢詩集も編纂されるなど、「唐風文化」が絶頂期を迎えていたからである。遣唐使一行も、この重い期待に応えるため、唐朝の目を盗み、揚州で密かに禁制品の購入まで行うほどだった。八三九年（承和六）、この遣唐使が帰国すると、中央政府は急ぎ彼らのもたらした「信物要薬等《しんもつようやく》」の陸路での逓送を命じ、その成果を宮殿の建礼門前でひらかれる「宮市」で支配層に誇示する。宮田麻呂が「唐国の貨物」を求めた承和の時代、王権はこれほどまでに唐物に注目していた。こうした王権の行為が唐物にさらなる権威を与えていたのである。

唐物獲得競争

東アジア海域に国際商人が登場する以前、日唐を結ぶ遣唐使は「二十年一来の朝貢を約す」といわれたように、二〇年前後の間隔で派遣されていた。比較的頻繁な新羅や渤海との間の使節往還も数年間隔にすぎない。文化史では豊かな国際性が強調される天平の支配層でも、国際交流の機会はこれほどまでに絞り込まれていたのである。そのなかで、正倉院宝物にあるように、権威を彩る国際色豊かな品々は外来品を模した国産品でもまかなわれた。これも官営工房によるものだから、身分制に即した生産と流通は守られたであろう。

ところが海商の時代が到来すると、支配層の舶来品入手の機会は一気に増大する。折しも九世紀に入り、以上でみたように王権にとっての唐物の意味は大きくなっていったから、政治的な権威を高めたい宮都の王臣家《おうしんけ》も、しきりに唐物を求めるようになっていった。

この九世紀、支配層の間に唐物獲得競争を促す要因は他にもあった。平安初期の王権が、専制君主的でありながら、桓武天皇の皇子たちによる「王統迭立《おうとうてつりつ》」とも呼ばれる複雑な皇位継承のバランスの上に成り立っていたことである。桓武以後の皇位継承は、嵯峨—仁明《にんみょう》系と、淳和《じゅんな》—恒貞《つねさだ》系の二つの王統の間で迭立がはかられたが、その水面下では王統間の激しい綱引きが繰り広げられた（図V-1）。このなかで、中央の支配層は、行幸の際や宮廷において、皇親を押し立て専制君主に接近しようと、競って絢爛《けんらん》豪華な儀式や宴会をさかんに開いた。こうした場で、政治的意味を強めた唐物が献物品として、また場を飾り立てるものとして重要な役割を果

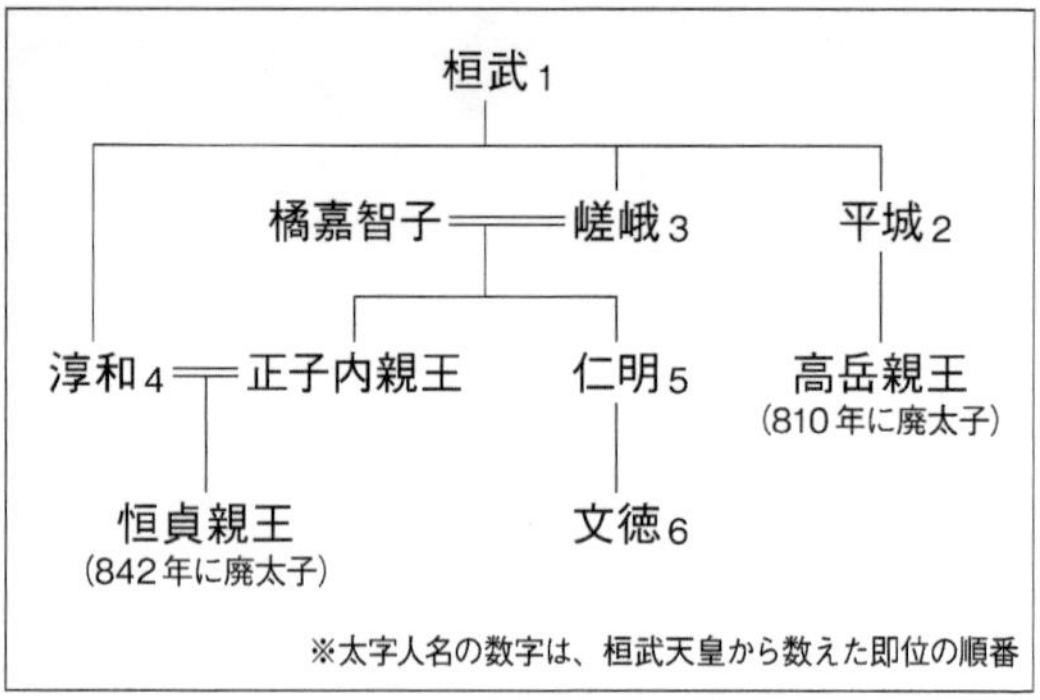

図Ⅴ-1　平安初期の天皇系図

たしたのである。政治闘争のなかで、自らの政治的優位性を少しでも高めたい支配層は、権力や文明の中心性を象徴するようになった唐物の獲得に躍起となった。

この唐物を当時の平安貴族たちがどのようにみていたかについては、先の『宇津保物語』からも具体的にうかがうことができる。たとえば、右大将藤原兼雅《ふじわらのかねまさ》の邸宅の饗宴では、参加者への贈与品として通例を超える綾《あや》製品をはじめとする高級繊維製品などが準備され、参加者のうち上達部《かんだちめ》や親王の前には綾布で覆った紫檀《したん》の机が置かれて、中将や少将の前には蘇枋《すおう》の机が置かれた（俊蔭）。いずれも唐物の代表品ばかりである。唐物とその文化で彩られた宴は、主催者の政治的権威を表象するものとみなされていたのである。

さらに『宇津保物語』では、「唐物」が立坊《りつぼう》（皇太子擁立）問題ともからんで登場する。立坊をめぐる源氏と藤原氏の綱引きでは、右大将藤原仲忠《ふじわらのなかただ》が、さまざまな珍しい香料を合わせた薫香などで細工した巨大な蓬萊山《ほうらいさん》の造形品を贈って、左大臣の源正頼《みなもとのまさより》らを圧倒する場面がある（国譲・中）。唐物とその文化が政治的権威を表象する時代、唐物は皇位継承問題の際にも注目されるものだったことをうかがわせる。

また唐物には皇位継承の矛盾と相俟って、権威の象徴としてだけでなく、実利的な意味も込められていたようだ。たとえば、後に摂政となる右大臣の藤原良房《ふじわらのよしふさ》は、八五一年（仁寿元）、天台僧の円珍《えんちん》の入唐に際して、弟良相《よしみ》とともに皇太子惟仁《これひと》（後の清和《せいわ》天皇）を支える目的でこれを積極的に支援し、幼少の皇太子の安泰と消災を願って胎蔵金剛《たいぞうこんごう》両部の大曼荼羅《まんだら》像を図写・請来させている（佐伯有清）。仏法は国家・王権・身体の護持と結びつくから、唐からもたらされる仏教関連品に、くすぶる政治闘争の災いから免れたいという思いが反映されたのだろう。支配層が求めた唐物の代表である香料・薬品も、仏教儀礼や身体護持と深くかかわるもので、仏法の〝効果〟につながる効能も期待されていたと考えられる。

宮田麻呂の素顔

ところで、宝高と取引を行った宮田麻呂については、国際交易にかかわった事実から、交易の利を求めた「官人出身の商人」とか「輸入業者」という見方が通説となっている。けれども、莫大《ばくだい》な資金をつぎ込んで入手した「唐国の貨物」を、彼がさらに転売して大きな商業的利益を得ようとしていたなどと判断できる証拠はなに一つない。宮田麻呂に関してむしろ留意すべきは、以上のように唐物の政治性が高まるさなか、彼が当時の皇太子、恒貞親王を支持する政治グループとつながりをもっていたらしいことである。

恒貞親王が皇太子となったのは、父の淳和天皇が譲位した八三三年（天長一〇）にさかのぼる。この時、淳和は、兄の嵯峨太上天皇の皇子である仁明に皇位を譲ると、自身は嵯峨と同じ太上天皇の地位に退き、息子の恒貞を皇太子に立てさせた。かつて兄弟で皇位継承を行った嵯峨、淳和の両太上天皇は、その後見人となった。これが、嵯峨―仁明系と淳和―恒貞系の「王統迭立」である。唐物入手の期待をかけられた承和の遣唐使も、まさにこの新体制を強化するものとして企画された。しかし宮田麻呂が筑前守に就任した翌月の八四〇年（承和七）五月、淳和太上天皇が崩御して以降、恒貞の皇太子としての地位は不安定なものとなっていったとみられる。このため宮田麻呂が筑前で宝高と取引を行っていた頃、この二つの王統は、それぞれを支持する政治グループによって、競合的な関係となりつつあった。

　この時の恒貞派の中心的人物に、宮田麻呂と同じ文室氏出身の秋津《あきつ》がいた。秋津は嵯峨天皇の時代、天皇のそばに仕えて内廷の庶務を行う蔵人所《くろうどどころ》の蔵人、淳和天皇の時代はその筆頭の蔵《くろ》人頭《うどのとう》の経歴をもち、恒貞の立太子にともない春宮大夫《とうぐうのだいぶ》に就任した。つまり、嵯峨、淳和の両者に側近として仕え、仁明王権がスタートすると「王統迭立」を支える立場から皇太子恒貞をサポートし、仁明天皇に近侍した中央貴族である。その秋津の祖父は天武天皇の孫の智努《ちぬ》王。そして宮田麻呂も、複数ある文室氏の系列のなかで、この智努王系に属していたとみられる。宮田麻呂は近江国の諸郡に経営地をもち、難波《なにわ》にも宅を構えていたことが知られるが、これらは、近江国の紫香楽宮《しがらきのみや》造営で指揮をとり、難波津を管理する摂津大夫《せっつのだいぶ》にも就任した智努王ゆかりの地である。宮田麻呂は、智努王以来の文室氏の近江や難波との関係を引き継ぎ、自らの経済基盤を形成していたらしい。しかも、秋津の弟には宮田麻呂と名前の類似する海田《うみた》麻呂《まろ》もいる。つまり宮田麻呂は、皇太子恒貞を支えた秋津の近親者とみてよいだろう。

八四〇年（承和七）四月の宮田麻呂の筑前守就任自体も、この恒貞を支える政治グループの意向と関連した人事であった。『続後紀』が記すこの月の人事異動は三件のみが伝えられている。宮田麻呂と紀綱麻呂《きのつなまろ》、そして橘逸勢《たちばなのはやなり》である。このうち、能書家としても著名な橘逸勢は、秋津とともに恒貞を支持した代表的な中央貴族の一人で、その彼がまず同月二日、但馬権守《たじまのごんのかみ》となった。その四日後、筑前守の紀綱麻呂が但馬守に異動し、その後任に宮田麻呂が選ばれたのである。綱麻呂はその年の正月三〇日に筑前守に就任したばかりで、それから三ヶ月足らずの但馬守への異動は、直前の逸勢の但馬権守就任を踏まえたものとみられる。逸勢周囲の意向が働いたものだろう。つまり、宮田麻呂の筑前守就任は、恒貞支持派で知られる橘逸勢を中心とした人事異動の一環としておこったものだったのである。

ただ、宮田麻呂が筑前守に就任した頃、「王統迭立」をはかる嵯峨と淳和が健在で、仁明天皇も承認したこの人事は、嵯峨―仁明系と淳和―恒貞系の確執を背景としたものではありえない。秋津がそうであったように、宮田麻呂も「王統迭立」を支える立場から、仁明王権にも期待され、国守として国際交易港のある筑前国に赴任していったとみられる。

けれども、宮田麻呂の筑前守就任直後、淳和太上天皇が崩御し、恒貞の皇太子としての立場に影がさしはじめた。ならば、秋津の近親者でもある宮田麻呂が、その後入手を企てた政治色の強い「唐国の貨物」には、恒貞派につながる依頼品が含まれていた可能性が高い。恒貞とそれを支持するグループにとっても、唐物は政治競争を優位にするための必需品だったからである。たとえば、八三二年（天長九）四月、皇太子になる直前の恒貞は、父淳仁天皇主催の群臣を集めた宴を前に、天皇に対して奉献を行っている（『類聚国史』奉献部）。こうした皇族の天皇への奉献では、貴重な唐物を選んで、自らの力を誇示するのが常であった。恒貞支持派の焦燥感が強まる分だけ、彼らの宮田麻呂への期待も重くなっていった。そのなかで宮田麻呂は、仁明王権が警戒し遠ざけた宝高の使に近づいたとみられる。

一方、仁明王権は、恒貞派ともつながる宮田麻呂が、突如日本との政治連携をもちかけた宝高の使者と接触できる環境にあることに不安を抱いたようだ。新羅情勢の激変と、宝高の意図を察知した直後、その使船がまだ博多湾に停泊する最中、職務態度の問題を表向きの理由に、就任間もない宮田麻呂の筑前守を解任すると、後任には蔵人の南淵年名《みなみぶちのとしな》をあてた。天皇の側近である蔵人を地方官に転出させる異例人事で、筑前国の行政機構の監視を強めたのである。

承和の変と宮田麻呂の「謀叛」

しかし、すでに信用取引の約束を済ませていた宮田麻呂は、事務引き継ぎの未了を逆手にとって、筑前に留まり宝高からの大量の「唐国の貨物」を待った。ところが宝高の死と、それにあわてた宮田麻呂の貨物差し押さえに対する訴えによって、両者の関係が明るみになったのである。仁明王権の懸念にもかかわらず、日本と新羅の王権の矛盾は、すでに交易を通して結びついていた。仁明天皇周辺の宮田麻呂への警戒はさらに強まったとみられる。

この宮田麻呂の貨物差し押さえ問題が中央で議題にのぼった翌月の八四二年（承和九）二月、仁明天皇の皇子道康《みちやす》親王（後の文徳《もんとく》天皇）が元服し、恒貞親王の皇太子としての地位はますます不安定となる。これに追い打ちをかけるように、同年七月、「王統迭立」のもう一人の保護者であった嵯峨太上天皇が崩御した。この前後に発覚したのが、東宮坊帯刀《とうぐうぼうたちはき》の伴健岑《とものこわみね》、但馬権守の橘逸勢らの、皇太子恒貞を奉じた「謀叛《むほん》」計画である。嵯峨太上天皇の葬儀の翌日の七月一七日、主謀者とされた伴健岑と橘逸勢やその同族が捕らえられた。二三日には、恒貞親王も皇太子の地位を剝奪され、親王の側近らが幽閉・追放された。そのなかに、春宮大夫の秋津がいたのである。こうして「王統迭立」状況は解消され、皇太子には新たに道康親王がついた。この政変がいわゆる承和の変である。

それから五ヶ月後の同年一二月、宮田麻呂の従者の陽侯氏雄《やこのうじお》が主人の謀叛計画を密告し、宮田麻呂は蔵人所に召喚されてそのまま捕まった。その後、「京宅」「難波宅」の武器が証拠品として押収され、宮田麻呂は伊豆へ配流となった。ところが宮田麻呂の死後、彼の「謀叛」は冤罪《えんざい》とされる。要するに、無実の罪を着せられ、政界から葬り去られたのである。

嫌疑内容の詳細が伝わらない右の宮田麻呂の「謀叛」事件については、研究者の間でも、承和の変の余波とする見方と、それを否定する見方に分かれている。しかし筆者は、宮田麻呂は秋津をはじめ、恒貞支持派とつながりがあったとみるから、この事件も承和の変の余波と考える。「謀叛」発覚当初、宮田麻呂が蔵人所に召喚されたことは、彼が蔵人所とかかわる仁明王権の内廷活動の一端も担っていた可能性をうかがわせる（渡邊誠）。しかしそれも、宮田麻呂が恒貞支持派ではなかったことを示すものではなく、秋津と同様、「王統迭立」を支援する立場から仁明王権とも深い関係にあったことを示すものだろう。宮田麻呂の「謀叛」が後に冤罪とされたように、承和の変直前まで筑前で唐物入手に奔走した宮田麻呂は、中央の政変に直接かかわっていなかったかもしれない。しかし不運なことに、彼の国際交易には、構造的に王権中枢の矛盾と結びつく複雑な政治関係が埋め込まれていたのである。

3　唐物使の登場と大宰府

藤原衛の提案書

ところで、八四二年（承和九）正月、中央で宮田麻呂の貨物差し押さえ問題が議論されたとき、公卿らの不満は、宮田麻呂だけでなく、こうした行為を見逃し、容認した大宰府に対しても向けられた。これによって、日本が「王憲の制」のない国であるかのような印象を国際的に与えてしまうというのである。宮田麻呂にしてみれば、代価をすでに払っているのに商品は渡されないのだから、貨物の差し押さえは当然だったのかもしれない。しかし彼は、表向き、取引ではなく贈答関係を装い、府官による価格管理を免れようとしていた。宝高子弟の派遣船から貨物を差し押さえる法的根拠は、もともと乏しかったといえる。しかしそれでも、府官はこの宮田麻呂の行為に異を唱えることをしなかった。府官らは、宮田麻呂の背後に、皇太子恒貞派ともつながる中央の強い政治力を感じていたのだろう。

こうした府官の姿勢が叱責された三日後、筑前守宮田麻呂の後任となった南淵年名に続き、またも蔵人の、しかもトップが西海道《さいかいどう》に転出するという異例の人事が発表された。式部大輔《しきぶたいふ》で蔵人頭の藤原衛《ふじわらのまもる》が大宰大弐《だざいのだいに》として赴任することになったのである。仁明天皇は、新羅混乱の余波と、日本の皇位継承問題がからみついた筑前の国際交易を、自身の側近であった官人を再び現地に送り込んで抑えようとしたらしい。衛はそのあまりの重責と、天皇から離されるショックから、当初「蚊や虻が丘や山を背負うようなものだ」と就任を辞退しようとした。しかし、天皇はこれを認めなかったという（『文徳天皇実録』天安元年一一月戊戌条）。

その衛が大宰府に赴任した半年後、承和の変がおきた。この間、大宰府で西海道行政の指揮をとっていた衛は、現場できわめて厳しい認識をもつようになっていった。そのことは、恒貞にかわって道康親王が皇太子に立てられた一一日後の八四二年（承和九）八月一五日に中央で裁可された、次の衛の四条の提案書に示されている（『続後紀』承和九年八月丙子条）。

一　新羅国人の入境を一切禁断すること。
二　事務引き継ぎ完了証明書を得られない前任国司でも急ぎ任地から京に戻すこと。
三　労働力として徴発する流浪者を他用にはあてず大宰府官舎の修理にあてること。
四　辺境の要害の地における田の開発を禁止すること。

これらは内容的にみて、明らかに国司交替後も任地にとどまり、活動を続ける宮田麻呂のような官人への対策を念頭に置いたものである。事務引き継ぎを意図的に遅らせて西海道にとどまろうとする彼らは、新羅商人との交易を目論むだけでなく、流浪者を労働力として利用し開墾地を広げるなど、私的な活動を活発化させていたからである（山崎雅稔）。

この衛の上申した提案書に対し、中央は第三条と第四条をそのまま認め、第二条も欠損した官物は塡納《てんのう》させよとの条件をつけて、原則を承認した。ところが第一条の、すべての新羅国人の入境を禁断するという提案に対しては、「帰化」を求める人々の入境まで禁断するのは「不仁」だとし、「帰化」を「流来《るらい》」に準じて放還《ほうかん》すること、ただし「商賈の輩」が来着した場合は鴻臚《こうろ》館《かん》には安置せず、民間交易は許して、その後速やかに放却せよと命じたのである（『三代格』承和九年八月一五日太政官符《だいじょうかんぷ》）。

このうち、政府が新羅人の「帰化」を認めないとしたことと、新羅の商人に鴻臚館の使用は認めないとしたことは、互いに関連している。前述のように、来着商人は天皇の徳を慕って「化来」したと申上し、「帰化」に準じた扱いを受け、鴻臚館に安置されていた。けれども新羅人の「帰化」が承認されないとなると、新羅の商人の「化来」も承認されないことになるから、鴻臚館への安置も行われない。こうして鴻臚館から締め出された新羅の商人は、官司先買対象からも除外され、民間交易だけが認められることになった。

ところが在唐新羅人の場合は、この処置の対象外とされている。彼らは唐商人とされ、鴻臚館への安置も認められて、引き続き交易品が官司先買の対象とされたのである。在唐新羅人の船は、唐の公的な渡航許可書を持つ唐商船であった。要するに、鴻臚館から締め出された新羅商人とは、新羅系商人全般ではなく、新羅の渡航証明書（文符）で来航する商人に限定されていたのである。実は、先の李少貞の言葉によれば、閻長は新羅の渡航証明書の発行に影響力をおよぼし、海域世界の支配拡大をはかるつもりで、これに日本も応じるように求めていた。しかし日本は、衛の提案に応えるかたちでこれを明確に拒否し、彼らとの公的な交易関係は結ばない方針を打ち出したのである。それは、宝高後を狙う閻長にとってはダメージだったろう。宝高と日本との関係を引き継ぐことに完全に失敗したからである。日本は、宝高後の新羅情勢に警戒と不審を強めていた。新羅人の「帰化」の停止も、宝高後の新羅の混乱を日本にもち込む亡命者たちの留住防止が主な目的だったのだろう。

宮田麻呂後の大宰府

ところで衛は、第一条の提案に際し「新羅は商売にことよせて日本の情報をうかがっている」と、新羅の交易者たちが日本の政治情勢に注目した動きをしていると指摘していた。これは現場の状況を踏まえた認識であったと思うが、こうして新羅国人の一切の入境禁断を訴えた衛の提案を、中央政府は「まるで慈愛の心がないかのような措置だ」と退けた。けれども、中央があらためて大宰府に命じた、新羅人の「帰化」の停止措置も、彼らを国家先買の対象から除外し、民間交易だけを許可するという方針も、中華の理念や官司先買を軸としたこれまでの日本の対外政策とは明らかに矛盾する。承和の変によって皇位継承の矛盾をひとまず抑え込んだ仁明王権は、宝高後の混乱をもち込む新羅本国人と政府との直接的な関係を遠ざけるだけで、国際交易に対する民間需要には応える姿勢を示し、その管理は衛のいる府官に任せてしまったのである。

その翌年、仁明王権は、宮田麻呂を謀叛の嫌疑で排除し、宮田麻呂の従者で主人の謀叛を密告した陽侯氏雄をその功により筑前権少目《ごんのしょうさかん》に任じた。宮田麻呂の交易活動を熟知していたであろう従者氏雄も取り込んで、彼をもと蔵人の南淵年名が守を務める筑前国の行政組織に組み込んだのである。承和の変前後の仁明王権は、総じて、支配層の求める民間交易への配慮を示しながら、任官によって大宰府や筑前国への影響力を強めることで、北部九州の国際交易をめぐる矛盾を抑え込もうとしていた。

ところが八五〇年（嘉祥三）に仁明天皇が崩御し、文徳天皇が即位すると、大宰府は再び管内支配に大きな不安を抱えるようになった。たとえば『三代格』によると、八五五年（斉衡二）二月に出された太政官符では、大宰府の命令に背き、召喚にも応じない西海道の国司たちが横行していることが問題となっている。さらに同年六月には、大宰府に対して、任期満了や解任後も留住する官人や王臣家につらなる者たちの私的活動の取り締まりがゆるんでいると指摘し、あらためて厳格な対処をするよう命じている。大宰府を軽んじる管内国司が横行して、留住する前任国司や王臣家につらなる人々の活動がまたも警戒水域に達していた。実はこうした問題は、仁明王権の末期から表面化しつつあったものである。

しかも、文徳王権にとって頭の痛いことに、この頃、ちょうど皇位継承問題までが再燃した。『三代実録』清和即位前紀によれば、文徳天皇が即位した八五〇年、右大臣藤原良房の後ろ盾をもつ満八ヶ月の惟仁親王が三人の兄を差し置いて立太子したことに、当時それを揶揄《やゆ》する童謡が歌われるほど批判が渦巻いていたという。この段階で直系継承の原理が了解されていたとはいえ、生後間もない皇子の立太子は、権力闘争の火種となりえた。このなかで、皇太子惟仁を支えたい藤原良房らは、前述のように八五一年（仁寿元）に延暦寺僧円珍の入唐求法《ぐほう》活動を積極的に援助し、胎蔵金剛両部の大曼荼羅像を図写させ請来させたのである。折しも、この頃から、後述するように唐江南地域を拠点とする唐海商の来航も増えていた。皇位継承に不安を抱えるなか、唐物への政治的注目は再び高まっていたとみられる。そのうえ、大宰府の管内諸国に対する統率力が大きく落ち込み、留住する前任国司や王臣家の息のかかった人々が、その活動を活発化させていた。承和の変直前と似た暗雲が、大宰府を再び包み込もうとしていたのである。

唐物使の登場

こうしたなか、文徳王権は、海商来着時の交易管理を徹底させるために、新たな施策を打ち出す。大宰府に唐物使《からもののつかい》を派遣することにしたのである。

唐物使とは、中国海商との交易において官司先買・管理交易を遂行するために中央の蔵人所から大宰府に派遣される臨時の使者のことである。大宰府から朝廷へ「大唐商客」の「化来」の報告があると、政府は鴻臚館への安置の可否を決裁する。ここまでは従来の手続きと基本的に同じだが、その後、安置されることになった鴻臚館の商客のもとへ蔵人所から唐物使が派遣される。そして唐物使管轄のもと、唐物の検査・選別・購入が行われた。要するに、海商の安置決定後の管理交易実務の多くが、それまでこれを担ってきた大宰府から、天皇の家産事務を担当する蔵人所派遣の唐物使に移されることになったのである。

唐物使は一〇世紀にはおおむね派遣されていたことが知られているが、史料上の初見は、鴻臚館に安置された唐海商が八五二年に記した書簡にみえる「京使」である（『高野雑筆集《こうやざつぴつしゅう》』下巻収載「唐人書簡」）。それはまさしく文徳王権下で皇位継承の矛盾が渦巻くなか、大宰府による管内支配の弱体化が表出した時期にあたっている。仁明王権は国際交易とからみつく矛盾を抑えるため、蔵人所から大宰府や筑前国に役人を転任させることで対応したが、次の文徳王権は蔵人所から唐物使を派遣し、鴻臚館での官司先買を直接掌握・管理する方法をとったのである。

そして、この日本の唐物使には、おそらく唐の市舶使《しはくし》の制度が参照されていた。すでにみたように、唐代、市舶使は広州に置かれ、海外から船でもたらされる南海交易品の管理にあたっていた。市舶使には、当初、現地有力者があてられたが、交易の利を彼ら地方官に奪われることを危惧《きぐ》した唐朝は、七二二年（開元一〇）以降、宦官《かんがん》をこれにあてるようになり、開成年間（八三六―八四〇）には宦官の臨時派遣が一般化する。こうして朝廷から市舶使が派遣されると、彼らは地方官の管轄を受けずに交易を処理する権限をふるった（鄭有国）。このように、皇帝の派遣した宦官の市舶使は、地方官ににらみをきかせ、船舶貨物の交易を優先的に行う臨時の中央派遣官であった。こうして市舶使の得た交易品が、専売によって利益を生み出し、あるいは宮廷の用にあてられた（藤田豊八）。南海交易に派遣官を送り込む皇帝には、そこから多くの利益を得ようというだけでなく、皇帝自身の求める薬などの品々を直接確保したいという思いもあったようだ（『資治通鑑《しじつがん》』巻二一一・開元四年条）。

ならば日本の唐物使は、宦官を蔵人所に置き換えれば、その様態や管理の方法が唐の市舶使ときわめて類似することに気づく。前述のように、日本の管理交易は官司先買がより前面に出る特徴をもつが、蔵人所は天皇に近侍し内廷経済に深くかかわる令外官《りょうげのかん》だから、内廷に仕える唐の宦官に代替しうる位置にある。しかも『行記』によれば、唐物使が登場する少し前の八四七年頃、日本から派遣された官人の春日宅成《かすがのやかなり》が広州で交易活動に従事していた。宅成については後述するが、おそらく彼らの活動を通して得られた広州市舶使に関する情報をヒントに、日本でも唐物使が考え出されたのだろう。貞観《じょうがん》期、八六〇年代前半の唐物使では、宅成自身がこれに加わっていることも注目される（『園城寺文書《おんじょうじもんじょ》』）。

以上のように唐物使は、九世紀半ばの中央の皇位継承問題と大宰府の管内支配の矛盾が結びつくことへの警戒から、唐の市舶使を参考に生み出されたものであったと考えられる。

これに続く九世紀の唐物使は、次の二例が確認されている。一つは、宅成も加わった八六〇年代前半の唐物使である。この時期も世相は不安定であった。八六二年、瀬戸内海の海賊の横行が大きな社会問題となり、年末からは咳逆病（インフルエンザ）も猛威をふるっていた。翌年五月には、はじめて神泉苑《しんせんえん》で疫神を鎮める御霊会《ごりょうえ》も行われたが、まさにここであの宮田麻呂が怨霊《おんりょう》として祀《まつ》られている。社会不安が高まるなか、宮田麻呂の記憶が呼び覚まされたのである。これに続くのが、『古今和歌集』にみえる八九七年（寛平九）九月の唐物使だが、その直前の七月、宇多《うだ》天皇は醍醐《だいご》天皇に譲位を行っている。ちょうど皇位継承が行われる時期に来航した唐商に対し、唐物使が派遣されたということになる。

このように、少なくとも記録に残る九世紀の唐物使はわずかで、それらは王権の動向と密接な関係もうかがわれるから、九世紀の唐物使の派遣は恒常的な制度というより、緊迫した政治情勢をふまえて臨時に行われるものだったのではないかと思われる。

新羅海賊事件とその後

ただし、唐物使を派遣するようになったからといって、西海道で繰り広げられる交易を介した国際交流に、国家の目が行き届くようになったわけではない。張宝高後、官司先買から除外された新羅本国とつながる新羅人たちは、鴻臚館から飛び出して、依然、北部九州でそれぞれ独自の交易活動に従事していたし、その管理は、管内支配に不安を抱える大宰府にまったく任されていた。

こうしたなか、八六六年（貞観八）七月、肥前国基肄《きい》郡の川辺豊穂《かわべのとよほ》から大宰府に驚くべき告発があった。同郡、及び藤津《ふじつ》郡、高来《たかく》郡、彼杵《そのき》郡の郡司層らが共謀し、新羅人の珍賓長《ちんひんちょう》と新羅に渡り大弓（弩）などの製造を学び、対馬を襲おうとしているというのである（『三代実録』）。中央に報告されたこの事件が、その後どう処理されたかはわからない。ただ、告発された者たちの所属郡からは、この地域の特産である真綿などを求めて有明ルートで入ってきた新羅商人たちと、地元の郡司層たちが個別に関係を深めていた様子が浮かび上がる。

また他にも同年は、隠岐《おき》国の浪人安曇福雄《あずみのさきお》から、前隠岐国守の越智貞厚《おちのさだあつ》が新羅人と反逆を企てているとの誣告《ぶこく》があった（『三代実録』）。貞厚は承和の遣唐使の史生として入唐し、揚州で禁制品の交易まで行おうとして役人の取り調べを受け（『行記』）、帰国後は国際交易を管理する大宰府の官人に任用された経歴をもつ（『平安遺文』一）。つまりは国際交易に通じた人物で、隠岐でも新羅人との交易を行っていたのだろう。鴻臚館から締め出された新羅人たちの交易の場は、有明海から再び日本海沿岸部にまで広がっていたのである。この一一月、天皇は、大宰府と隠岐を含む日本海沿岸諸国に対し、諸神に捧げ物をして祈禱《きとう》を行い、精兵を置いて「新羅賊兵」にそなえるようにとの勅を下している（『三代実録』）。

そしてとうとう八六九年（貞観一一）、大事件がおこる。新羅海賊船二隻が博多湾に侵入し、豊前国の船から年貢の真綿を奪い取ったのである。これを受けて鴻臚館の防備も強化されているから、新羅海商船の博多湾での交易活動も相変わらずであったと思われる。しかもこれに、大宰府管内に居留する新羅人らも関与していたことが、大宰府をさらに緊張させる（『三代実録』）。ただ、新羅人の「帰化」は八四二年に停止され、新羅海商たちも交易終了後は直ちに日本を離れなければならないことになっていたはずだから、この居留者たちとはおそらく、それ以前に大宰府管内に住み着いた者たちであろう。「帰化」停止からすでに二五年以上経過し、そのなかには新羅人の二世もあったかもしれない。鴻臚館を失った新羅海商は、こうした人々の手引きで、対日交易を維持していたとみられる。

しかしこの事件を契機に、中央政府が新羅人への警戒を一層強めると、大宰府は「帰化」の新羅人に陸奥《むつ》移配を命じたあの天長元年格の復活を中央に要求し、八七〇年（貞観一二）二月、これが認められた（『三代実録』）。こうして新羅人の西海道における交易拠点は解体され、彼らの対日交易もいよいよ低調となる。ただし前述のように、彼らにはまだ江南の唐人らと連携を深め、「唐商」として対日交易に携わる道が残されていた。

Ⅵ　中国と日本を結んだ商人たち

1　在唐新羅人の交易ネットワーク

最後の遣唐使と新羅系交易者

前章では、仁明《にんみょう》王権が承和《じょうわ》の遣唐使に唐物入手で大きな期待をかけていたこともみたが、この遣唐使は、最後の遣唐使というにふさわしく、遣唐使の時代と海商の時代の双方を兼ね備えた性格をもっていた。承和の遣唐使のそれまでと異なる大きな特徴の一つは、新羅《しらぎ》系交易者たちのネットワークに依存して往還を果たしたことにある。ここでいう新羅系交易者のネットワークとは、新羅商人と、各地の交易拠点に居留地を築きさまざまな活動に従事しながら新羅商人たちを導いた新羅出身者たちの、交易ネットワークのことである。その様子を、この船で渡唐した円仁《えんにん》の『行記』の記録をもとに、少し覗《のぞ》いてみることにしよう。

遣唐使船は、二度の渡海失敗を重ねた後、八三八年（承和五）六月、三たび博多《はかた》湾を出航した。一団には、新羅訳語（通訳）として、金正南《きんしょうなん》ら新羅人たちが登用されていた。彼らは航海に関する知識が豊富で、唐語や唐情勢にも精通していた。正南たちは、唐に長期滞在した経験をもつ、大宰府《だざいふ》周辺にあった新羅系の交易者たちとみられる（森公章）。彼らの主な役割は、遣唐使船の航行の安全確保と、唐でのさまざまな手配、とくに唐にネットワークを張りめぐらせる在唐新羅人たちを遣唐使に協力させる交渉を行うことであった。いわば現地エージェントと交渉も行う、語学堪能なツアーコンダクターといったところであろうか。遣唐使船は唐土に近づくと、大河長江の吐き出す土砂の浅瀬に阻まれ、接岸に苦労する。その際も、正南らは航路についてアドバイスを与えている。

こうして、なんとか長江河口部付近に上陸した一行は、そこから揚州城を目指した。当時、長江下流域北岸の揚州城は、黄海《こうかい》海域に開けた唐沿岸部の流通経済の中心地で、西域や東南アジアからも多くの商人が集まり、ユーラシア規模の交易関係の縮図のような様相を呈していた。大使らが都の長安に向かった後の唐の開成四年（八三九）正月七日、揚州に残留していた円仁らは、この地区の行政のトップである淮南節度使《わいなんせつどし》李《り》徳裕《とくゆう》から、開元《かいげん》寺瑞像閣の修理のため、日本国の名義で五〇貫の喜捨《きしゃ》を求められている。この時、揚州に居留する波斯《はし》（ペルシア）国の人は一〇〇〇貫、占婆《チャンパ》（安南）国の人は二〇〇貫を喜捨したという。

もちろん、新羅商人たちもこの活気ある国際経済都市を重視し、ここに滞在してさかんに交易を行っていた。円仁は喜捨を求められた翌日、日本語の堪能な在唐新羅人の王請《おうせい》の訪問を受けている。彼は、唐商の張覚済《ちょうかくせい》らと交易のために揚州から日本へ向かい、八一九年（弘仁一〇）に出羽《でわ》国に漂着した経験があった。

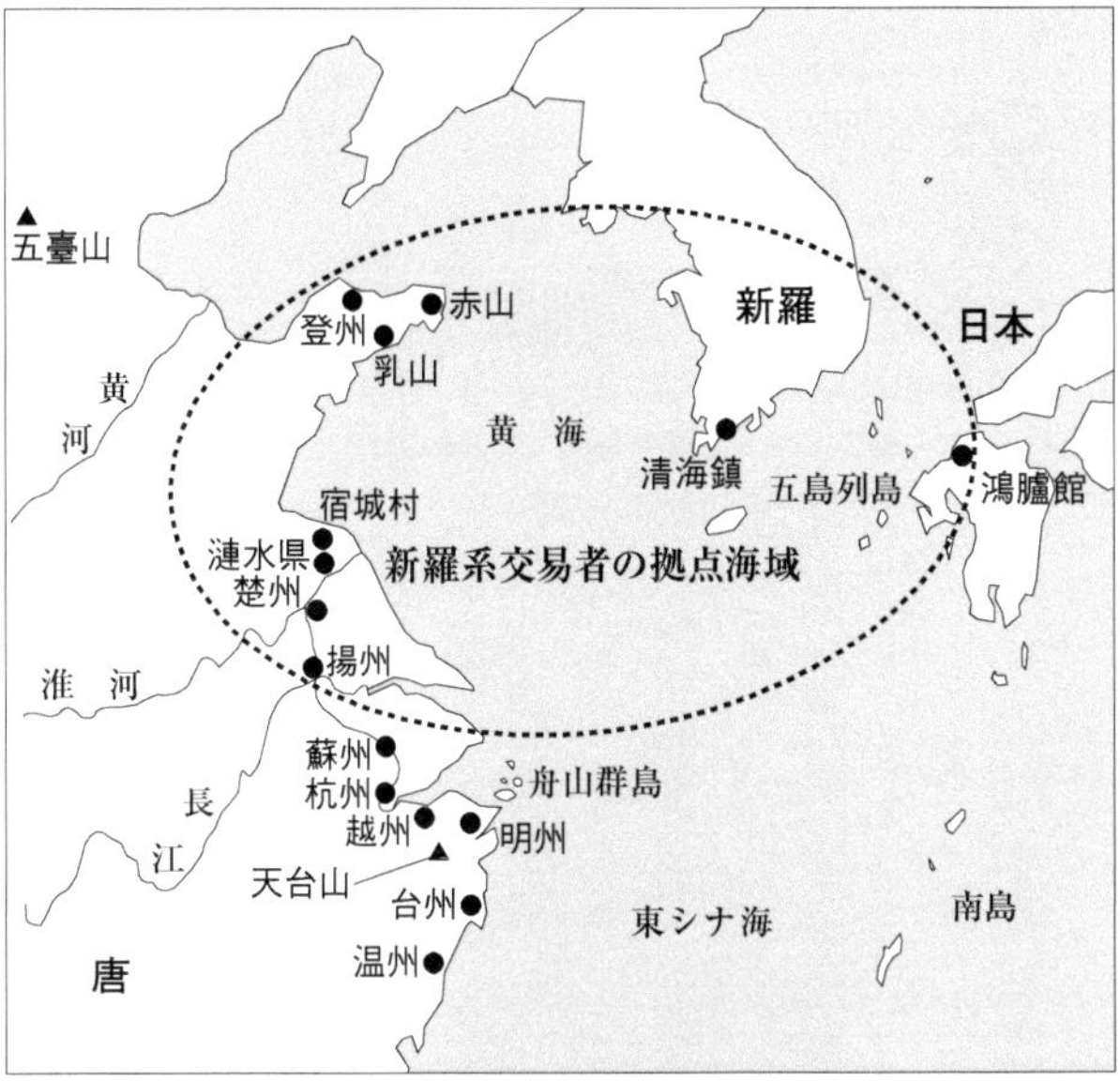

図Ⅵ-1　新羅系交易者の拠点海域

彼ら在唐の新羅人たちは、唐沿岸部に築いた交易拠点と、そのネットワークを生かして、遣唐使が帰国する際も大いに活躍する（図Ⅵ-1）。八三八年（開成三）の暮れ、正南は、帰国の準備を行うために、揚州北方約一七〇キロ地点にある楚州《そしゅう》（江蘇《こうそ》省淮安市）に向かった。楚州は、海岸線に並行して南北に走る運河で揚州とつながる江淮地域の経済的要地で、「新羅坊《しらぎぼう》」と呼ばれる新羅人居留区があった。遣唐使第一船と第四船は渡唐の際に大破し、帰国船としてはもはや使用できない状態だったから、正南は、楚州の在唐新羅人から船を調達しようとしたのである。

この求めに、新羅坊の実力者劉慎言《りゅうしんげん》は惜しみない支援を約束した。慎言は在唐新羅人のネットワークを使い、楚州だけでなく、その近傍の漣水《れんすい》県の新羅坊からも在唐新羅人を船員などとして雇った。漣水県は、楚州からさらに運河を出て淮河《わいが》の流れに沿って東へ向かうとすぐの場所にあった。こうして九隻の新羅船が整えられたのである。

この新羅船は、おそらく彼らが交易などでも用いていた船で、四〇―五〇人程度が乗船できた。一二〇―一六〇人が乗船する日本の遣唐使船と比べると中型船ということになるが、性能は素晴らしかった。日本でも「能く風波に堪える」と評判で、遣唐使帰国直前の八三九年（承和六）七月、大宰府に新羅船の造船が命じられたほどである（『続後紀』）。おそらくこの造船にも、大宰府周辺に居留していた新羅の交易者たちが協力していたであろう。円仁も新羅船が素早く走ると述べていて（『行記』開成四年五月二五日条）、波をよく切る足の速い船であったことがわかる。

さて、翌八三九年（開成四）二月、円仁を含む揚州残留組は帰国のために運河伝いに楚州に向かうと、ここで長安から戻った遣唐大使一行と合流し、新羅船に分乗した。各船には海路に詳しい新羅人の船員六名程度も乗り込む。船団は運河から淮河を経て海に出ると、沿岸部を山東半島伝いに北東に向かいながら日本を目指した。ここから赤山法花院《せきざんほっけいん》のある山東半島突端部までの間、港をもつ新羅人たちの村落がいくつかあった。彼らも遣唐使一団に協力的であった。こうして同年八月以降、一行は相次いで日本に帰着できたのである。

なお、円仁は、この途中の赤山で、遣唐使の新羅船から降り、強引に唐にとどまっている。

揚州滞在中、念願の天台山行きについて唐朝の許可が下りず、入唐《にっとう》の目的を果たせていなかったからである。その円仁を支えたのも在唐新羅人たちであった。

在唐新羅人の居住地

以上のように、承和の遣唐使の成功は、新羅系交易者のネットワークの支えによってもたらされた。そして承和の遣唐使の頃、それらは新羅清海鎮《せいかいちん》大使張宝高《ちょうほうこう》の強い影響下に置かれていた。円仁も日本出国前、筑前国司から宝高に宛てた書状を託されていたから、この遣唐使は当初から宝高の影響力に頼るつもりであったことがわかる。こうして、北部九州に居留する新羅人と唐に居留する新羅人らが、遣唐使の支援に直接かかわった。彼らの連携プレーは、まさに東アジア海域を網にかけたような見事さであった。

それにしても、日本で交易にかかわる新羅人がほぼ大宰府（もしくは鴻臚館《こうろかん》）周辺にあったとみられるのと比べると、唐の新羅人たちはかなりあちこちに集住している。けれどもそれは、揚州から楚州、漣水を経て山東半島突端部の赤山にいたる、運河沿いから沿岸部に集中している。その先には新羅西海岸を経て清海鎮のある莞島《ワンド》があり、さらにその先の海を渡ると大宰府鴻臚館があった。つまり、揚州―清海鎮―鴻臚館を結んで、その間の中国沿岸部に港をもつ新羅人の居住地が点々と築かれていたのである。すでにみたように、本国の混乱を逃れる新羅人たちの海外流出は八世紀半ばからはじまっていたが、彼らが海域交易網を整えていく過程で居住地区も形成され、ネットワーク化されていったのだろう。『行記』を見ると、在唐新羅人は海運、造船、交易だけでなく、製塩や木炭の生産にもかかわっていて、それら生産品は、唐国内の市場に供給されていたとみられる（金文経）。

彼ら在唐新羅人の居住地には、主に「坊」と「村」の形態があった。新羅坊は、すでにみたように楚州と漣水県にあったが、「坊」とは都市の区画を指すから、これらは楚州や漣水県の都市内部に設けられた新羅人集住区画のことである。新羅坊の行政は惣管《そうかん》が管掌し、その下には専知官《せんちかん》（主任）や訳語（通訳）などがいた。遣唐使の帰国に協力した楚州の劉慎言も訳語であったが、後に惣管となっている。こうした都市内部の自治的組織は、広州や泉州など中国南部港湾都市に設けられたムスリムたちの「蕃坊《ばんぼう》」と類似する。これら蕃坊にも「蕃長《ばんちょう》」と呼ばれる居留民選出の指導者がいて、ある程度の自治が認められていた。ただ、新羅坊の場合、惣管は州の「同十将《どうじっしょう》」といった淮南節度使の武将を兼ねていて、さまざまな活動に州・県の許可も必要としていた。

一方、これら都市内の坊とは別に、山東半島南岸地帯を中心に形成されたのが、宿城村《しゅくじょうそん》、邵村《しょうそん》、陶村《とうそん》など、港をもつ新羅人の「村」である。なかでも登州文登県《としゅうぶんとけん》（山東省文登市）に属した赤山村は、赤山法花院を有する在唐新羅人の中核的な集落である。当地の在唐新羅人の管理は県東南の青寧《せいねい》郷にある「勾当《こうとう》新羅所」（勾当新羅押衙《おうが》所とも）が担当した。その責任者は在唐新羅人の「平盧《へいろ》軍節度同十将兼登州諸軍事押衙」の肩書きをもつ張詠《ちょうえい》で、彼が文登県界の新羅人戸を管掌した（『行記』会昌《かいしょう》五年八月二七日条）。つまり張詠も、青州《せいしゅう》を治所とした平盧軍節度使配下の「同十将」であって、唐の節度使との関係が深い。

そしてもちろん、彼ら新羅人村の人々も新羅の張宝高とつながっていた。宝高創建の赤山法花院の管理を担ったのは、この張詠と、文登県押衙の林《りん》大使、邵村の村勾当（村長）の王訓《おうくん》ら在唐新羅人たちであった（『行記』開成四年六月七日条）。『行記』によれば、円仁が赤山法花院に滞在中の八三九年（開成四）六月、宝高の交易船が近くの港に到着すると、その一行は赤山法花院に入っている。先にみた、唐の冊封使などを乗せた船の一団である。

このように、在唐新羅人たちは、安史《あんし》の乱《らん》後成長した唐各地の実力者である節度使との関係を深め、州・県の干渉を受けながら、新羅清海鎮大使の張宝高の交易活動と結びついていた。遣唐使は、この唐社会深くに入り込んだ新羅系交易者たちのネットワークを頼って、唐での活動と日唐往還を無事済ませることができたのである。

入唐する日本人を支援した在唐新羅人

ただし、新羅商船が活発に動きまわる九世紀になってもしばらく、二〇年前後もの間隔があいた遣唐使にかわり日唐間の公的な交通の仲介を担ったのは、新羅商船ではなく渤海《ぼっかい》国だった。たとえば、延暦の遣唐使で入唐し五臺山《ごだいさん》に滞在中であった霊仙《りょうせん》と日本王権とのやりとりは、渤海国が担当した。また、「新羅人船」で到来し日本に唐の消息を伝えた唐越州《えっしゅう》商人も、八二〇年、渤海使船で帰国させられている。八三一年（天長八）に新羅海商との管理交易体制を整備するまでの日本は、新羅商人と公的な関係を結ぶことには消極的だったからである。

しかし、新羅商人との公的な交易関係が整備され、新羅系交易者のネットワークが承和の遣唐使を成功に導くと、日本は在唐新羅人たちに対しての信頼を深めていった。これを契機に、在唐新羅人は日本王権と入唐日本僧たちの間に立ち、その財や情報までも管理するようになっていったのである。なかでも、遣唐使の帰国に尽力した劉慎言は、楚州新羅坊の惣管にもついて、その中心的な人物に成長していく。たとえば『行記』から、彼らが唐滞在中の日本人僧侶に行った支援の主なものを抜き出すと、以下のようなものがある。

① 入唐僧の唐での滞在・移動の手続き支援
② 日本からの求法《ぐほう》経費の伝送
③ 国際・国内書簡の伝送
④ 他の日本人らの動向に関する情報の提供
⑤ 弟子僧の日唐往還の支援や帰国船の調達
⑥ 貴重品の一時保管

こうして日唐往還を担う新羅系交易者たちへの信頼が高まると、日本王権は、これまで遣唐使船が担ってきた僧や官人の派遣でも、彼らを頼るようになっていく。たとえば、承和の遣唐使が帰国した直後の八四〇年か八四一年初頭、日本僧恵蕚《えがく》は、太皇太后橘《たちばなのかちこ》嘉智子の命を受けて新羅商船で渡唐した。山東半島を経由し楚州に上陸すると、劉慎言ら楚州の在唐新羅人を頼ったのである。また、八四五年末か八四六年初頭、やはり新羅商船に乗って、春日宅成《かすがのやかなり》、大神巳井《おおみわのみい》の二人の俗人が楚州に到着し、劉慎言を訪ねている。彼らは、交易を目的に日本が唐に派遣した官人であった。日本王権は、唐物の入手でも、官人を商船で直接唐へ派遣するようになったのである。宅成らは揚州、明州《めいしゅう》、広州などで必要な唐物を手に入れた。

なお大神巳井は、八七四年（貞観《じょうがん》一六）にも交易目的の「入唐使」として商船で唐へ派遣されている（『朝野群載《ちょうやぐんさい》』）。「入唐使」といえば遣唐使のことで、要するに、宅成や巳井は交易目的の遣唐使だったのである。唐の政治的衰退もあって、承和の遣唐使以後、政治的な朝貢使が派遣されることはなかった。しかし王権は、必要な唐物を入手するため、商船を使って入唐交易使を派遣していたのである。彼ら交易使は、個別に貴族からの購入依頼も受けつけていた。こうしたことも、海商の時代を迎えたことで可能となったのである。

在唐新羅人ネットワークの崩壊

八四一年（承和八）の冬は、在唐新羅人社会にとってことのほか寒い冬となったであろう。かねてから新羅中央と対立的な関係に陥っていた清海鎮の張宝高が、同年の一一月、閻長《えんちょう》によって暗殺されたからである。

『行記』によると、新羅商船で楚州から上陸した日本僧恵蕚は、ちょうどこの頃、華北の五臺山巡礼を終えて、江南の天台山に滞在中であった。高僧らの祀堂への奉施と禅僧招聘《しょうへい》を求める太皇太后の命に忠実に、唐を北から南へと駆けめぐるあわただしい旅をここまで順調に進めてきた恵蕚は、翌年春には帰国する予定でいた。

図Ⅵ-2　寧波市の三江口（筆者撮影）

その数ヶ月前、恵蕚は華北から江南に転じる途中で、楚州に立ち寄っている。劉慎言に金銭や物品を預け、弟子も置いて、帰国船の準備を依頼したのである。ところが、江南に宝高暗殺の報が届くと、急ぎ天台山から慎言のもとに手紙を送った。前約を反故《ほご》にし、天台山にも近い明州から李隣徳《りりんとく》の船で直接帰国したいと伝えたのである。そして翌年、恵蕚はその宣言どおり、隣徳船に乗って明州から帰国した。

明州は今の浙江省寧波市《ニンポー》。南から流れる泰化江《たいかこう》と、北から流れる余姚江《よようこう》は、寧波市街の東で合流し、良港の三江口《さんこうこう》を形成する（図Ⅵ-2）。合流した両河川は甬江《ようこう》となって東へ流れ、舟山《しゅうざん》群島の連なる杭州湾《こうしゅうわん》沖に出る。そこから北東にまっすぐ進めば九州に到着できた。すでにみたように、宝高暗殺後、宝高配下の交易者たちには対立と混乱が生じ、新羅西部沿岸沖の海域は治安が悪化していた。しかしこのルートを使えば、その海域を回避できる。

一方、この時恵蕚を日本に送った李隣徳は、劉慎言と関係が深く、おそらくは慎言の紹介で恵蕚の江南での活動を支援した在唐新羅人であったとみられる。恵蕚の明州からの帰国も、この隣徳の助言によったものだろう。そしてこの船が、明州・舟山群島と九州を直接結ぶ航路を航行した最初の商船となった。東シナ海を一気に渡るこの航路は、後に「大洋路《たいようろ》」と呼ばれ、その後も日中を結ぶ商船の航路として頻繁に用いられた。

こうして宝高暗殺の混乱は、宝高とつながりの強い在唐新羅人社会にも早速影を落としはじめた。これに、八四〇年に即位した唐帝武宗《ぶそう》による会昌の廃仏政策が追い打ちをかける。唐中央で廃仏を主導したのは、揚州でかつて承和の遣唐使を接待し、円仁とも親しく交流をもった李徳裕。徳裕はこの時、宰相にまで出世していた。『行記』によれば、廃仏政策は八四二年（会昌二）三月から徐々に顕在化する。そしてこれが、仏教とかかわりの深い在唐新羅人社会にさらなる打撃を与えていくこととなる。

その混乱した様子は、八四五年（会昌五）に長安から帰国の途についた円仁の『行記』が詳細に伝えている。この時に円仁が立てた帰国計画は、遣唐使帰国の成功にならい、在唐新羅人を頼って楚州から新羅船で渡海しようというものであった。ところがすっかり様変わりした在唐新羅人社会の実状に、計画は暗礁に乗り上げる。楚州の劉慎言は、円仁帰国のためにいろいろと奔走するものの、厳しい廃仏政策の影響もあり、そのお膳立てがうまくできない。慎言の紹介状ですら、漣水県の在唐新羅人たちにまったく通用しなくなっていた。新羅坊には、新羅から謀叛《むほん》人宝高の一派とにらまれ逃げ隠れるもと清海鎮のメンバーがいる一方、宝高を倒したグループの支持者たちもあり、亀裂が生じていた。仕方なく円仁は、漣水県から登州文登県に入ったが、そこでは廃仏で破壊された赤山法花院を目の当たりにする。それでも当地の在唐新羅人を管掌する張詠を頼り、なんとか帰国の目途がついたと思ったら、今度は、帰国船竣工直後、張詠を讒言《ざんげん》する者が出て、渡海に必要な行政手続きの不備を理由に、この船も出航できなくなった。在唐新羅人たちは、宝高というカリスマも、赤山法花院という精神的支柱も失い、鉄壁を誇ったそのネットワークは見る影もないありさまであった。

結局円仁は、八四七年（大中元）、新羅人の金珍《きんちん》・欽良暉《きんりようき》や唐人の江長《こうちよう》らが操る江南の「蘇州船」が山東半島に立ち寄ったところで、ようやく帰国船を得ることができたのである。この船は、蘇州の松江口《しようこう》から出航したもので、蘇州管内から呉淞江《ごしようこう》沿いに長江へ出て、そこから大海へ漕ぎ出したものだろう。「金珍船」とか「新羅商船」とも記されていて、在唐新羅人金珍を中心とした唐人と新羅人合同の商船であったことがわかる。

ところがこの新羅商船は、新羅西南海域のかつての宝高の拠点近くを通過するコースをとったため、円仁はその海域で恐怖におそわれる体験をすることとなった。『行記』の大中元年（八四七）九月八日条は次のようにある。

　悪い情報を聞き、とても驚き恐れたが、風がなく出発できない。船員たちは鏡などを海中に投下し、神を祭って風を求めた。僧らは香を焼き、この島の土地神と大人小人神などのために読経し、皆ともに本国に到着できることを祈願した。

円仁はこの「悪い情報」がなんであったかを記していない。しかし、宝高によって秩序の与えられていた海域が、宝高亡き後、きわめて危険な海域に変貌していた緊張が、この文章からも伝わってくる。

2　江南海商の対日交易

八四七年の明州船

『行記』によれば、円仁の帰国と同じ八四七年、明州からも別の船が大洋路を通って日本へ向かっている。前述の入唐交易使春日宅成・大神巳井らの雇った、江南唐商張友信《ちょうゆうしん》の船である。新羅商船で入唐した宅成・巳井らは、当初、帰国船も楚州の劉慎言を頼るつもりだった。しかし、在唐新羅人社会の混乱を目の当たりにし、円仁が帰国船として使う「蘇州船」と契約を結ぶ。ところが、これも危険な新羅西岸を通過することになったから、おそらくそれを嫌って、新たに明州の張友信船と契約を結びなおしたのだろう。

この友信の船を、日本王権はきわめて重要な商船として迎え入れた。王権の命令で唐物を直接買い付けた日本官人を、唐から無事運んできたからである。しかも友信船には、ほかにも日本王権が注目する人物が乗っていた。唐僧義空《ぎくう》である。義空は杭州塩官《えんかん》の高僧斉安《さいあん》禅師の弟子で、彼を友信船で日本に導いたのはあの恵蕚であった。恵蕚は、八四二年に李隣徳船で帰国したあと、再び唐へ渡り、今度は義空を連れてこの船に乗り込んだのである。

禅といえば、日本では中世以降というイメージが強い。しかし実は、禅は八世紀以前から日本にも断片的に伝わっていた。その本格的な導入を構想した太皇太后の橘嘉智子は、入唐する恵蕚に、高名な斉安禅師の招聘も命じていたのである。恵蕚が斉安のもとを訪ねたのは、彼が最初に渡唐した八四一年。五臺山巡礼の後である。しかし老齢で体調がすぐれず、日本へ赴くのは厳しいと判断した斉安は、弟子の義空を紹介した。ただし、義空訪日の準備はすぐには整わなかった。前述のように、翌年の春頃、恵蕚は明州から李隣徳船で帰国したが、これに義空は乗船しなかったのである。同年二月、斉安は亡くなった。義空がこの時日本へ向かわなかったのは、師斉安の死ともかかわっているかもしれない。

こうして八四四年初頭頃、あらためて渡唐した恵蕚は、八四七年、義空をともない張友信船に乗り込み、ようやく太皇太后の期待に応えた。会昌の廃仏で唐では迫害を受けていた義空は、来日すると、勅によって東寺西院に迎えられ、仁明天皇からも厚いねぎらいを受けたという（『元亨釈書《げんこうしゃくしょ》』）。

日本王権は、入唐交易使や唐の禅師を見事に運んだ張友信ら江南唐商への信頼と期待を、この時一気に高めたとみられる。実際、これをきっかけに、友信は日本王権との関係を深めていく。造船技術などにも通じていた友信は、その後、大宰府の大唐通事に就任し、唐商と大宰府の間の交易関連実務にあたるなど、日唐交易の中核的存在へと成長していった。

唐商徐兄弟と日本僧恵蕚

この張友信船を契機に、ほかにも日本との交易関係を深めた江南唐商がいた。徐公直《じょこうちょく》・徐公祐《こうゆう》の兄弟である。その経緯については、徐兄弟や唐僧が日本に渡った義空に宛てた「唐人書簡」（『高野雑筆集《こうやざつぴつしゅう》』下巻所収）や、恵蕚自身が八四四年に蘇州（江蘇省蘇州市）で書写した『白氏文集《はくしもんじゅう》』の巻末に記した識語《しきご》などから、ある程度うかがい知ることができる。

それによると、再渡唐した恵蕚には、義空招聘以外に、日本王権から託されたもう一つ重要な任務があった。日本で集めた供養料を五臺山にもたらし、「日本国院」を建造するという計画である。このために、おそらく八四四年初頭頃明州に到着した恵蕚は、そこから北の五臺山を目指した。ところが会昌の廃仏政策の影響で、長江の手前の蘇州で足止めされてしまう。タイミングの悪いことに、ちょうどこの頃唐朝が、五臺山を含む著名な霊境に供養料を運ぶ者の往来を禁止する命令を出していた（『行記』）。しかも長江北岸一帯を治める淮南節度使に、廃仏政策を強く支持する李紳《りしん》という人物がつき、取り締まりを強化していた。このため恵蕚には、長江を渡り五臺山に向かう許可が下りなかったのである。結局恵蕚は、この蘇州で僧の身分を隠し、居士空無《こじくうむ》と名乗って義空招聘の準備をすすめる。

ただおそらく、恵蕚には思わぬ長期滞在となった蘇州も、決して居心地の悪い場所ではなかったはずだ。恵蕚が宿とした蘇州南禅寺には、中唐の詩人白居易《はくきょい》（白楽天《はくらくてん》）の著名な『白氏文集』が収められていた。「唐風文化」真っ盛りの日本では、この白居易の詩・文章への関心も高い。八三八年（承和五）には、大宰少弐《しょうに》の藤原岳守《ふじわらのおかもり》が、官司先買のために来航唐商の貨物を検査中、偶然「元白詩筆《げんぱくしひつ》」（元稹《げんじん》と白居易の詩・文章）を発見すると、これに喜んだ天皇は岳守に従五位上を授けたほどである（『文徳天皇実録』）。しかし、そこに収録された白居易の詩文も実は中途半端なものだった。ところが蘇州南禅寺が厳重に保管する『白氏文集』は、白居易の近親者と白居易自身が選定した唐の三寺だけしか持ちえない、とても貴重なものだったのである。これを恵萼は、僧の身分を隠した外国僧だったにもかかわらず、さまざまな人たちの協力で書写する機会に恵まれた。江南地域には、武宗の廃仏に批判的で、弾圧される僧侶に同情的な立場をとる人々が多く、当時の蘇州刺史楊漢公《ようかんこう》も、そうした地方役人の一人であった。そしてなんといっても江南には、排斥される諸寺院と関係を結び、それらを裏から支える商人たちがいた。そのなかに徐兄弟がいたのである。

兄の公直は、「婺州衙前散将《ぶしゅうがぜんさんしょう》」「蘇州衙前散将」「衙前同十将」などの肩書きをもっていた。「同十将」が、交易に従事する在唐新羅人の指導者も冠した節度使配下の武将の肩書きであることはすでにみた。「衙前散将」もこれと同様、節度使の意向を受けた商人たちに与えられる肩書きである（石井正敏）。つまり公直は、婺州（浙江省金華市）や蘇州を拠点に、節度使と結びついて交易に従事する、代表的な江南唐商の一人だったのである。一方、弟の公祐は、兄のもとで実際に各地を飛びまわり交易を行っていた。公祐の拠点もやはり蘇州にあり、そこに田宅も所有していた。恵萼は、その徐兄弟が拠点とした蘇州に長く足止めされたことで、彼らとの親交を深めたとみられ、徐兄弟も恵萼の義空招聘を支援するようになっていった。

そして義空もちょうどこの頃、蘇州の崑山《こんざん》に移っている。八四五年、師である斉安の安国寺も廃寺処分とされ（『武林梵志』巻六）、唐仏教界の未来を憂いつつ、義空はいよいよ日本での布教活動の意志を固めたのである。こうして公祐は、恵蕚と義空を連れて蘇州から明州に向かい、八四七年、彼らと張友信船に乗って日本へ向かった。

これをきっかけにして、徐兄弟も張友信同様、日本からの大きな信頼を得ることに成功した。公祐は以後、日唐を往還する海商として鴻臚館を利用する常連となった。八五三年に入唐した円珍《えんちん》も、徐兄弟の世話を受けながら在唐活動を行った。蘇州では公直宅に身を寄せ、徐兄弟との親交を深めて、帰国後も公直から信物・書簡などを得ている（佐伯有清）。

このように、節度使とも結びつきながら、日本人・日本僧の在唐活動支援を積極的に行い、対日交易を発展させていった江南唐商の姿は、かつての楚州の在唐新羅人劉慎言の姿と重なる。新羅系交易者のネットワークが機能不全に陥ると、劉慎言らの役割を、徐兄弟ら江南唐商が引き継いでいったことがわかる。

江南地域で結びあう東アジア

ところで、あまりはっきりとした史料的根拠はないのだが、蘇州において徐兄弟と恵蕚の間を最初にとりもったのは、早くから江南で恵蕚を支援してきた在唐新羅商人の李隣徳ではなかったかと思う。隣徳は恵蕚の義空招聘に当初からかかわっていたが、恵蕚が蘇州を拠点とすると、徐兄弟もこの招聘活動の協力者に加わったからである。義空招聘に関し、交易者のネットワークを通じた隣徳からの支援要請に、徐兄弟が応えたのではなかろうか。

実際、対日交易における在唐新羅商人と唐商人の連携プレーはこれ以前からあった。たとえばすでにみたように、揚州滞在中の円仁を訪問した在唐新羅商人の王請は、唐商とともに揚州から日本へ向かい、八一九年に出羽国に漂着した経験をもつ。『日本紀略』にも、同年、唐江南の越州商人が「新羅人船」で来日したという記録があるから、王請は揚州で江南越州の唐商と合流し、そこから船で日本へ向かったのだろう。円仁の帰国船である八四七年の蘇州船も、在唐新羅商人金珍を中心とした唐人と新羅人合同の商船であった。

ただし、八一九年の王請船と八四七年の金珍船が、同じく唐人と共同運航の「新羅人船」であったといっても、両者の間には一つの大きな違いがある。王請船は、新羅系の交易者たちが従来から交易活動の中核としていた長江北岸の揚州からの出航であった。しかし金珍船は、長江を南に越えた江南蘇州からの出航である。実は、史料から在唐新羅商人たちの江南における交易活動を探すと、八四二年に恵蕚を運んだ李隣徳船以前、在唐新羅人が江南を拠点に交易活動を行ったことを確認できる史料がない。けれども隣徳船以降は、金珍船のように江南を拠点に交易活動に従事する在唐新羅人たちが散見されるようになる。たとえば、金珍とともに円仁を日本に送り届けた在唐新羅人の欽良暉は、八五三年、唐商らとともに円珍の入唐も支援し、江南の台州《だいしゅう》に入港した。五年後、円珍はその台州から唐商船で帰国するのだが、その船には「新羅商人」の王超《おうちょう》が乗船していた（『平安遺文』一）。

こうしたことから、もともと揚州から山東半島沿岸部にあった在唐新羅人たちの拠点が、江南地域にまで本格的に広がったのは、八四〇年代以降とみて間違いないだろう。それより以前、新羅商人の唐商人との接点は、王請が円仁に語ったように、主に国際経済都市揚州に置かれていたとみられる。では、彼らが八四〇年代から江南地域の拠点化を積極的に進めた理由はなんであったのか。これこそ、張宝高の暗殺や会昌の廃仏によって引き起こされた、長江以北の在唐新羅人ネットワークの崩壊と、黄海海域の交易者たちの対立である。

実際、宝高の死後、黄海海域の航行を意図的に避けたことのわかる新羅商船は隣徳船だけではない。たとえば、劉慎言らが日本に送った新羅商船が八四五年（会昌五）に楚州へ戻る際は、いったん長江河口部南岸の常州《じょうしゅう》に着くと、わざわざ船を売り、唐船を雇って、荷を積み替えて楚州まで向かっている（『行記』）。危険な黄海海域を極力避けて直接唐土にいたる航路をとったため、目的地の楚州を飛び越えて長江南岸に着岸せざるをえなかったとみられる。このように、唐の新羅商人たちは、発着拠点となる港を長江の南へ移すことが不可避な状況となっていた。そして江南地域には、それを引き受ける環境が整っていたのである。

江南は、この少し前から経済成長に沸き立っていた。八世紀半ば以降、農業や商工業が発展し、北方からの移動者などで人口も増加傾向にあったのである。しかも、砂州の広がりで八世紀後半より徐々に舟運に支障が出はじめた揚州を尻目に、新たな経済発展区として注目されるようになった江南には、明州、台州、温州《おんしゅう》など、自然の良港がそなわっていた。こうして急速に成長した江南唐商は、徐兄弟がそうであったように、会昌の廃仏で唐朝の標的とされた諸寺院との関係を深め、それを密かに支援するようになる。そして江南唐商らは、揚州などで交易関係のあった仏教信仰の篤い在唐新羅商人たちの江南移動も歓迎した。こうして、江南発の唐人・新羅人の混合商船が多くみられるようになったのである。

しかもこの在唐新羅人の南下が、在唐新羅人を頼る入唐日本人たちの南下を促す。楚州の劉慎言を頼りとした春日宅成や大神巳井、恵蕚らが、江南の唐商との関係を深めたように、江南唐商らは南下する在唐新羅人らを受け入れることで、彼らのもつ対日ネットワークも取り込んだのである。こうして劉慎言らの役割も、徐兄弟ら江南唐商へと引き継がれた。江南地域に、東アジア海域の複合的な交易ネットワークの新たな拠点が登場したのである。一方、彼ら江南海商を張宝高後の国際交流の担い手として期待する日本も、唐朝の公的なチェックと許可を受けた唐人・新羅人混合の船を唐の商船として鴻臚館に招き入れた。

江南海商の交易品

では、こうして東アジア海域の交易の主役に躍り出た江南の海商たちは、日本にどのような交易品をもたらしていたのだろうか。

中国からの海商が日本にもたらした交易品を知るうえでよく参照される史料に、一一世紀に著された『新猿楽記《しんさるがくき》』がある。このなかに「商人主領」の八郎真人《はちろうのまひと》という商人のモデル的な人物が描かれていて、彼の取り扱った唐物が列記されている。それらは、沈香《じんこう》・麝香《じゃこう》など主に南海交易で入手される香料、綾《あや》・錦《にしき》・羅《ら》などの繊維製品、豹《ひょう》皮・虎皮・犀《さい》の角といった希少動物の皮革や角、高級な漢方薬、貴重な木や竹、染料や顔料、陶磁器、ガラス製品など、唐内外から集められた奢侈品《しゃし》ばかりである。『新猿楽記』には記されていないが、このほか、漢籍なども輸入されていた。ただしこれらのなかには、すでに八世紀の遣唐使や新羅使が日本にもたらしていたものが少なくない。海商らは、かつての国家使節が担ってきた役割を引き継ぎ、日本支配層の需要に必死に応えようとしていたのである。

対日交易を本格化させた唐商の九世紀半ば当時のそうした様子は、「唐人書簡」からも垣間見ることができる。そこに登場する物品は、いずれも徐兄弟や唐僧と日本にある義空との間の贈答品で、このうち徐兄弟が義空に贈った物品には以下のようなものがあった。

陶磁器類：白茶垸《ちゃわん》、越垸子、青瓶子《へいし》
飲食品類：沙糖、蜜《みつ》、茶
香　関　連：香、百和香《はくわごう》、銭香毬《せんこうきゅう》
繊　維　類：綾、越綾、渇衣服
そ　の　他：席、靸鞋《そうあい》、銅匙筯《しちょ》、幡子

右のうち、陶磁器類の「白茶垸」は白磁の茶碗、「青瓶子」は青磁の瓶《びん》、「越垸子」は越州窯《えつしゅうよう》の、おそらくは青磁碗であろう。これらは、同時期の大宰府鴻臚館跡の出土品などとも一致する。また書簡には綾や香がみえるが、これらは八郎真人が扱った「唐物」のなかの綾や香木類と対応する。しかも書簡によれば、徐公祐が日本にもたらす義空への贈与品も、大宰府によって鴻臚館の倉庫にいったん収納され、官司の先買対象品とされている。書簡の贈与品には、当時の江南海商の交易品が反映されているとみてまず間違いない。

その特徴としてまずあげられるのは、徐兄弟が本拠とした江南地域産のものが多く含まれていることである。書簡によると、「席」（ござ）や「鞦鞋」（草履《ぞうり》）、「沙糖」「蜜」などは、徐公直が拠点の一つとした婺州の産品と明記されている。実際、席や砂糖（沙糖）は江南の特産品として知られていた。一方、陶磁器類の「越垸子」や繊維類の「越綾」は、いずれも越州（浙江省紹興市《しょうこう》）の地域名を冠し、杭州湾南岸地域産であったことがわかる。青磁で著名な越州窯のはじまりは後漢《ごかん》時代にさかのぼるが、その最盛期は晩唐期である。また江南地域は、唐代絹製品の重要な生産地の一つでもあり、なかでも越州が生産量や技術の面においてその中核を占めていた。唐前期、蚕桑・絹帛《けんぱく》生産は河南道や河北道にあったが、唐後半からはこれが江南地域へ拡大し、越州はその名産地の一つとなったのである。このように徐兄弟は、当時の江南地域、なかでも越州の代表的な名産品である青磁や綾を日本にもたらしていた。

また、「茶」や「銅匙筯」（銅製の匙《さじ》と箸《はし》）も江南地域で生産されており、とくに茶は、徐兄弟の時代、江南地域で活発に生産と売買が行われていた。そもそも、唐代は磁器、銅製の匙や箸を茶器としても用いていたから、徐兄弟によって茶、磁器、銅匙筯が運ばれた事実は、当該期の日本に、江南地域から茶文化が移入されていたことを示すものである。

しかし、公祐が唐から運んだ物品には江南地域産とすることができないものもある。たとえば、公祐は義空によく「白茶垸」を贈っていたが、徐兄弟が本拠とした杭州湾岸地域で生産された磁器は基本的に青磁であって白磁ではない。一方、揚州では邢窯《けいよう》・定窯《ていよう》産を中心とする大量の白磁片が出土しているから、おそらくこれらは揚州あたりで入手されたものだろう。というのは、書簡によれば公直が、揚州を治所とする当時の淮南節度使の崔鄲《さいたん》とも交流をもっていたことがわかるからである。

一方、彼らの扱っていた香類の多くは、南海交易によって唐にもたらされたものとみるべきで、広州を経由して入手されたものだろう。とくに公祐が義空に贈った百和香は、数多くの珍しい香を粉末にして合わせ練り固めたものである。日本では九世紀後半以降、支配層の間に練り香の薫物合《たきものあわせ》が広がり、これが支配層の社会関係の形成に大きな影響を与えたが（皆川雅樹）、公祐ら唐海商がもたらす香は、まさにこうして日本で開花しようとする新たな香の文化に影響を与えていたとみられる。

このように、江南を拠点とした徐兄弟は、地元の名産品に加え、その北方、南方産の品々も手に入れて日本との交易を行っていた。華北、南海にまでつらなる流通網をもち、江南地域から対日交易に乗り出す中国海商の原形は、まさにこの時期に成立したのである。

3　唐滅亡と日本の交易管理の行方

唐の衰滅と江南地域と日本

徐兄弟の活躍から半世紀の後、承和の遣唐使からは六〇年の歳月が過ぎた八九四年（寛平《かんぴょう》六）、日本では久しぶりに遣唐使の派遣が計画された。しかしこの遣唐使は、唐帝の寵愛《ちょうあい》を受け江南で権勢をふるっていた温州刺史朱褒《しゅほう》の日本通行の意志を、在唐中の日本僧中瓘《ちゅうかん》が書簡を通じて日本に仲介したことをきっかけに計画されたものである。要するに、唐からの働きかけに宇多《うだ》天皇が呼応したもので、最初に日本側の主体的な動きがあったわけではない。唐の国際政治上のパワーの減退と、海商船の活況による人と文物の往来は、朝貢使としての遣唐使派遣の意義を大きく後退させていた。結局、寛平の遣唐使計画は、唐の衰退などを理由に再考を促す遣唐大使菅原道真《すがわらのみちざね》の建議などもあって、うやむやになっていく。

確かにこの頃、唐の凋落は挽回しようのない状態にあった。八七五年から八八四年まで続いた黄巣《こうそう》の乱という中国を覆う民衆反乱によって、唐朝の権威は完全に失墜していたからである。そしてとうとう九〇七年、唐は滅亡する。それから九七九年の宋による再統一まで、中国は五代十国の興亡の時代に突入していった。

この唐衰滅の混乱は周辺諸国にも波及する。朝鮮半島では、九〇〇年に西部で甄萱《けんけん》の後百済《ごくだら》が興る。甄萱は新羅に反旗を翻す前、新羅西南海の防戍《ぼうじゅ》に赴き功をあげた人物で（『三国史記《さんごくしき》』甄萱伝）、後百済の登場は、この海域に新たな秩序を与えることになったであろう。続いてその北部でも、新羅王族の血を引きながら新羅に離反した弓裔《きゅうえい》が、九〇一年に後高句麗《ごこうくり》を建国する。こうして朝鮮半島は、衰弱した新羅と、後百済、後高句麗の三国鼎立《ていりつ》時代を迎えた。その後、後高句麗は九一八年に王建《おうけん》の高麗《こうらい》にとって代わられ、九三〇年代には高麗が他の二国を滅ぼした。九二六年、渤海も九一六年に興った契丹《きったん》国（遼《りょう》）によって滅亡する。

こうして登場した新興国のいくつかは、日本に相次いで国交を申し入れるが、国際社会の混乱が国内へ波及することを警戒した日本は、これら諸国との正式な国交を拒み続ける。この間、高麗と後百済の攻防が朝鮮半島西海岸地域で繰り広げられるなど、東アジアの政治的混乱と紛争は、東アジア海域世界を不安定にさせる要素を多分に含み込んでいた。

けれども、この一〇世紀の東アジアの動乱期でも、江南からの商船の来航は比較的頻繁であった。当時、江南沿岸部を実質的に支配したのが呉越国《ごえつこく》である。建国者の銭鏐《せんりゅう》は、銭塘江《せんとうこう》河口部の杭州を首都とし、ここを東シナ海交易圏と南シナ海交易圏を結ぶ新たな港湾都市として整備した。また明州や台州などの主要な国際交易港も支配し、海上交通を利用し東アジア諸国とさかんに通行を行い、東アジア海域の秩序に積極的にかかわろうとした（山崎覚士）。動乱期の東アジア海域の民間交易者たちに、大きな秩序の崩壊がおこらなかったのは、この呉越国の役割も大きかったであろう。呉越国は日本へも、九三六年以来、呉越商人を介し数度通交を求めている。これに対し日本は、呉越王を中国皇帝の臣下とみなし、これに天皇ではなく大臣が対応する姿勢を貫きつつ、交易関係を維持した（石上英一）。

この日本と呉越国との交流のなかでも、とくに典籍を介した交流は、モノを介した相互交流を示す事例として著名である。当時の中国仏教界は、武宗の会昌の廃仏や唐末の混乱の爪痕がまだ痛々しく、呉越国の領内となった聖地天台山でも天台経籍の焼失・散逸が深刻であった。これを憂えた呉越王は、仏典が海外に伝わっていることを海商から知らされると、日本と高麗へ呉越商人を使者として派遣した。日本では、求めに応じた延暦寺座主《ざす》延昌《えんしょう》が天台経籍を書写し、呉越の帰船に僧日延《にちえん》を乗せて、九五三年に呉越へ派遣する。その使命を果たした日延は、新たに新暦や多くの典籍を請来し帰国したのである。

それは、中国天台山で学んだ最澄《さいちょう》ら、遣唐使時代の日中交流の成果を基礎とした相互交流であった。けれども、その交流が江南海商の情報と船に支えられて実現したように、遣唐使後に深められた日本と江南地域との交易関係がなければ、成立しえないものでもあった。日本と呉越国との交流には、九世紀中葉以来の江南地域と日本との関係が継承されているのである。その後、呉越国は、九六〇年建国の宋に吸収されて九七八年に消滅するが、それまでに深めた日中の絆《きずな》は、基本的に宋代になっても次世代に引き継がれていくこととなる。

唐物使の行方

一方、目を日本国内に転じると、唐、新羅、渤海王権の崩壊を横目に、列島中央ではむしろ天皇制の安定化が積極的にはかられていた。日本の政界では八五八年（天安二）に幼帝として即位した清和《せいわ》天皇以後、藤原良房《よしふさ》・基経《もとつね》らによって九世紀後半は摂関政治が始動し、安定した皇位継承への道筋が整えられていく（今正秀）。また、八九一年に基経が没して以後も、蔵人《くろうど》制を拡充するなど天皇の近臣の整備をすすめた宇多天皇や、後世「延喜《えんぎ》・天暦《てんりゃく》の治」と称された醍醐《だいご》・村上天皇の政治など、政治改革に熱心な天皇が、政界を引っ張った。

またこの頃から、日本では、政治と文化の両面で唐の絶対的規範性も揺らぐこととなった（佐藤全敏）。唐の衰滅は、それまで目指されるべき絶対的モデルだった唐＝カラの世界を大きく相対化させたとみられる。ただし、いわゆる「国風文化」は唐風文化の深い理解のうえに成り立っていたし、「仮名」も「真名」である漢字に対するものとしてあった。つまり、この頃から前面に出る「和風」「和様」も、権威ある「唐風」「唐様」との対置関係のなかで認識されたものである。だから、一〇世紀以後も支配層は唐物や「唐」を権威の象徴とみなし、中国の実態とは別に、理想化して求め続けた。しかも、いくら皇位継承が安定化したといっても、立坊をめぐる貴族間のつばぜり合いなど、政界対立の種はいつも転がっていた。そうした場で、政治力・文化力を示す唐物は、相変わらず憧憬の的であり続けたのである。

しかしそれでも、唐物の獲得競争が、皇位継承をめぐる争いを盛り上げた九世紀半ば頃のような緊迫した状況は、しだいに回避されるようになっていったであろう。この間、大宰府の管内諸国司に対する人事や財政への影響も強められている。にもかかわらず、この一〇世紀、官司先買の徹底をはかる唐物使《からもののつかい》はむしろ派遣が一般化していく。その背景には、渡邊誠が指摘する、唐物使登場以降、官司先買の代価が、大宰府管理の真綿から徐々に蔵人所の管理する金に切り替わっていったことが影響しているだろう。

すなわち、九世紀後半の西海道《さいかいどう》では、大宰府が管内諸国から税として集める真綿の質が著しく低下し、これを交易代価とすることが難しくなっていった。その西海道の真綿にかわって注目されたのが、蔵人所の管理する陸奥《むつ》国産の金である。このため一〇世紀には、決済手続きの面からも蔵人による関与の継続が求められるようになったとみられている。

ところが一〇世紀末、陸奥国からの貢金が停滞するようになると、交易の決済が大宰府の官物へと移っていく。これ以降の史料には「返金代米」「返金米」といった米換算による決済がみられるようになる。そうなると、一一世紀前半で唐物使の役割は恒常的に大宰府に委任されるようになり、唐物使もみえなくなっていく。

唐物価格の上昇に苦しむ

それにしても、税として集められる西海道の真綿の質が悪化したというのは、皇位継承が安定する一方で、地域社会は変質し、律令国家の中央集権的な支配体制のほころびが拡大していた証拠でもある。これは、大宰府管内だけの問題ではなかった。

律令税制を支えていた戸籍制は、九世紀前半には行き詰まりをみせていたが、九世紀後半以降、中央で天皇制が超然と君臨するようになるのと裏腹に、地方では徴税を逃れる人々や、国司や郡司の横領によって、税の未納や粗悪化がさらに深刻化していた。また、各地に下向し在地化した中下級貴族や地元の有力者のなかに、地域の人々を動員し土地を経営するなどして、私的に巨富を蓄える富豪《ふごう》層が急速に台頭していた。国家が中央集権的に集めた税を支配層と支配組織に分配する律令制のシステムは機能不全に陥ったのである。

そうなると、王臣家《おうしんけ》のみならず、院宮《いんぐう》と呼ばれた太上天皇や皇太子、三后（皇后・皇太后・太皇太后）など皇族中枢、さらには天皇の家政機構までも、自立的な経済基盤の強化をはかるため、地方へ直接進出して富豪層や国司ら在地諸勢力と結びつき、土地経営に乗り出す動きが加速する。一方、中央政府もこうした動きに対応し、地方行政に直接関与することを控え、国司たちのなかでも最上席の者に徴税や検察を全面的に任せるようになっていく。こうして権限が強化され国務運営全般を任されるようになった国司のトップを受領《ずりょう》と呼ぶ。自立的で強い権限をもった受領は、いわばトップダウン型の運営で国府組織を使いこなし、郡司たちをも支配下に組み込んで、地域経営を有利に運ぶと、徴税の任を果たし、その裏で蓄財も行った。そして中央は、徴税や検察をうまくこなす受領に、上位の位階や、次の有利な官職を用意し、彼らの独自の地域活動を支援し、これを国家に取り込むようになっていった。精緻な官僚システムに支えられた律令国家の中央集権的な運営体系は、いわば分割民営化され、地方分権化されていったのである。この流れのなかで、西海道では、大宰府のトップにある官長も府官らを手足として使い、管内諸国の土地を求める、いわば受領化が進行する。

こうしたなか、九〇二年（延喜二）、中央政府は諸国司に対し、律令体制再建をめざした一連の太政官符《だいじょうかんぷ》を下している。その内容は、国司に原則的な国務を守らせ、財政の健全化をはかる国司統制策であると同時に、院宮王臣家に対して「不法」活動の抑止と、富豪層や国司らとの結託の切断を意図するものであった（吉川真司）。

そして、翌九〇三年（延喜三）八月、この流れを受け継ぎ、国際交易についても院宮王臣家の「不法」活動を糾弾し、関係官司に律令の遵守を命じる太政官符が出された。「唐人商船」が来着すると、院宮王臣家が唐物使の到来前に私的に使者を派遣して唐物を買い争い、また大宰府近傍の富豪層が高値で貿易するため、貨物の値段が上昇しているとして、これが関や大宰府の役人らの責任であると指摘し、官司先買の徹底とその違反者への罰則を定めた律令をしっかり遵守するよう強く求めたのである（『三代格』）。官司先買では、交易のための物価が官司と「蕃人」との間で定められることになっていたとみられるから、官司先買前に勝手に高値で取引されては、日本国家の海商との価格交渉でも値がつり上がってしまう。中央政府はこのことを問題としたのである。

ただ、日本が八三一年（天長八）に海商との管理交易体制を整備した際も、「愚闇《ぐあん》の人民」が競い合うように高値で交易品を購入している風潮を諌《いさ》め、官司先買後の公定価格による民間交易の徹底を命じているから、この点は海商との間に先買体制を整えた当初からの留意事項であった。けれども、王臣家や富豪層の私交易がもたらす取引価格上昇の問題は、九世紀末から一〇世紀初頭、あらためて強く認識されるようになったとみられる。八八五年（仁和元）一〇月、中央政府は「大唐商賈人」の来着を受け、「王臣家の使および管内の吏民」が私的に高値で交易品を競い買うことを禁じる命令をあらためて出した。先の九〇三年の太政官符は、これと同趣旨のもので、しかもそのわずか一八年後に出されたものである。こうした背景には、この時代が、院宮王臣家や富豪層の地域活動真っ盛りの時代だったことに加え、蔵人所を介した内廷の経済的基盤の確立期で（玉井力）、さらに蔵人所の金を用いた唐物使派遣の確立期にもあたっていたことがあるだろう。律令税制も行き詰まるなか、王権がこれまで以上に取引価格の上昇に関心を向けるのは当然だったといえる。

年紀制の制定

ただし九〇三年の太政官符は、遵法をあらためていうものの、具体的な対応策としてはやや心許ない。しかしその後、九一一年（延喜一一）、新たな対応策としての具体的な内容をそなえた制度が動き出す。年紀《ねんき》制である。

それは、『小右記《しょうゆうき》』『師記《そちき》』などの平安貴族が記した古記録類にみえるもので、同一商人の来航に一定年限をあけるよう定め、この年紀制に違反すれば中央で審議のうえ、原則帰国（廻却）させられるというものである。その年限は「十余年」とされたが、これは交易を主目的に頻繁に来航するようになった渤海使に対し、八二四年（天長元）に一紀（一二年）間隔での来航を取り決めた例を踏襲したものとみられる（森公章）。なお、渤海使との取り決めに際し、日本側は「小の大に事え、上の下を待つは、年期・礼数限り無かるべからず」と述べ、礼儀・秩序の守られるべき上下関係では当然の措置としていた（『三代格』）。こうした年限設定は、唐が日本に対し「二十年一来の朝貢」としたこととも通じ、つまりは朝貢国を自国の国際秩序に組み込むという、中華的な論理に基づく（河内春人）。したがっておそらく、「化来」者として扱われ、日本の中華に取り込まれた海商の年紀制でも、同様の理由・論理が掲げられたであろう。

ただ、頻繁な交易を求める渤海使に対し、その間隔を大きく設定した日本側の本音は、すでに指摘もあるように、中華国の体面を保ちながらの交易が、安置・接待費用や貿易額の面で負担となっていたからだとみられる。八二六年（天長三）三月、時の右大臣藤原緒嗣《おつぐ》は、年限を守らず来日した渤海使の実態が「商旅」であるとしながら、これを「隣客《りんきやく》」として遇することの人的・経済的負担を問題視している（『類聚国史《るいじゆこくし》』）。したがって、来航（安置）時から次の来航（安置）時までの期間として設定されたとみられる海商への年紀制にも、海商の来航頻度をおさえて朝廷の財政負担を軽減する意図があった可能性は高い（渡邊誠）。それは、財政的観点をもつ延喜年間の法令としてもふさわしい。

年紀制下の海商

さらにこの法令にはもう一つ、注目すべき点がある。これが同一商人に対する来航制限だったことである。

もともと日本に来航する海商は、特定の人物に偏る傾向があるが、それは張友信や徐公祐がそうであったように、日本の官人や僧侶のさまざまな要望に応え、信頼関係を築いた者のほうが、対日交易をスムーズに運べるからである。これまでみてきたように、新羅商人たちも北部九州の官人層との関係を築き、彼らと信用取引を行うなどして、対日交易を活発化させた。つまり海商たちは、ただ漠然と日本の需要をとらえて交易品を取りそろえていたのではなく、個別の要望も聞きながら、交易品を日本にもたらしていたのである。このように、交易関係には、法や制度にはあらわれない、特定の人間関係が埋め込まれていた。頻繁に来航する海商と院宮王臣家や富豪層の間にも、当然、信頼関係が形成されていたであろう。そして、新羅系交易者の珍賓長《ちんぴんちょう》が有明地域の郡司層と個別に関係を深めたように、この人間関係が国家の監視をすりぬけるラインの一つともなっていたとみられる。同一海商の頻繁な来航を制限する年紀制には、こうした人間関係を基礎とする私的な交易関係の拡大・深化に楔《くさび》を打ち込もうという狙いもあっただろう。これも、院宮王臣家や富豪層に対する「不法」活動の抑止という、延喜年間の政策方針と通ずる具体策の一つといえる。一方、政府のほうは、唐物使による交易に際し、購入時に「唐人売買物請文」を作成して後日の保証としたり、代価支払い後は商客の受領証を政府に提出させたりするなど、人的関係の遮断があっても取引の信頼性を補完するシステムを築いていた。

ただ年紀制はあくまで原則で、居留する親族との面会や「帰化」「朝貢」を口実に、条件を満たさなくても安置が認められる場合も少なくなかった。また年紀違反でも、贈答形式などを用いた実質的な交易は行われていただろう。さらに、規定年数が近づくまでそのまま日本に居留し、さまざまな関係を結ぼうとする海商も登場する（渡邊誠）。

例えば、一一世紀前半に日中を何度も往還した宋海商の周文裔《しゅうぶんえい》は、一〇一二年（長和元）、一〇二〇年（寛仁四）、一〇二八年（長元元）の日本来航が古記録などから確認できる。これらはいずれも年紀違反とされたが、「徳化参来」を訴えるなどして、結局、一〇二八年以外は安置が認められた。安置された文裔は五―六年ほど日本に滞在すると、さまざまな営業活動を行う。しかも興味深いのは、この文裔を父とし、文裔の交易活動に従って日中間を往来するようになった周良史《しゅうりょうし》が、日本人を母としていたことである（『左経記《さけいき》』）。文裔は長期の日本滞在のなかで、日本人との婚姻関係まで結んだのである。さらに近年、息子の良史についても、中国史料から新たな事実が浮かび上がってきた。良史は明州の名族施《し》氏と婚姻関係を結び、明州での基盤を固めながら、妻子をすてて日本に居を移すことを決意し、日本中央貴族との関係を深めていったらしい（山崎覚士）。このように年紀制下においても宋海商は、婚姻関係なども利用し、日中双方に拠点を形成して交易ネットワークを広げていった。

Ⅶ　交易がつなぐ人と地域

1　交易港と交易港の間

大洋路と船

さて、八四二年に恵蕚《えがく》を運んだ李隣徳《りりんとく》船以降、大洋路《たいようろ》を使い、明州《めいしゅう》海域と九州を直接往還する商船は増加していた。大洋路は、七〇二年の大宝以後の遣唐使船が主に用いた南路、すなわち、博多《はかた》湾から五島列島を経て長江河口部付近に着岸する航路と、多くの部分で重なっている。しかし、中国側の主要港が遣唐使時代の揚州から明州を中心とする江南諸港に移ったので、遣唐使船よりやや南を航行した。

この大洋路は外洋航海が長い分、遭難の危険も高い。九州と中国大陸の間の東シナ海を一気に横断しなければならないからである。このため、日本側では博多湾西側の唐津《からつ》湾岸地域や五島列島、中国側では明州海域の甬江《ようこう》河口部や舟山《しゅうざん》群島が、長旅にそなえる船の準備地として、あるいは最初の寄港地として、海商にとってきわめて重要な場所となった。

遠洋を航行した商船が寄港地で行うのは、まず新鮮な真水の補給である。もちろん可能であれば食料補給なども行った。それから必要ならば傷んだ船の修理も行った。

八四二年（承和《じょうわ》九）、入唐《にっとう》僧恵運《えうん》が乗船した海商李処人《りしょじん》の船は、博多津を出発し肥前国松浦《まつら》郡遠値嘉島《とおちかのしま》那留《なる》浦に移動すると、ここに三ヶ月もとどまり、傷んだ旧船を棄てて、島の「楠《くすの》木《き》」で新船を造船すると、江南の温州《おんしゅう》へ向かった（『安祥寺資財帳《あんしょうじしざいちょう》』）。五島列島の福江島《ふくえじま》を中心とする遠値嘉島は、以前から南路をとる遣唐使船がよく利用し、外洋に出る直前の船が水や食料等を補給できたらしい。そして遠値嘉島の、なかでも奈留《なる》島の那留浦は、島の樟材を用いた造船もできた。『行記』によれば、南路をとり唐へ向かう遣唐使船は、東シナ海を横断中、船に施した鉄板が波の衝撃ですべて脱落している。日本を離れた直後の遣唐使船がたちまちこのありさまだから、往還を繰り返す商船は、東シナ海を横断する直前、船を補修し、時には新造することを頻繁に行っていただろう。

大洋路を横断した九―一〇世紀の商船の構造については、不明な点も多いが、日本史料を参照すると、大体四〇―五〇名前後が乗船できる、新羅《しらぎ》商船とほぼ同規模の中型船が主流であったとみられる。また、著名な敦煌莫高窟《とんこうばっこうくつ》第四五窟に描かれた唐代の壁画には、板材を組み合わせた船体と、布を縫い合わせたような帆をもつ、商船とみられる構造船がみえる（後掲、図Ⅶ-5）。船首では三名の船員が、船の進行方向の海中に長棹を投入している。これは船の座礁を警戒して進路を探る様子をあらわしたものだろう。

出土船としては、やや後世のものとなるが、一九七四年に中国福建省の泉州《せんしゅう》市で発見された一三世紀後半の宋代海船や、韓国木浦《モッポ》沖で発見された一四世紀前半の新安沈船《しんあんちんせん》がよく知られている。これらから、全長約三〇メートル、幅約一〇メートルの外洋船が復元でき、船底は、船首から船尾にかけて龍骨《りゅうこつ》と呼ばれる背骨のような構造材が通り、船体が破損しても浸水を一部でくいとめる水密隔壁《すいみつかくへき》によって部屋がいくつも区切られていた（図Ⅶ-1）。一九七三年に江蘇《こうそ》省如皋《じょこう》県（如皋市）で発見された全長約一八メートルの唐代木船にも水密隔壁はあるが、『行記』の記述からみて、承和の遣唐使船にも水密隔壁は採用されていたとみられる。おそらく九―一〇世紀の中国海商船も、これと類似の構造をもっていたであろう。

図Ⅶ-1　泉州市・宋代海船
（泉州湾古船陳列館・筆者撮影）

真如親王の江南への船旅

商船が大洋路を使うようになった初期、すなわち九世紀半ばの船旅について、『入唐五家伝《にっとうごけでん》』が収録する「頭陀親王入唐略記《ずだしんのうにっとうりゃくき》」（以下「略記」と記す）は、その実態を伝える貴重な史料である。「略記」は、平城《へいぜい》天皇の皇子で八一〇年の政変（薬子《くすこ》の変）で廃太子後出家した真如《しんによ》（高岳《たかおか》）親王が、八六二年（貞観《じょうがん》四）に入唐した際の記録で、親王の入唐に随行し、途中で親王と別れて帰国した伊勢興房《いせのおきふさ》が著したものである。

それによると、八六一年（貞観三）八月、難波《なにわ》から大宰府《だざいふ》鴻臚館《こうろかん》に入った親王は、大宰大弐《だいに》らの手厚い対応に煩いを感じ、九月に壱岐《いき》島へ移動した。ところがそこでも島司らの迎接攻勢を受けて、肥前国の斑島《まだらじま》（佐賀県唐津市馬渡島《まだらじま》）に移ったという。さらに、同国の松浦郡柏島《かしわじま》（唐津市神集島《かしわじま》）に移動した親王は、一〇月、あの江南唐商張友信《ちょうゆうしん》に船一隻の造船を命じる。この頃の友信は、大宰府の大唐通事という肩書きを与えられ、唐海商と大宰府の間に立つ世話人としても活躍していた。大洋路を用いた江南唐商の草分け的存在で、日本王権の信任を得た彼は、日本側から大宰府での公的立場を与えられ、唐商のエージェント的存在となっていたのである。日本が海商のキーパーソンを取り込んで交易の管理をはかるのは、張宝高《ちょうほうこう》の時代から相変わらずである。

翌八六二年（貞観四）五月、船が完成すると、親王は筑前に残る他の同道予定者を乗船させるとともに、唐でチェックされる大宰府発行の渡航証明書を得るため、再び鴻臚館に戻った。優秀な船員の募集も、おそらく肥前滞在中に終わらせただろう。肥前は遣唐使時代から、外洋船の船員の重要な供給源でもあった。こうして同年七月中旬、友信ら唐人三名が柂師《かじし》を務め、恵蕚なども加わる僧俗六〇名の船が鴻臚館を離れて、八月一九日に肥前国遠値嘉島に到着した。ここで、他の船もそうしたように、東シナ海を横断するための最終準備と補給を整えたとみられる。九月三日、遠値嘉島を出港し、途中、順風がやんで激しい波に襲われることもあったが、同月七日、「明州揚扇山《ようせんざん》」に到着したという。ただ「揚扇山」の「扇」は、もともと「翁」とあったのを写本が誤写した可能性が高く、実際は揚翁山《ようおうざん》、つまり舟山群島最大の島、舟山島のことだろう。船は四夜五日で大海を渡りきったのである。

揚扇（翁）山に到着した船は、そこの入り海で碇《いかり》を下ろした。すると海岸で酒を飲んでいた数十人の塩商人との交流がはじまる。まず、船をみて驚き海岸に群がった塩商人らが、張友信に来航の理由をたずねた。友信は、「これは日本国の求法《ぐほう》僧たちです」と答えた。すると遠く東方からの僧の来訪に感嘆した塩商人たちは、船まで使者を差し向けて「梨、柿、甘蔗《かんしゃ》、沙糖、白蜜《しろみつ》、茗茶《めいちゃ》」を献じた。沙糖、蜜、茶などが江南地域の名産品であることはすでにみた。親王はこれに応えて日本の物品を商人に渡したが、彼らは「金銀の類」を返し、「雑物」だけ受け取ると、これらを明州望海鎮《ぼうかいちん》（寧波《ニンポー》市鎮海区）あたりでは見ない「異国の珍物」と感謝した。その後、陸において両者の宴がはじまる。こうして、親王と塩商人らの宴へとつながる交流は、互酬的な交易が埋め込まれるかたちで繰り広げられた。

明州から役人が来て、親王らのチェックを行ったのはその六日後であった。この時、大宰府発行の渡航証明書も確認されたであろう。しかしそれまでの間、親王たちは、海の要衝である舟山群島を行き交う人々と、私的な交流・交易を行う機会があったのである。

成尋の密航船

ところで、張友信が造船を行い、真如親王も長く滞在した柏島、すなわち現在の唐津市神集島は、唐津湾の西の入り口に浮かぶ周囲七キロほどの島で、肥前国松浦郡に属していた。唐津湾には松浦川が流れ込み、松浦郡家《ぐうけ》（郡役所）はその下流域、すなわち唐津湾岸にあったから、郡家とも近い。だから柏島で造船を行った親王一行は、松浦郡司らの全面的な支援、協力を得ていたはずである。柏島は、九四五年（天慶八）に唐商が、一〇二七年（万寿四）には宋商が、それぞれ来着したという記録もあるように、鴻臚館のある博多湾を出入りする海商たちが、船の停泊地としてもよく利用した場所である。

真如親王から二〇〇年後の一〇七二年（延久四）三月一五日、この唐津湾沖に風待ちで停泊中の海商船に乗り込んで宋への密航をはかった僧がいた。京都岩倉大雲寺《だいうんじ》別当の成尋《じょうじん》である。律令法は天皇の命令によるもの以外の海外渡航を原則禁止していて、僧が自ら唐・宋に赴きたいと願う場合も、天皇による特別の許可、つまり勅許が必要だった。しかしその勅許も容易に下りるものではなかった。以前から入宋を志し、すでに六〇歳となっていた成尋は、この勅許が待ちきれず、松浦郡壁島《かべしま》に渡り、そこから随行者七名とともに密かに宋海商船に乗り込んだのである。壁島は現在の佐賀県唐津市の加部島《かべしま》にあたり、柏島の少し西側、東松浦半島北端の呼子《よぶこ》近くに浮かぶ。

その成尋自身が書き記した旅行記『参天台五臺山記《さんてんだいごだいさんき》』（以下『参記』と略す）によると、乗船に際して彼が宋海商に渡した物品は、米五〇斛《こく》、絹一〇〇疋《ぴき》、掛二重、沙金四小両、上紙一〇

○帖《じょう》、鉄一〇〇挺《ちょう》、水銀《みずかね》一八〇両である。それらの現在値への換算は、換算率の解釈によって差違が生ずるが、たとえば絹一〇〇疋は宋制で換算すると長さ一二九〇メートルで、上紙一〇〇帖は四八〇〇枚、米五〇斛は宋制で三・三キロリットル、日本制で五・六キロリットル、水銀は六・七キログラム、鉄一〇〇挺は一・一トンにもなる（齋藤圓眞）。要するにこの膨大な物品が、官の目を盗んだ密航の代価となったのである。

さらに『参記』によると、停泊中の海商船には「海辺の人」「海辺の男女」が頻繁にやってきて「売買」を行っていたという。ただしこちらの交易は、官に認められたものであった可能性が高い。売買が行われている間、成尋たちは激しく緊張し、船底の船室で息を潜めていた。海辺の人々が密航僧の存在を官に通報することを恐れたのである。それは、海辺の民の海商との交易が違法とされていなかったことを示している。もしそれが違法な交易であれば、そこで得られた情報が官に通報されることを成尋がこれほど恐れるはずがない。

そこで留意したいのは、海商の海辺の民との交易が、日本での管理交易を終え、博多湾を出航後だったということである。官司先買を受け、その他の物品も有力者たちが公定価格で次々と購入した後の船には、日本の特産品が積まれ、身分制を脅かすような唐物優品など残っているはずもない。この船と交易して、官司先買制が侵されることもない。つまり、国家による管理交易を終えた後の海商船は、日本国内商船の積み荷とさほど変わらぬ船であったから、博多湾を出航後、帰りの航路上で比較的自由な交易が許されたとみられる。

さて成尋の乗った船は、順風にめぐまれず、しばらく壁島から出航できなかった。この間、船員たちはよく酒盛りをしている。しかし波・風の状態が好転した三月一九日、船は壁島を出発する。二〇日には済州島《チェジュド》沖を通過し、二五日、蘇州の大七山《だいしつざん》に着いて、ここで久々に停泊した。大七山は今の浙江省舟山市嵊泗《じょうし》県の大戢山《だいしゅうざん》で、銭塘江《せんとうこう》河口部に広がる杭州《こうしゅう》湾の北側入り口付近に位置する小島である。そこから群島伝いに南下し、翌二六日には明州の徐翁山《じょおうざん》（徐公島）の別島に、二七日には同州黄石山《おうせきざん》（黄沢山）を経由し小均山《しょうきんざん》（小衢山《しょうくざん》）にいたり、成尋らはここではじめて船を下りて、水瓶《みずがめ》三個を持って陸に登った。山頂に湧《わ》く清水を汲んで仏に献じるとともに、それを飲むためである。その後、順風はなく、船はしばらく小均山をうろつくが、四月一日、北風が吹いて袋山（東岱山）に、その翌日には東茄山《とうかざん》（西岱山）に着いた。そこで船頭や成尋らは山頂の泗州大師堂《ししゅうだいしどう》を参拝し、山の南面の井戸水を沸かして行水もした。こうして東茄山の泗州大師堂は、成尋が宋で最初に訪問した仏教施設となった。翌日、彼らのもとには福州《ふくしゅう》商人が訪れ、交流した。彼らからは荔子《れいし》（ライチ）がすすめられたという。

東茄山を出港したのは四日午前。午後には明州へとつながる甬江河口の招宝山にいたった。しかしそこから、河をさかのぼって明州へ向かう許可が下りず、北に針路をとり杭州湾内に入ると、越州《えっしゅう》へ向かうこととなった（図Ⅶ-2）。湾内は浅瀬が多く、翌日、河船二隻に分乗して、六日、越州の思胡浦《しこほ》に着いたのである。成尋は大宰府の渡航証明書を持たなかったが、さまざまな宋人の支援・協力で、なんとか入国手続きを無事済ませることができた。

それにしても、政治的に管理された交易港から交易港までの間の寄港地、停泊地において、海商船は実に多様な活動を行っていたという印象である。それは、糸島半島を挟み、博多湾の

図Ⅶ-2　舟山群島と成尋の入宋路

西隣に位置する唐津湾岸地域でもそうだった。

　唐津湾は、すでにみたように、博多湾とともに弥生《やよい》時代以来の国際交流の要地である。六世紀に博多湾に那津官家《なのつのみやけ》が置かれ、ここが王権の管理する港として整備されると、唐津湾は補助的な港としての性格を強めたが、那津官家が整備された直後、軍船を率いた大伴狭手《おおとものさて》彦《ひこ》は唐津湾から朝鮮半島へ出航したという（『肥前国風土記《ひぜんのくにふどき》』）。律令期に入っても、ここは壱岐・対馬へ向かう拠点とされ、唐津湾

岸の中原《なかばる》遺跡からは、沿岸を警備する防人《さきもり》の木簡《もっかん》も出土している。その唐津湾を実質的に管理していたのが松浦郡司であった。前述のように松浦郡家もこの唐津湾沿岸部に置かれた。

ところで、八七六年（貞観一八）三月、大宰権帥《ごんのそち》の在原行平《ありはらのゆきひら》が中央に出した提案書に、松浦郡の庇羅《ひら》・値嘉《ちか》両郷を合わせて新行政区の値嘉嶋を設け、そこに上近《かみのちか》・下近《しものちか》の二郡を置くよう求めたものがある（『三代実録』）。ここは現在の長崎県の平戸島から五島列島にかけての島々にあたるが、行平はそれを松浦郡の管轄から切り離し、新たに行政区を設けて、肥前国の権官を兼務する嶋司・郡司を配置して、当地の支配・管理強化をはかろうとした。行平はその理由として次の三点をあげている。

①広大な領域で人口も多い当地は、奇異の特産品が豊富だが、これを郡司が地元民を使って私的に集めている。それに煩いを感じる人々は、これらを朝廷に貢納したいと思っているが、国司の巡検が難しく、郷長の力も弱いため、放置されている。

②当地は他国と境界を接し、唐人や新羅人、日本の入唐使らの船が皆この島を経由する。貞観一一年（八六九）の新羅人による海賊事件の際も、府頭の人民は彼らがここを経由したと言っており、「当国枢轄《とうごくすうかつ》の地」である。

③去年の人民らの報告によれば、唐人は必ずこの島にやってきて、島民らを遠ざけて、多くの香薬を採り貨物に加えたり、海浜の奇石を採って、鍛錬して銀を得たり、磨いて玉をつくったりしている。

要するに大宰権帥の行平は、平戸・五島列島地域における松浦郡司や唐・新羅海商らの旺盛な経済活動を、肥前国や大宰府が把握できない現実にメスを入れ、当地の特産品の貢納体制を強化しようとしたのである。とくに③からは、海商がしばらく松浦郡内の島に滞在し、水・食料補給、造船だけでなく、独自の生産活動も行い、交易品を新たに加えながら、これを大宰府が十分把握できない実態も読み取れる。

ただ、右の松浦郡司の活動は、違法というわけではない。新たな交易品を得ようとする海商の独自の活動も、先の成尋が乗った海商船と海辺の民との交易と同様、管理交易を終えた帰りの船とみるならば、法に触れるものではないだろう。けれども、唐津湾からなら成尋の密航は成功できたし、新羅海賊も平戸・五島列島地域に寄港していた事実を軽視できない。一〇〇三年（長保五）、肥前国から渡宋した寂照《じやくしよう》も、成尋同様、勅許を得る前に便船を得て密航した僧であったとみられる（石井正敏）。肥前海域の活発な国際交流には、法や制度の枠を超えた交流がからみついているのだ。

この点で注目されるのは、帰国する円仁《えんにん》の乗った商船が松浦郡海域を通過する際の『行記』の記録である。八四七年（承和一四）九月一〇日の夜、船は松浦郡北界の鹿島《かしま》に到着した。すると早速明け方には、「筑前国丹刺（判カ）官」の「家人《けにん》」の大和《やまと》と武蔵《むさし》が島長《しまおさ》とともにその船にやってきた。鹿島が松浦郡内のどの島を指すのかは不明だが、「家人」の二人は鹿島付近にいて、島長から情報を得ると、直ちに商船を訪ねたようだ。

問題は筑前国司の「家人」が、なぜ鹿島付近にいたのかである。大和と武蔵の二人には姓が記されておらず、この「家人」とは、筑前国司が私的に所有する律令賤民《せんみん》の「家人」とみられる。筑前国司の家人が、しかも国境を越えた肥前国の一島で行う活動は、筑前国司の法制度上の公的活動とは無関係だろう。おそらくこれが、筑前国司による官司先買前の交易実態とかかわるものだと思われる。前筑前国守の文室宮田《ふんやのみやた》麻呂《まろ》の交易実態を熟知し、その「謀叛」を密告したのも宮田麻呂の「従者」だったように、「従者」や「家人」は主人の私的交易活動の実務を担っていたとみられる。家人の大和と武蔵は、筑前国司の主人の意向で、松浦郡内の島長らと連絡をとりながら、商船到来などの情報を得ていたと考えられる。

また遺跡では、唐津湾岸の鏡山《かがみやま》南麓に位置する鶏《けい》ノ尾《お》遺跡が興味深い。鶏ノ尾遺跡では、九世紀中頃から一〇世紀中頃にかけての製炭・鍛冶行為に付随して一括破棄されたとみられる遺物のなかに、多くの貿易陶磁が含まれていた。そのなかには越州窯《えつしゅうよう》系青磁があり、I類と呼ばれる質のよいものも含まれている。また、王臣家《おうしんけ》とのつながりを示唆《しさ》する緑釉《りよくゆう》陶器なども完形に近いかたちで数点出土している。いずれも九州での出土はそれほど多くない。さらにここからは、時期が明確でないものの、施釉大甕《せゆうおおがめ》の破片が出土し、これも日本産ではなく、渡来船の物品を入れるコンテナ用の甕か、成尋の船にもあった水や酒などの液体を保管する容器と推測される。饗宴遺跡の可能性が指摘されている鶏ノ尾遺跡は、唐津湾に停泊する海商船と日本有力層との個別の結びつきを示す可能性をもつ遺跡である。

2　交易者と仏教

舟山群島の観音信仰

ところで、密航した成尋の最初の参拝地となった「東茄山」の泗州大師堂について、『参記』は「往還する船人が常に参拝する所」と記している。四面を石壁で囲われたその堂舎は山頂にあって、木像の僧伽《そうぎゃ》和尚坐像が数体安置されていた。二〇〇七年、筆者は『参記』の記述を手がかりに現地調査を行い、それが舟山島北方の島、岱山島の北岸東沙古鎮《とうさこちん》にある宮後山《きゅうごさん》と断定した（図Ⅶ-3）。ここには「泗州堂渡《ししゅうどうのわたし》」という地名が残り、宮後山からの風景も『参記』とまったく一致する。山麓西辺から南辺にかけて井戸が点在するのも成尋が記したとおりである。要するに、船人が求める良質の清水が得られ、かつ北方から岱山を目指す船のランドマークとなる山に、海商たちの信仰地が形成されていたのである。

彼らが信仰した僧伽和尚は、泗州大師とも呼ばれ、もと西域の何国《かこく》（クシャーニーヤ）の出身者である。若くして出家した後、七世紀半ばに唐で活動をはじめると、泗州に普光王寺《ふこうおうじ》を創建し、七一〇年、長安薦福寺《ちょうあんせんふくじ》において八三歳で死去した。観音の化身と称された僧伽は、死後、水難、盗賊、祈雨などに対する霊験で広く信仰され、各地に僧伽和尚堂も造営された。僧伽を観音と結びつける信仰は、宋代以降と考える説もあるが、先の「唐人書簡」によれば、八四九年、唐の徐州開元寺《じょしゅうかいげんじ》の「観音、誌公《しこう》、僧伽」の模写三像が大宰府にもたらされている。誌公、すなわち五―六世紀に活躍した宝誌《ほうし》和尚も、唐代に観音信仰と結びつけられて崇敬を集めた高僧で、この三像のセットは、僧伽が唐代においてすでに観音信仰と深く結びつけられていたことを明確に示すものである。舟山群島では、舟山島西辺の海上交通の要衝である岑《しん》港付近にも、泗州大師信仰の拠点が形成されていた。

図Ⅶ-3　岱山島北方海上より宮後山を望む（筆者撮影）

　しかしなんといっても、この海域を行き交う船人の信仰を集めた著名な観音の聖地といえば、現在も中国四大聖山の一つとして名高い普陀山《ふださん》であろう。舟山島の東方に浮かぶこの島は、「高麗、日本、新羅、渤海諸国」へ向かう船が風待ちをした海上交通の要衝で（『乾道四明図経《けんどうしめいずきょう》』）、暗礁をもつ岩礁の形成された船の難所でもあった。

　一三世紀前半の中国の地方志『宝慶四明志《ほうけいしめいし》』によると、普陀山の観音信仰は、あの日本僧の恵蕚が五臺山で得た観音像によってはじまる。その像を日本にもたらそうと、恵蕚が明州から商船で運び出したところ、船は普陀山付近で強い波風に遭い、動かなくなった。その夜、恵蕚の夢に一人の胡僧があらわれ、像をこの島に安置するよう告げた。そのとおりに簡素な堂をつくり敬い置くと、船は動き恵蕚は日本に帰ることができた。その後、明州開元寺の僧が、夢のお告げに従いこの像を開元寺に迎えたという（図Ⅶ-4）。

図Ⅶ-4　普陀山の不肯去観音院と潮音洞（筆者撮影）

右の話は、どうやら恵蕚の観音像を最初に安置した明州開元寺から広がったもののようだが、『宝慶四明志』は「唐の長史韋絢《いけん》、嘗《かつ》てその事を記す」と明記し、話のもとも唐代までさかのぼりそうである。その後、呉越の頃には、普陀山にも明州開元寺の観音像を模刻した像が置かれ、ここも観音霊場の聖地として大いに栄えることとなる。

恵蕚がかかわったというこの奇譚《きたん》は、ある程度史実をふまえて創られている。恵蕚と五臺山の関係は確かに深く、開元寺も明州に到着した恵蕚を含む真如親王の一行が使用するなど、明州では外国僧の滞在寺院となっていた。北宋の一一二四年成立の『宣和《せんわ》奉使《ほうし》高麗図経《こうらいずきょう》』は、普陀山に観音像をもたらしたのは「新羅賈人」と伝えているが、恵蕚は在唐新羅人とも関係が深かったから、観音像を運んだ恵蕚の商船と新羅賈人の船は同じ船とみてよい。『高麗図経』は、高麗を訪れた北宋の使節の見聞録で、「新羅賈人」に重点を置いた伝承は、当海域を往来する高麗の交易者たちが主に伝えていたものであろう。一二世紀前半の『墨荘漫録《ぼくそうまんろく》』によれば、当時、普陀観音は朝鮮半島の人々の篤い信仰も集めていた。

このように普陀山の観音信仰は、唐、新羅、日本の人々が明州海域で結びついた九世紀以降の交易の活況を基礎に発展し、江南に集うあらゆる船人に開かれるとともに、開基伝承も、自分たちにひきつけた解釈が行われていたのである。

交易者の仏教文化

それにしても、観音系の信仰がこれほど商人たちをひきつけたのは、『法華経《ほけきよう》』の「観音経」(観世音菩薩普門品《かんぜおんぼさつふもんぼん》)に、商人の道中の不安や災いを観音が払い除くと記されていたからだが、他に観音が「金、銀、瑠璃《るり》、硨磲《しやこ》、碼碯《めのう》、珊瑚《さんご》、琥珀《こはく》、真珠などの宝」を求めて海へ漕ぎ出す航海者を海難から救うとあったことも、海商の信仰心を一層とらえることとなった。

こうした信仰を図化した唐代の資料として、敦煌莫高窟第四五窟の壁画は著名である。ここには「観音経」の一節とともに、盗賊に襲われるソグド商人たちと、その下方に、大海に乗り出した漢人の商人船とみられる船が描かれている(図Ⅶ-5)。中国の西域への入り口にあたるシルクロードの要衝敦煌にはソグド人集落が形成されていて、ここからはソグド語仏典も発見されているが、元来、ソグド人たちはゾロアスター教を信仰した。しかし、シルクロードの拠点に集落を築いた彼らのなかには、中国仏教の影響を受け、仏教に改宗する者も少なくなかった。第四五窟の壁画からは、陸の交易拠点においても「観音経」が商人たちの心の拠りどころとなり、またそれを漢人とソグド人が共有していた様子がうかがえる。しかもこの壁画には、内陸部の交易拠点のハイブリッドな交易者たちが、海域も意識した広域的な交易空間を共有していた実態まで示されている。

図Ⅶ-5
敦煌莫高窟第45窟に描かれた、強盗に襲われるソグド商人（上）と、大海に乗り出した商人船（下）
いずれも中央に観音経の一節が記されている。
（『中国美術全集 絵画編15 敦煌壁画・下』
中国・敦煌研究院・1988より）

もちろん、舟山群島において舟山島を取り囲むように観音系の信仰の拠点が形成されたのも、ここが交易者たちにとって、風待ち、給水、ランドマーク、難所など、海上交通の要衝となっていたからである。船人たちはここで一息つき、これからの旅の安全を祈り、また無事渡海できたことを感謝していた。しかも「観音経」のいう「金、銀、琥珀、真珠」は日本の特産品でもあったから、日本へ向かう海商が観音信仰を意識しないはずがない。

そしておそらく、張宝高創建の赤山法花院《せきざんほっけいん》も、商船の大洋路が開かれる以前の交易船にとって、これと同様の機能を果たしていた。唐―新羅―日本を結ぶ新羅系の交易者たちにとって、山東半島突端部にあるこの寺院近くの浦は、唐への玄関口となり、また唐から外洋へ漕ぎ出す最後の寄港地でもあった。赤山法花院の「法花」も『法華経』に由来する。

ただし、赤山法花院の運用主体や儀礼はまずは「新羅」と強く結びついていた点で、多様な主体を包摂し多様に語られる舟山群島の観音信仰とはやや様相が異なっていた。

前述のように、赤山法花院は在唐新羅人によって管理されていたが、承和の遣唐使から離れて当院に滞在することになった円仁は、八三九年一一月から翌一月まで続いた法華経の講話や儀礼を、『行記』に詳しく記録している。それは法花院の寺名とかかわる重要な催しで、朝夕の礼拝は唐の方式で行われたものの、その他は基本的に新羅語音を用いた新羅方式で、新羅の風俗による色彩が強かった。この期間、各方面からは多くの僧や縁ある人々が一堂に会したが、彼ら僧俗、老若男女とも円仁とその従僧を除きすべて新羅人であった。また誦経《ずきょう》の儀式では、最後に皆で薬師如来と観音菩薩の名号が唱えられ、ここに集う人々の健康とともに、海上交通の安全も祈願されたようだ。

また夏は、八月一五日から昼夜の三日間、新羅の対渤海《ぼっかい》（高句麗《こうくり》）戦への勝利と中秋節とを結びつけた新羅独特の祝いの行事が、飲食と歌舞を交えて行われた。寺の老僧は、円仁に対しその歴史的背景を説明した後、「今、この山院でも、郷里の新羅を追慕して、祝いの行事を行っているのです」と語ったという。

要するに赤山法花院は、新羅的世界を前面に押し出した唐の寺院で、「故国新羅」を共通のキーワードに、在唐新羅人、新羅系交易者たちの国境を越えた結びつきを、集団的に再確認する場となっていったのである。

右の赤山法花院の新羅国とのつながりは、創建者張宝高の性格や立場ともよく対応したものとなっている。前述のように、新羅系交易者たちの主導者宝高は、新羅王権から清海鎮《せいかいちん》大使として認められることでこの交易世界での信頼を高め、新羅政界への影響力を強めていった。彼は、自らの地位を「新羅」の中枢・中心に接近させつつ、「新羅」世界を仏教寺院というかたちで唐にももち込むことで、「新羅」という地縁を利用した交易者たちの越境的組織づくりを行っていたのである。したがって、宝高の死と重なり、八四〇年代の唐の廃仏で赤山法花院が廃寺となると、院を支えた新羅清海鎮と在唐新羅人たちのネットワークも衰退し、法花院が再建されることはなかったのである。

こうした山東半島の赤山法花院と、舟山群島の観音信仰との違いは、両者の寄港地としての意味や性格に異なりがあったことを見事に反映している。赤山法花院は、在唐新羅人と新羅清海鎮勢力とが結びあう接合部分に置かれた。そして寺院も、この新羅系の交易ネットワークを維持・強化するための宗教施設として機能した。しかし舟山群島の観音の聖地は、江南海域を航行するさまざまな出自の交易者が交わる海のクロスロード上にあった。だからこれを信仰する人々も限定されなかったのである。

交易者と僧

以上のように、海商の時代を迎えた九世紀以降の東アジア海域では、仏教文化が、国境を越える交易関係と、その寄港地の性格やあり方に対応した多様性をもつようになった。これが、交易者と僧をより深い絆《きずな》で結びつけることになったとみられる。

海商船に乗り込んだ日本僧たちは、その後はただの乗船客となったわけではない。八五三年、李《り》延孝《えんこう》や欽良暉《きんりようき》らの海商船で松浦郡値嘉島を発した円珍《えんちん》らは、途中、強い北風に吹かれると「流求《りゆうきゆう》国」に漂着した。この時、食人の風習の噂のある島に漂着したことに恐怖した海商は激しく動揺し、泣き叫んで円珍にすがったが、彼が合掌し目を閉じ、不動明王に念願すると、風がおこってその島から抜け出すことができたという（『日本高僧伝要文抄《にほんこうそうでんようもんしよう》』所引『智証大師伝《ちしようだいしでん》』）。円仁帰国の際、海商船が新羅西岸の危険海域から抜け出せなくなったときも、船員らの神への除災の祈禱とともに、円仁らの土地神に対する焼香と誦経による祈願が行われている（『行記』大中元年九月八日条）。宋に向かった成尋も、船上では仏への安全祈願を怠らなかった（『参記』延久四年三月条）。このように、海商らが求法僧らをすすんで船に乗せたのは、僧らが航海の安全祈願を行ってくれる貴重な存在だったからでもあろう。

僧のなかには、交易者たちを宗教的側面から支援するだけでなく、交易そのものと直接かかわるようになった者もいた。筑前において新羅人の交易を手引きし、後に赤山法花院に入った信恵《しんえ》はその一人である。八六九年（貞観一一）に博多湾で年貢の真綿が奪われた新羅海賊事件でも、それに関与したとされる大宰府管内居留の新羅人らのなかに、僧が含まれていた。『三代実録』によると、彼らは西海道《さいかいどう》で長く交易にかかわってきた人々である。

また『三代実録』貞観六年（八六四）八月一三日条によると、真如親王に従い入唐した張友信にかわり、大唐通事をやってくれる者を必要とした大宰府は、唐僧法恵《ほうえ》を観世音寺《かんぜおんじ》に住まわせ、その任にあてることを請い、中央から許可されている。法恵はこの史料以外にみえず、詳細は不明だが、大宰府からの許可申請であるから、筑前に滞在していた唐僧だろう。しかも先にみたように、大唐通事は唐海商と大宰府の間に立つ世話人であったから、おそらくこの法恵も、唐商とつながりを持ち、交易にかかわっていた僧の可能性が高い。

さらに一一世紀末には、大宰府官人らの指示と宋海商の手引きで契丹《きったん》に渡航し、密かに兵具などを売却して多くの「宝貨」を得た日本の「商人僧」の明範が、これを指示した官人らとともに処断される事件も起こる（森公章）。一一世紀になると、海商と結びついた日本僧のなかからも、直接国際交易活動にかかわる者が登場してくる。

3　交易列島の南・北

「南蛮賊徒」の襲撃

「大宰府からの火急の使者の報告です。高麗国人が壱岐、対馬で人や財を掠奪し、肥前を襲おうとしています」

『小右記《しょうゆうき》』などの古記録によると、九九七年（長徳三）一〇月一日、近衛《このえ》官人のこの大声で宮殿内は一時騒然となった。しかし大宰府からの書状を開いてみると、襲ってきたのは高麗国人ではなく「奄美《あまみ》嶋の者」であった。近衛の官人は早とちりをしたのである。

ただ、近衛官人の勘違いにも、公卿《くぎょう》らのあわてぶりにも理由がある。当時、北部九州あたりには高麗を襲う武装した交易集団があって、高麗からは、これを非難し禁圧を求める強圧的な外交文書が五月に届いていたからである。このため日本側には、高麗が報復措置に出るのではないかという警戒が高まっていた（石井正敏）。

しかし事実は違ったとしても、一安心とはいかない。大宰府からの報告によると、「奄美嶋の者」は、兵具をそなえ、薩摩《さつま》、肥前、肥後、筑前、筑後、壱岐、対馬を襲い殺人、放火を行って、住民三〇〇人ほどを略奪した。大宰府はこれに応戦したものの、なお賊船は海上に浮かんでいる。また「先年」には、大隅《おおすみ》において中央には報告されなかった「奄美嶋人」らによる四〇〇人もの人民略奪事件までおこっていたという。さらに現地では、高麗国の兵船五〇〇隻が日本に向かっているという噂まで広まっていた。おそらく近衛官人は、この噂話を高麗国人の襲来と早合点してしまったのだろう。

一方この報告に対し、中央は、大宰府に重ねて要害を警固し賊を追討すること、仏神に祈禱《きとう》すること、また高麗国襲来の噂についても、ありえないとはいえないので種々の祈禱を行い用心すべきことなどを命じている。その後、大宰府と「南蛮賊徒」との攻防は、一一世紀前半まで続いていることが史料から確認できる。

それにしても、諸史料が「奄美嶋の者」「奄美嶋人」「南蛮賊徒」と一貫して伝える以上、彼らは奄美嶋の人々を中心に構成されていたとみなければならないが、その組織力と規模はかなりのものである。海上を長距離移動し、三〇〇―四〇〇人を略奪して船に乗せ、大宰府の反撃も撥《は》ね返す戦闘能力からみて、首長を中心にかなり階層化の進んだ、少なくとも複数の船団で構成された集団ということになろう。多くの略奪民を乗せる船は、丸木舟などではありえず、鉄器で木を加工して板材を組んでつくられた中型以上の構造船だろう。それでも、二、三隻以上はありそうだ。大宰府の応戦に堪える彼らの武器にも、鉄が用いられていただろう。

そこで注目されるのは、ちょうどこの頃から、主に薩南諸島の硫黄島《いおう》で産出される日本産硫黄が、宋の軍事的需要（火薬原料）の高まりとともにさかんに輸出されるようになったという事実である。硫黄島の硫黄は、九州西海岸をまわる国内交易ルートを船載されて博多津に集積され、そこから宋海商の手に渡っていた（山内晋次）。一方、奄美嶋人も、薩摩から有明沿岸伝いに肥後、筑後、肥前を襲い、そこから玄界灘へ回り込んで筑前を襲撃すると、さらに玄海灘を越えて壱岐、対馬にまで乱入している。この、奄美諸島から九州西海岸をまわり、海流・海風の強い玄海灘を横断して壱岐、対馬にまで達する正確な地理認識と交通知識は、奄美嶋人のものではない。硫黄交易などにかかわった交易者たちのものである。繰り返される大規模な人民略奪も、奴隷交易とのかかわりが疑われる。しかも当時、日本中央では、奄美諸島で産出される螺鈿《らでん》用のヤコウガイの需要も高まっていた。

要するに、西海道を襲った「奄美嶋の者」「奄美嶋人」とは、列島内外の需要をとらえて硫黄やヤコウガイを求めて島外からやってくる交易者と密接なつながりをもつ、南島の人々であったと考えてまず間違いない。彼らの襲撃ルートからみて、襲撃行動自体に、南島から対馬までの海洋ルート・情報に詳しい島外交易者の直接的な支援もあったはずである。船に、こうした交易者も乗っていたであろう。奄美の人々は、島外者との交易のなかで、鉄や武器や構造船を入手し、社会組織を発展させていたとみられる。

ならば、奄美嶋人の襲来をみた九州の人々が、高麗軍船が来ると噂したのも納得がいく。襲撃の直接的な被害を受けた九州では、「南蛮賊徒」と交易者の関係も周知のことだったはずだからである。その襲撃が高麗と境界を接する対馬にまで達したとき、日本方面からの海賊に以前から悩まされてきた高麗が必ず反応するだろうと考えるのは当然であった。

ところで、一〇九三年、高麗は近海を航行する海賊船らしき船を拿捕《だほ》したが、それは宋人と倭《わ》人の混交船で、武器の弓箭《きゆうせん》・刀剣・甲冑《かつちゆう》と、交易品の水銀・真珠・硫黄・法螺《ほら》等を積んでいたという（『高麗史』）。交易品はいずれも日本の特産品で、このうち硫黄は薩摩硫黄島産、法螺も琉球列島産のものとみられる。つまり一一世紀は、民族混交の商船が琉球列島産品なども積み込み、時に高麗沿岸で海賊行為におよぶこともあった。「南蛮賊徒」の西海道襲撃事件をみるかぎり、こうした状況は一〇世紀末まで確実にさかのぼるだろう。

大宰府―南九州―喜界島の交易ライン

ここでもう少し時間をさかのぼって、南島と大宰府の関係を概観しながら、この襲撃事件の背景を探ってみることにしよう。

七世紀に古代王権と南島との間の朝貢関係がはじまって以来、琉球列島との交渉の窓口となったのは大宰府である。八世紀後半になると政治的な朝貢関係は途絶えるが、赤木《あかぎ》や貝殻など琉球列島産品が大宰府を介し中央へ貢納されるシステムは機能し続けた。このために、大宰府と南島との間の交易関係は維持されたのである。八三八年（承和五）に入唐した円仁は、唐の役人のプレゼント用に法螺を用意しているが（『行記』）、そこにも大宰府で手入した琉球列島産の大型ホラガイが含まれていたとみられる。

大宰府の拠点は南島側にも設けられた。七〇二年（大宝二）、種子島・屋久島《やくしま》地域を「嶋」という行政単位に編成し、南島最北部に「多褹《たね》嶋」を設置して、南島からの朝貢と隼人《はやと》対策にそなえる体制を整えたのである。しかし南島や隼人からの朝貢が停止され、徐々にその意義が薄れると、八二四年（天長元）、多褹嶋は停止され大隅国に編入された。けれども一方で、南島交易の進展をはかるため、奄美大島東方の隆起サンゴ礁の島、喜界島の拠点化が進行する。大宰府の交易拠点は南へ前進し、交易体制はむしろ強化されたのである。

喜界島の城久《ぐすく》遺跡群は、こうした様相を具体的に伝える注目すべき遺跡群である。ここから出土する九―一〇世紀の遺物は、大宰府との関係を強く示唆するものであふれている。越州系の青磁も数多く出土し、大宰府の行った国際交易とのつながりを連想させる。先の「南蛮賊徒」との衝突でも大宰府は、「貴駕島」（喜界島）にその「捕進」を命じていて（『日本紀略』）、ここ喜界島に、大宰府の出先機関、もしくは大宰府に従う人間集団があった。

また、大宰府と南島の交易関係では、南九州も重要な役割を果たした。考古学も、九世紀後半から、南九州と奄美諸島との間に恒常的な交流があったことを明らかにしている。とくに大隅国は、多褹嶋が停止されて大隅国に編入後、南島の北端地域を一部抱え、かつ南島と接続する重要な地となった。これと関連し、八七八年（元慶二）四月、あの春日宅成《かすがのやかなり》が大隅守に就任したことは注目されるだろう（『三代実録』）。これより前の宅成が、大神巳井《おおみわのみい》とともに、交易使として商船で唐に渡ったことはすでにみた。帰国後も宅成は、播磨国司（播磨少目《しょうさかん》）にありながら唐物使《からもののつかい》に加わって博多で唐商と交易をしたり、渤海通事として渤海使献上品に関して鑑識眼に秀でた面をみせたりするなど、国家の行う国際交易と深くかかわる官人として活躍した。その彼の大隅守就任は、大宰府の南島との交易が、国際交易も意識したものであったことをうかがわせる。円仁が南島産の法螺を唐へ持ち出したことをみても、大宰府に貢進された南島産品は、九世紀には中央に貢納されるだけでなくそのまま国際交易品ともなっていて、その流通に宅成ら南九州の国司らも関与していたとみられる。

そうであれば、詳細の伝わらない一〇世紀末の奄美嶋人による襲撃事件の背景も、おぼろげながらその輪郭がみえてくる。奄美嶋は喜界島に隣接し、奄美嶋の人々と島外交易者との接点も、大宰府の影響下に交易拠点として大きく発展した喜界島にあったと考えられる。しかも彼らの襲撃は、南九州大隅国の四〇〇人もの人民略奪からはじまり、大宰府は「南蛮」の追捕の最前線に「貴駕島」＝喜界島を用いた。つまり、大宰府—南九州—喜界島の交易ラインのなかで成長を開始した奄美の人々は、島外交易者との関係を個別化させながら、一〇世紀末になると、その大宰府—南九州—喜界島の交易ラインと対立するようになっていったとみられるのである。当時、中央では奄美諸島で産出される螺鈿用のヤコウガイの需要が、宋では薩摩硫黄島産の硫黄の需要が、急速に伸びていた。これを受けた大宰府の南島交易体制の強化が、南島交易にかかわる人々や奄美嶋の人々の反発を招いていたのではなかろうか。

ところで先にみたように、九世紀半ば以降の大宰府は、管内諸国司の人事や財政に対する影響力を強めながら、権限の拡大した官長の受領《ずりよう》化が進行した。一方、管内諸国でも受領らが国内支配を強めていたから、両者の間には対立がみられるようになった。これは南九州も例外ではなかった。一〇世紀に入ると、受領支配の進展で、大宰府と南九州諸国との対立、さらには諸国内の受領層と在地有力者との対立までが表面化する（永山修一）。その時期に発生した奄美嶋人と交易者たちによる、南九州を皮切りとした大宰府への抵抗には、受領化をめぐる西海道地域の矛盾と対立の拡大に、南島交易もからみついていた可能性が示されている。

変動する北方社会

そして興味深いことに、これと同じ頃、列島北方でも交易をめぐって社会の大変動が起こりはじめていた。

七世紀中葉以降の王権が、積極的に北方に進出し、蝦夷《えみし》との間に交易関係を組み込んだ政治的な朝貢・饗給関係を結んだこと、また同様の関係を南島との間にも設定したことはすでにみた。その後、南島については、八世紀後半に朝貢関係が放棄され、中央への貢納を目的とした大宰府と南島との交易関係だけが発展する。しかし、古代国家の北方進出は、南と比べて明らかに積極的で、蝦夷との朝貢・饗給関係を拡大・維持しようとつとめている。それは、毛皮や黄金といった北方産品が、一般威信財としてだけでなく、渤海や新羅に対する日本王権の優位性を主張する財とみなされていたためだろう。

一方、古代国家の継続的な関与で階層的な社会の形成が促された蝦夷社会の側にも、こうした関係を利用する首長たちが台頭する。それは、七九二年（延暦一一）、蝦夷の首長が陸奥《むつ》国へ使者を派遣して安定的な朝貢路の確保を求めたのに対し、中央が「常に帰服と称し、ただ利を求む」と評したほどであった（『類聚国史《るいじゅこくし》』）。

こうした古代国家と蝦夷との関係を基礎に、九世紀以降は、西海道と似た動きが北方社会を飲み込んでいく。西海道では前述のように、海商と王臣家や国司との私的な交易関係の拡大が、

「蕃客《ばんきやく》」「帰化」を基軸とする対外政策に転換を迫った。北方でも、朝貢・饗給関係を担った出《で》羽《わ》秋田城《あきたのき》や陸奥鎮守府などを舞台に、王臣家や国司らの蝦夷社会と結びついた私的な交易活動が盛り上がり、律令国家の偏狭的で一面的な夷狄《いてき》認識に基づく蝦夷支配体制が空洞化していったのである（蓑島栄紀）。そして八七八年（元慶二）に勃発《ぼっぱつ》した、国司と王臣家の収奪に抵抗する蝦夷の反乱（元慶の乱）を経て、北方の朝貢・饗給の交易システムは後退。一〇世紀に入ると、国府の下部機関であった陸奥の鎮守府胆沢《いさわ》城と出羽の秋田城の権限と機能が強化され、独自性を強めて、北方支配の主導権は受領化した陸奥・出羽両国守、鎮守府将軍、出羽秋田城介に委ねられるようになった。このなかで、朝貢・饗給関係の支配方式は完全に放棄され、中央への貢納を目的とした交易体制が整備される。

この貢納・交易体制において、東北では金と馬の生産・貢納体制が整えられた。中央が西海道の官司先買において陸奥の金への依存度を高めることができたのは、こうした体制が整備されたためである。また中央の需要に応えるため、交易は津軽海峡を越え、昆布や鷲羽《わしのは》、貂《てん》皮、水豹《すいひょう》皮（ゴマフアザラシの毛皮）などを産する北海道やサハリンをも積極的に射程におさめるものとなった。中央でこれらの品々の需要が高まっていたからである。鷲羽が矢羽の高級品とされたことは前述のとおりで、水豹皮は馬具の付属具の障泥《あおり》や刀の鞘《さや》などで珍重された。

また、これと期を同じくして、現青森県の五所川原《ごしょがわら》市で九世紀末に須恵器《すえき》の窯の操業がはじまり、岩木山《いわきさん》周辺では一〇世紀半ばに製鉄も開始される。これらは南の「日本国」側の影響を強く受けたものだが、生産品は東北北部だけでなく擦文《さつもん》文化期の北海道にも供給され、擦文土器も東北北部に南下するようになる。新たな交易体制が整備されていくと、青森県域が「日本国」と擦文文化集団の間を結ぶ交流の拠点となっていった。

こうしたなか、この一〇世紀半ば、北奥・道南地方に「防御性集落」が出現するのである。これらは戦争にそなえて濠をともなったり高地に営まれたりした集落で、地域の生産や交流の拠点でもあった。史料が乏しいなか、紛争の背景や内実についての具体像には、いくつかのストーリーが想定されている。ただ少なくとも、新たな貢納・交易体制によって、地域の有力者や諸集団間に組織化と対立の動きが加速していたことは読み取れるだろう。

石江遺跡群と城久遺跡群

この「防御性集落」時代の北方交易と「日本国」との関係をうかがわせるものとして、近年注目されている遺跡に、青森市の新田《にった》(1)遺跡を中心とする石江《いしえ》遺跡群がある。

この遺跡群は、九世紀後半以降の集落の増加を前史にもちながら、一〇世紀後半から一一世紀半ばまで、環濠をもつ防御性集落として機能した。遺跡からは擦文土器も出土しているが、とくに研究者の関心を集めたのは、南の「日本国」からの要素が多く看取されたことである。二〇〇〇点を超える木製品には、日本貴族が用いる檜扇《ひおうぎ》、律令的な祭祀具《さいしぐ》、仏教関連のもの、荷札状の木簡など、他の北奥の一般的な古代遺跡とは様相の異なる出土品が数多く確認された。しかも、遺跡の立地する陸奥湾の奥は、北海道との交易の拠点の一つとなり、中世日本国の東の端ともいわれた「外ヶ浜」の一部にあたる。

このため遺跡は一時、国家施設の出先機関的な評価が強調されることとなった。けれども最近は、遺跡が役所的なものではなく集落址であること、木製品の素材は在地のもので、その用いられ方も律令的とはいえない独自性があること、さらに土器も在地系のものを中心とすることなどが明確となり、在地集落としての性格が強調されるようになっている。その際に比較されるのが、在地性よりも外来性、大宰府との関係を色濃く示す喜界島の城久遺跡群である。こうして、両遺跡にはいずれも境界の交流拠点の性格が見出されながら、石江遺跡群は在地的、城久遺跡群は大宰府的・中央的と対比的に語られるようになった。

しかしここで注意しなければならないのは、大宰府的・中央的という城久遺跡群の評価も、遺跡の盛期となる一一世紀から一二世紀は、必ずしもあてはまらないということである。確かにこの時期、貿易陶磁などの外来遺物の量は増加するのだが、一方で大宰府的・中央的要素はむしろ大きく後退する。それは「南蛮賊徒」と大宰府との衝突が収まった後の南島が、その外の社会とどのような交流関係をもったのかという問題でもある。

この時代の南島を考えるうえで重要な遺物は、奄美大島南方の徳之島で焼成されるようになったカムィヤキと呼ばれる須恵器に似た土器と、長崎県西彼杵《にしそのぎ》半島を中心に生産されるようになった滑石《かっせき》製石鍋と呼ばれる石製の煮炊き具である。いずれも、一一世紀後半から琉球列島全域で流通するようになった。

カムィヤキは肥後や高麗との技術的な関係があるとみられ、貯蔵具、運搬具、食器などとして使用されたが、これを琉球の首里王府によって採録、編集された歌謡集『おもろそうし』のなかの土器の記述と対照すると、酒器としての用途がとくに重要だったとみられる。須恵質の土器が液体保存にすぐれていたからである。それは、五所川原産須恵器が酒などの容器として付随的に流通したと想定されていることと通じる。

一方、一一―一二世紀の滑石製石鍋は、琉球列島以外では博多・大宰府地域で集中的に出土している。その出現期についてはさらにさかのぼるとする見解もあるが、いずれにしても、分布地の偏りと、文献でも中国において滑石を煮炊き具に用いていたことが判明することから、基本的に海商らの文化に基づく煮炊き具であったとみてよいだろう。前述のように、肥前国松浦郡域では中国海商が奇石を採掘するなどして独自の生産活動を行っていたが、こうした活動による石鍋の生産が、隣接する同国彼杵《そのき》郡あたりでも行われ、それが海商らの活動拠点となった博多湾岸地域に持ち込まれていたのだろう。ただし、琉球列島では石鍋片の滑石を砕いて粘土に混ぜ込み焼成した石鍋模倣土器も流通する。これは、博多などから南島に持ち込まれた滑石製石鍋を、地域の人々が受容し模倣した結果とみられる（図Ⅶ-6）。

そして城久遺跡群は、滑石製石鍋とカムィヤキが琉球列島のなかでも突出して多く出土する遺跡である。石鍋には火を受けたものもあるから、喜界島には博多に居留する中国系商人なども来島し、煮炊きを行っていたのだろう。

一一世紀以降の城久遺跡群を理解するうえで、もう一つ重要な考古資料は、カムィヤキ壺や貿易陶磁を副葬した、火葬骨をともなう墳墓である。奄美諸島では先駆的な城久遺跡群の火葬墓は、北の「日本国」の仏教的な影響を受けたものとみられるが、カムィヤキの壺が納骨用ではなく副葬・供献用の土器となっていて、土葬後一度掘り起こして火葬し、再び同じ土坑に再葬するなど、日本の墓制にはみられない独特の葬法も看取されている。城久遺跡群も石江遺跡群と同様、外来のものを受容しながら、それを地域の文化に読み替える在地の人々の営みが大きなうねりをなしていたとみなければなるまい。

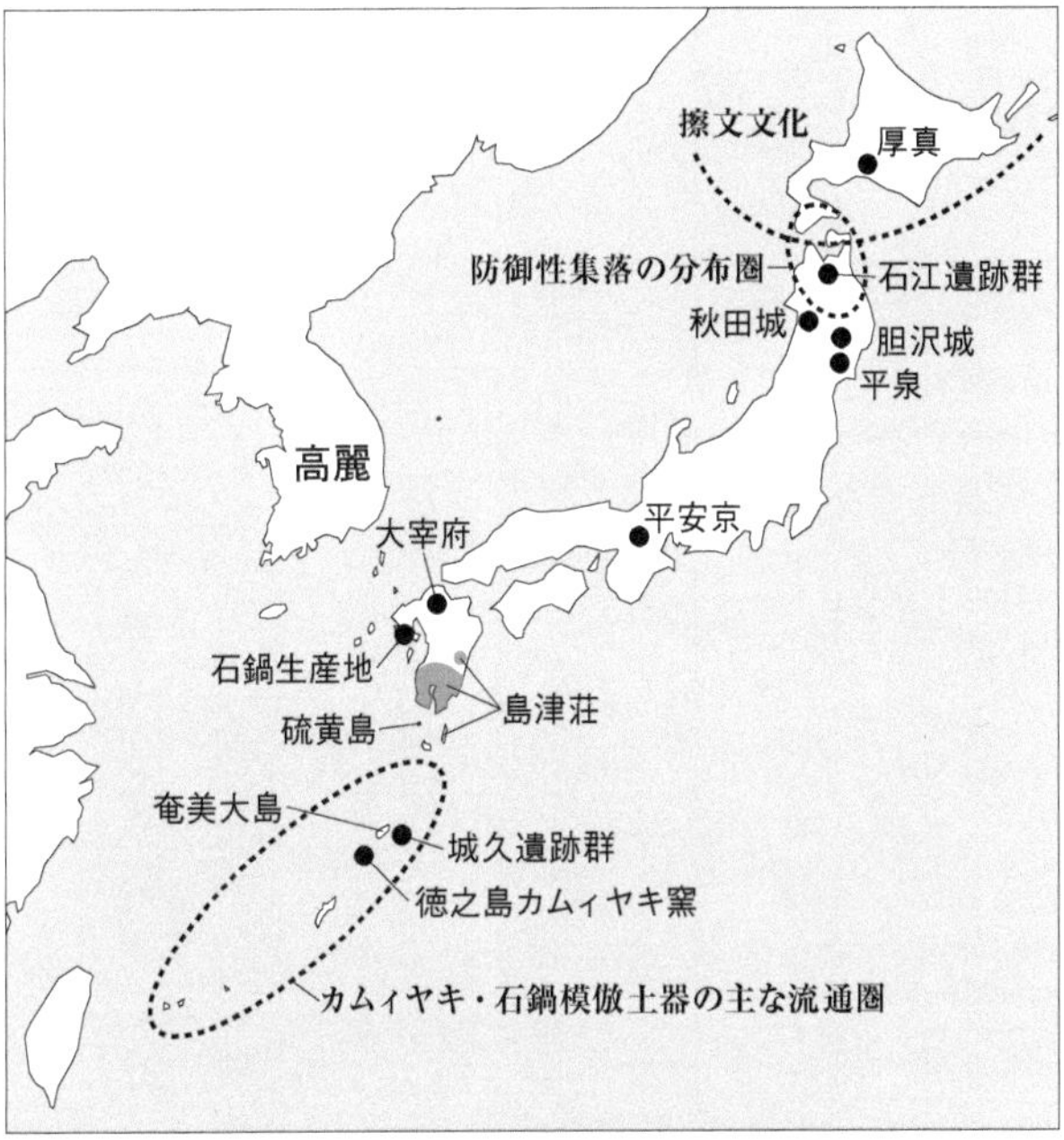

図Ⅶ-6　平安後期日本列島の南と北

また最近は、この時期の喜界島において、比較的大がかりに製鉄を行っていたこともわかってきた。この頃になると、南島の人々は、喜界島で生産された鉄を手にするようになっていたとみられる。

では、この時期の喜界島の経営に大きな影響を与えていた勢力は何か。それを示唆するのが、この時期の城久遺跡群から検出される庇《ひさし》のついた建物や高倉などである。そこに、南九州の特徴をそなえた領主層の建物との共通性が指摘されているからである。これらは、『小右記』で一〇二五年（万寿二）から大隅や薩摩の国司・領主層による中央貴族への琉球列島特産品の献上記事がみられるようになることや、『吾妻鏡《あずまかがみ》』などに一二世紀半ばの薩摩領主層　平忠景《たいらのただかげ》と喜界島との関係が記されることなどとも対応してくる。

以上から、筆者は、一一世紀以降の城久遺跡群を次のように理解している。一〇世紀末に発生した大宰府―南九州―喜界島の交易ライン、交易体制をめぐる対立の結果、南島交易拠点の喜界島では、大宰府の直接的な影響力が後退する一方、南九州有力層の影響力が増大した。しかもその経営に、外来文化を受容してきた在地の人々も積極的に加わった。この島には博多などから日本や中国系の商人などもやってきた。城久遺跡群では、彼らが交わり、石鍋を用いた煮炊きが行われ、カムィヤキを食器・酒器とした儀礼的な宴が開かれるようになった。こうして、大宰府を中心とした交易体制が危機的状況に陥った後、南島の交易関係は、越境的、人格的で秩序ある関係としてあらためて結び直され、前代以上の発展をとげることになったというストーリーである。おそらく南島の人々は、この交易拠点で経験した饗宴文化を、自らの社会組織のなかにも組み入れようとしたのだろう。こうしてカムィヤキと石鍋、さらには石鍋模倣土器が奄美諸島以南にも受容されていったと考えるのである。

以上のようにみるとき、石江遺跡群は、九―一〇世紀の城久遺跡群ではなく、むしろ一一―一二世紀の城久遺跡群と比較的にとらえたほうがわかりやすい。九世紀以降、列島の南と北では、交易に群がる王臣家や国司の活発な動きがみられ、受領化した地方官による貢納・交易体制の再編・強化がすすむ。それらに刺激された地域社会の再組織化と軋轢《あつれき》の高まりが、南と北の境界世界でどのような新たな社会を生み出したのかをこの二つの遺跡が示しているのだと思うのである。

北の「防御性集落」の時代は一一世紀半ばころまでとみられているが、この前後の北方史はめまぐるしい。一〇世紀、陸奥鎮守府と秋田城を支える現地勢力として蝦夷系在地豪族の登用がすすめられた。そこから中央貴族と蝦夷系豪族の血を引くとみられる安倍氏や清原氏などが台頭する。さらに、一一世紀半ばから後半の前九年の役、後三年の役を経て、いよいよ北方の覇者、奥州藤原氏が登場する。近年、北海道厚真町《あつまちょう》の宇隆《うりゅう》1遺跡から出土した須恵器が、奥州藤原氏と関係の深い一二世紀中葉の常滑《とこなめ》焼と判明したことなどから、奥州藤原氏が北海道までを積極的に視野に含んで、北方交易を統括していたことも明らかにされつつある。つまり「防御性集落」の時代は、北方の中世を開く扉となっていた。このなかで、在地を主体に「日本国」の文化を地域的、主体的に読み替えた「防御性集落」時代の石江遺跡の評価も、単なる在地性の強い有力集落では終わらない。地域変容した「日本」的要素を突出させるこの遺跡には、北海道との交易も目論む鎮守府など「日本」諸勢力との関係を深め、成長していく地域の人々の、主体的な姿を見出さなければならない。最近は石江遺跡群と時期や遺物の様相も似る五所川原市の十三盛《じゅうさんもり》遺跡が知られるようになって、一〇世紀中葉以降、本州北端部には同様の交流拠点がいくつか形成されていたこともわかってきた。

一方、南でも、中世最大の荘園となる島津荘《しまづのしょう》の拡大に南島交易がかかわっていたことが指摘されている。摂関家領となるこの荘園は、大宰大監《だいげん》の平季基《たいらのすえもと》が日向《ひゅうが》国の島津駅付近(都城市付近)の荒野を開発して形成した私領を、万寿《まんじゅ》年間(一〇二四—二八)、関白の藤原頼通《ふじわらのよりみち》に寄進して成立した。その直後、季基は大隅国府焼き討ち事件を起こすが、そこには、南島産品の需要の高まりを背景とした島津荘の大隅国への拡大があったとみられている(永山修一)。さらに一一世紀末、種子島も島津荘に属することとなるが、そこにも硫黄島や喜界島への関心がからみついていたとみられている(小川弘和)。その過程は、城久遺跡群が南九州有力層と南島有力層との密接な関係のなかで、交易拠点として再生・発展する過程と軌を一にする。

そして、この南と北の大きな変化には、博多湾の国際交易も結びついていた。先の『新猿楽記《しんさるがくき》』が描く「商人主領」八郎真人《はちろうのまひと》は、唐物だけでなく本朝物、つまり日本国内のネットワークを使って集められる品々も扱った。そこには夜久貝《やくがい》や硫黄といった南方交易品、金や琥珀や鷲羽といった北方交易品がみえる。利を重んじる彼は、東は「俘囚《ふしゅう》の地」から西は「貴賀の嶋」まで日本列島を駆けめぐり、「賓客《ひんかく》の清談《せいだん》は甚《はなは》だ繁《しげ》く」とあるように中央・地方の有力層と関係を深めた。そして博多にも出没し、北の金や南の硫黄を唐物と交換できた。一一世紀にはこうした広域活動を行う日本商人も登場し、石江遺跡群や城久遺跡群の近傍に姿をあらわして、北と南を国際交易と結びつけていたとみられる。遺跡の状況からは、交易者の移動にともない彼らの信仰や宗教も移動し、地域の文化に影響を与えていたことも想定される。

しかも、南九州の有力層の場合は、より直接的に国際交易に関与していたこともわかる。一一世紀、大隅・薩摩の国司や領主層は、「夜久貝」「赤木」「檳榔《びんろう》」などの南方特産品とともに「唐硯《とうけん》」「茶垸《ちゃわん》」など宋からの輸入とみられる品々をさかんに中央有力貴族へ進上している。『高麗史』には、一〇八〇年、「日本国薩摩州」が使者を派遣し物を献上したことも記録されている。彼らは、南島交易だけでなく、海商を使って高麗に献物も行うほど国際交易に直接かかわり、その成果を中央の有力者に献じるなど政治的な贈与を行うことで中央ともつながり、地域における政治的優位性を確保しようとしていたとみられる。

同じ頃、博多でも変化が起きる。前述のように一一世紀前半で唐物使がみえなくなり、管理交易は大宰府に任されるようになった。その後、鴻臚館が一〇四七年（永承二）の放火事件で焼失すると（『扶桑略記《ふそうりやつき》』）、そのまま再建されることなく廃絶したとみられている。一方、博多に居留区を形成した海商は、保護と出資者を求め、経済的にも成長する博多周辺の寺社や荘園との帰属関係を深めていった。その背後にも、「権門勢家《けんもんせいか》」と呼ばれた摂関家や平氏、優勢な寺社など、中央の有力層があった。すると、この個別の関係の拡大に押し出されるように、とうとう一二世紀には年紀制や官司先買制を軸とする交易管理体制が放棄されていく。博多湾を舞台とする国際交易も、中世的な世界に覆われていったのである。

4　異文化間の交易者たち

国際交易と政治

かつて東アジア世界論を提唱した西嶋定生《にしじまさだお》は、唐滅亡後の歴史世界としての「東アジア世界」は、中国を中心とする経済交易圏として存続したとしつつ、それは政治的な秩序を欠く、営利と危険とがつねに同居した経済中心の関係であったと説明した。けれども実際は、唐滅亡後の東アジア海域に政治的な秩序の火が消えたわけではなかった。

日本の一二世紀は、国家が交易管理を放棄した時代だが、博多では国際交易と国内流通がますます結びあい、諸権門がこれを統括・調整する「権門貿易」の様相を呈するようになった（林文理）。また対立する権門相互の利害は、諸権門の上に立つ高権としての院権力が調停したとされる（渡邊誠）。結局、海商や日本商人と結びついて異文化間で繰り広げられる博多の国際交易に保護と影響を与えたのは、「日本国」の政治を分担した諸権門たちであった。

これまでみてきたように、列島の古代社会では、列島外から流入する財の保有と分配で優位的な立場を得た者が、権威ある権力者であった。律令国家はこの構造を中央集権的に体制化し、外来品の入手と分配を、天皇中心の同心円的な官僚制的身分社会と結びつけて、国際交易も管理した。しかし政治の執行権が中央集権的な体制から諸権門に分担委任されていくと、国際交易の管理体制も徐々にそうなっていったということである。

一方、その対岸の中国大陸では、宋が国際交易で利益を得るための管理体制を整えていた。明州、泉州、広州などの主要な国際交易港に市舶司《しはくし》を設置し、出入りする中国海商船、来航する外国商船の人やモノを管理し、徴税を行ったり、官交易を行ったりしたのである。唐代の宦官《かんがん》の広州市舶使が南島交易の管理徹底をはかる臨時の派遣官だったのに対し、宋代の市舶司は海外交易事務全般を担当する常設の役所で、その機能も格段に充実している。

そして東アジアの海商船も、政治的に管理されたこれらの港を積極的に利用した。公定価格で取引価格が抑えられたり、徴税や貢納を求められたりしたにもかかわらず、である。

実際、国際交易では、政治の提供する治安維持を、交易当事者たちが求めていた。異集団・異文化間の交易は、相手の生活・行動様式が予測不能で、危険をともなうからである。

こうした問題について、経済人類学者のカール・ポランニーが提唱した「交易港」は、よく参照される理論モデルの一つである。ポランニーは、国際市場が成立する以前の遠距離交易では、政治的に設けられた「交易港」の制度によって安全性が確保され、そこでは競争と市場の論理よりも政治的管理のほうが優勢であったとした。確かに、国際交易港の博多における異文化間交易の発展には、卑弥呼《ひみこ》の一大率《いちだいそつ》や、律令国家の大宰府による政治的管理があった。交易拠点としての喜界島の発展も、まずは大宰府によってもたらされた。交易者たちは、政治的に管理された港において、ある程度安心して交易ができたのである。

一方、政治の側が国際交易への関与をやめない理由もいくつか考えられる。一つは、国家、もしくは権力者自身が、交易当事者だったことである。唐の皇帝にとっての西アジア・東南アジアの高級交易品、日本の天皇や院宮《いんぐう》王臣家・権門にとっての唐物など、権力者にとって外来高級品は必需品である。そしてそのことも、交易品をもたらす者に、権力者と結びつく動機を与えていた。交易に秩序を与える権力者は、大口の購入先でもあったからである（榎本渉）。

また、権力者が交易に関与する背景には、社会秩序を維持して自らの体制を維持したいという欲求もあった。唐朝が禁制品の輸出規制をかけたのも、日本王権が輸入品に対する官司先買権の徹底をはかったのも、優品・威信財の所有と分配で構成される政治秩序と政治体制の維持をはかるためであった。また交易の場が、人間関係、社会関係の締結の場であったことも、政治が交易を管理したい動機となった。古代の日本ではいったん売買が成立すると、原則として取引の変更は認められなかった（『法曹至要抄《ほっそうしようしょう》』中）。このように交換契約の変更を認めず、一回ごとで完結させる例は、世界的に広く認められる。それはたいていの場合、利益を求めて交換を行う匿名の当事者間に社会関係が結ばれることを防止するためである（竹沢尚一郎）。

政治と人

したがっておそらく、古代日本が国際交易において、官の管理のもと公定価格で取引を行わせようとしたのは、物価上昇への関心だけでなく、取引交渉（価格交渉）によって交易当事者間に越境的な人間関係が形成されることを嫌った側面もあったろう。しかしそれでも、海商の時代に入り、特定海商によって民間交易が繰り返されると、国境を越えた社会関係の深化は遮断が難しく、また厄介なものとなった。九世紀の半ば、有明沿岸地域の郡司層が新羅商人との関係を深め、ともに新羅に渡って武器の製造を学び、対馬を襲う計画を立てたことは、その一例である。ところが国家は、有明の郡司層になんとかにらみを利かすことはできても、この動きと呼応する新羅社会の側を取り締まることはできない。

しかも、こうした越境的な社会関係は、政治的に管理された「交易港」で発展する場合が少なくなかった。文室宮田麻呂は、中央の政治闘争に必要な唐物を入手するため、筑前国守という政治的立場を利用し、新羅中央政界の闘争に深くかかわった張宝高と、贈答関係に潜ませた信頼取引を行おうとした。大宰府の影響下に発展した喜界島の交易も、越境的な交易者と南島の人々を深く結びつけ、西海道襲撃事件を生み出した。その後、喜界島の遺跡に大宰府の影響が薄れる。古代国家は、こうした南島社会の動きを掌握できず、その再秩序化は、南九州の有力層、商人、南島の人々によって、喜界島の儀礼的な宴を介してはかられたのである。それは、古代国家とは別の、新たな政治秩序の胎動でもあった。

結局、古代「日本」の政治秩序は、新羅や南島社会にはおよばない。国家の法・制度、権力者の権力は、その強制力・制度を行使できる地理的・空間的範囲に限界がある。ところが交易の世界は、連鎖的・越境的で広域的だ。その矛盾は、九世紀末頃に成立したとみられる『竹取《たけとり》物語《ものがたり》』が描いた唐商と右大臣との取引の顚末《てんまつ》にもあらわれる。それは、右大臣の阿倍御主人《あべのみうし》が唐にある商人王慶《おうけい》のもとへ使者を派遣して金を渡し、かぐや姫に贈る「火鼠《ひねずみ》の皮衣《かわごろも》」の入手を依頼したという話である。後日、王慶から依頼品とともに書簡が送られてきた。そこには、唐朝の協力を得てようやく「火鼠の皮衣」を入手したが、唐の地方役人に渡すべき資金が不足したのでその補塡《ほてん》が必要と書かれてあった。そこで御主人は不足分の金五〇両を送ってようやく「火鼠の皮衣」を手に入れた。けれどもそれは偽物であった。

この話に登場する自国の公的機関との関係を利用して交易活動を展開する唐商王慶の姿は、節度使とつながる唐商などを連想させるし、商人に資金を先に渡して「唐物」入手を依頼した右大臣の御主人の姿は、文室宮田麻呂にも通じる。しかも王慶は、御主人の依頼に対し、当初、「天竺《てんじく》」にある「長者」などからならば依頼品は入手できるだろうと返答していた。この「火鼠の皮衣」は中国で「火浣布《かかんぷ》」と呼ばれたアスベスト製衣で、シルクロードの珍品とされていた（山口博）。そして九世紀は確かに、インド、東南アジアを経由する海の道を使ったムスリム商人と唐商人の交易も活況だった（宮崎正勝）。一方、だまされた御主人は、この唐に住む商人王慶に対し、日本の高位高官の立場を利用してどのような対抗措置がとれるだろうか。越境的な交易世界の場では、一国の権威者たる右大臣の地位を以てしても、その安全性・信頼性を確保することは難しい。結局、一定領域内の影響力にとどまる政治権力に頼っても、国際交易の安全性、安定性、信頼性は完全には保障されないのである。

その限界性を、日本の古代国家もよく知っていた。公使を介した国家間の交易では、互いがそれぞれの法や制度、論理をうまく調整している。海商との交易でも、唐側の証明書を日本が、日本側の証明書を唐がチェックしたように、互いの出入国管理を了解・前提とした交易管理体制が築かれた。そこには、海域を囲んで権力のおよぶ境界を分け合う国家間、王権間の暗黙の信頼関係がある。しかし、公使を介した交易と、海商との交易には大きな違いがあった。公使による交易では、取引相手自体が信頼ある国家・王権だった。政治的な利益、面子《メンツ》をかけた交易に、偽物や粗悪品が紛れ込む可能性は低い。けれども、経済的な利益を優先する海商との取引の信頼性までは、出港地の国家・王権もさすがに保障できない。これを補完するために、取引の間に国家の信頼する「人」がおかれたのである。

そのバリエーションはいくつかある。渡唐の経験をもち、九世紀の国際交易の場に頻繁に引っ張り出された日本官人の春日宅成は、海外優品の知識にすぐれた人物だった。偽物すら出回る交易の最前線では、こうした鑑定眼を持つ者に活躍の場が与えられたのである。また、特定商人との信頼関係を深めて、彼らを国家に取り込む方法もある。張宝高や張友信などは、古代国家と契約した商人のエージェントのような存在であった。

海商たちの工夫

一方、海商の側も、異境において政治の側が提供する制度的なとりきめに、ただ身を委ねていたわけではない。実にさまざまな工夫を主体的、積極的に行って、交易の安全と利益の双方を確保しようと自ら努力している。

その一つは、交易に秩序を与える権力を、自らに取り込む努力である。海商は、国家や官吏に対してさかんに贈与を行い、また交易管理者との宴を楽しんだ。それは、交易港の秩序に権限をもつ権力者との信頼関係を深め、異文化での交易をより安全なものに導くとともに、彼らの政治的権限を海商のために行使するよう促すためである。官吏のもつ政治的権限が、国家や王権の意図とは別の目的で濫用されることは、いつの時代もみられることだ。さらに、自らが公的な地位につくことで、自身の交易活動を有利に運ぼうとする海商もいた。張宝高は、新羅王権から清海鎮大使に任命されることで、海上勢力の統合と組織化をすすめ、日本王権の信頼も得た。在唐新羅人や唐商は、節度使配下の武将の肩書きを得て国際交易をすすめた。

また彼らは、権力に接近するための教養や文化を身につける努力も怠らない。海商は日本有力層との結びつきを強める際、漢詩の贈答などをよく行っている。これは外交使節による交流でも慣例的に行われていたもので、海商が支配層に匹敵する高度な漢籍・漢文の知識もそなえていたことをうかがわせる。実際、円仁が帰国時に便乗した新羅人・唐人混交商船には、官吏が輩出する家柄の出身者、医学や文書能力にも長けた知識人などが加わっていた（『円仁三蔵《えんにんさんぞう》供奉《ぐぶ》入唐請益往返伝記《につとうしょうやくおうへんでんき》』）。海商たちは、出自、階層、経歴などに基づく高度な教養、技能をもつ人々を構成員に加えることで、交易地の官人・支配層との交流や政治的結びつきを容易にする条件や環境を整えていたのである。

しかも交易地の官人や支配層は、海商に安全を提供するだけでなく大口の客でもあったから、海商の高度な教養、知識は、官人・支配層の需要をとらえるのにも役だったであろう。八三八年、海商に官司先買を行った大宰少弐《しょうに》の藤原岳守《ふじわらのおかもり》が「元白詩《げんぱくし》筆《ひつ》」を得ると、これに喜んだ天皇が岳守に従五位上を授けたという話は、海商が日本支配層の漢籍需要を把握していたことをうかがわせる。仏教もそうである。海商と仏教の関係はすでにみたが、九世紀、「新羅商客」は日本仏教界の需要をとらえ、さかんに仏具を売りにきていた（『安祥寺資材帳《あんしょうじしざいちょう》』）。また円珍は、在唐の商人が日本で不足する経典を依頼どおりに入手したことを喜び、これに沙金で応えた（『宇多天皇御記《うだてんのうぎょき》』）。海商のもつ仏教知識と仏教を介したネットワークは、航海への不安を和らげるだけでなく、僧や寺院との取引でも発揮されたとみられる。

さらに海商たちは、異文化間交易に有用なこうした教養や技能、あるいは人間関係や社会関係を、海商自身の血縁関係や地縁関係によって、次世代へと伝え、またネットワークを広げようとした。近年、とくに宋商を中心に、交易者たちが交易関係の維持に血縁関係を利用し、また同郷を基礎に仲間関係を築き情報をやりとりしていたことが明らかにされつつある。同様の傾向は、交易にかかわった日本人たちにもみられる。たとえば、春日宅成は息子を連れて海商船に乗り込み入唐交易使として活躍していた（『行記』）。また唐物使のなかにも、子を同伴して博多へ向かう者があったようだ（『宇津保《うつほ》物語』藤原の君）。

こうして、右のようなさまざまな工夫、努力をうまく組み合わせて形成された交易者たちの集落や居留地が、東アジア海域の交易ネットワークの重要拠点となった。現地の政治勢力に接近し、贈答、宴、仏教などを介して内外とさまざまな関係を結び、「新羅」という地縁を利用しながらそれを血縁で次世代へとつないだ在唐新羅人たちの集住地とネットワークは、その具体例である。唐の赤山法花院では、「新羅」を前面に押し出した儀礼が繰り広げられ、さまざまな階層の老若男女が集まった。

アメリカの歴史学者、フィリップ・カーティンは、異境の地で居留地区を形成しようとするこうした交易者の姿を「交易離散共同体」という概念でモデル的に提示している。商人は、取引相手の重要都市に住み着くと、そこで言語、習慣、生活スタイルの習得に励み、異文化間の仲介者へと成長する。「交易離散共同体」とは、こうして各地の都市におかれた異文化間を仲介する役割を担った商人の居留地と、それらが複雑につながり形成された交易ネットワークのことである。それは、政治が秩序を提供した「交易港」とは別に、商人の側が、遠距離交易、異文化間交易の安全性や信頼性を主体的に確保しようとした動きともいえる。在唐新羅人だけでなく、日本女性と婚姻関係も結びながら博多に居留区を形成した宋海商、中国南部港湾都市に「蕃坊」を設けたムスリムたち、シルクロード上に築かれたソグド人集落なども、これにあてはまる。居留地の形成にはいたらないが、張友信が大唐通事として大宰府にも拠点を築き、唐商と日本の間の世話人となったことも、こうした類型の一つといえるだろう。

結局、公権力だけに頼れない交易者たちは、「交易港」を起点としながらも、贈与、血縁、地縁、文化、宗教などを駆使して、交易当事者間の「人」の絆を広げ、交易の場における取引をより信頼あるものに転換させていった。こうして、多くの結節点や場を幾重にも結んで築かれた交易関係が、モノだけでなく情報や文化をも国家を越えて広域的に流通させた。

けれども、そこからこのネットワークを「開放的」と評価しても、それは国家や民族という枠組みを基準とした場合のヒト、モノ、情報の越境性に着目した一面的な評価にすぎない。交易者が現場で駆使する人間関係と経験や知識は、それ自体必ずしも開放的ではなかったからである。それらは、血縁や地縁関係、高度化・抽象化された文化や教養に囲われることによって共有され相伝されていた。国際交易の最前線に立つ人は、交易の信頼性と発展、拡大をもたらしてくれる人と人のつながりと、交易現場で求められる知識や教養、技能といった文化を、その特殊な出自、環境、時間によって身体に蓄え、資本とできた者たちであった。その意味で、彼らは、他者に閉ざされた専門性をもちえた。交易の多様化、活発化にもかかわらず、特定の交易者だけが集中して史料に登場するのも、そのためである。専門化した商人がどのようにして登場したのかは、今も歴史の謎の一つである。けれども筆者は、商人の専業化も、こうしたところから進行する史的条件を得ていたとみる。

秦貞重と博多の唐商人の取引

ところで日本列島のなかで、贈与や宴を介し、人間関係をつないで、越境的、広域的な交易関係が形作られる具体的な姿は、平安末期から中世にかけて成立した『今昔物語集《こんじやくものがたりしゆう》』『宇治《うじ》拾遺物語《しゆういものがたり》』の説話のなかにも描かれている。それは、一一世紀初頭頃、筑紫《つくし》に官人として赴任していた秦貞重《はたのさだしげ》と、博多に居留する唐商人とのやりとりに関する物語である。

筑紫から上京することになった貞重は、大刀一〇腰を質に、唐商人から京の関白や知人、つまりは権門に贈る唐物を手に入れた。この時、唐商人が貞重に渡した品々は、貞重の予想を大きく上回る量であった。こうして京での政治活動をうまく終えた貞重は筑紫へ戻る。その途中、彼の従者が淀の船上で商人から大粒の真珠をすすめられた。従者が真珠の代価に普段着の上着を提示すると、もうけたと思った商人は、それを受け取りあわてて去った。その様子を見て、従者は高い買い物をしたと悟り、少し後悔した。一方、筑紫に戻った貞重は、唐商人のもとを訪問し、彼が質の価値を上回る唐物を用意してくれたことに感謝しつつ、酒を酌み交わしていた。このとき、唐商人の使用人が、真珠を高値で売ろうと企てる貞重の従者と接触する。それを使用人から告げられた唐商人は、貞重にその真珠が欲しいと申し出る。貞重は従者から真珠を召し上げ、これを唐商人に渡した。すると唐商人は、質の大刀一〇腰を貞重にすべて返却した。貞重従者が普段着と交換した真珠が、唐人には、貞重が京の有力者たちに贈った多くの唐物に、大刀一〇腰を足しても余りある価値をもっていたのである。

この説話によると、真珠は最終的に、唐物+大刀一〇腰と交換された。しかし、そこにいたるまでの経緯とそこに含まれる社会関係はとても複雑で多様である。

まず、貞重の依頼で唐商人が用意した唐物は、貞重が質とした大刀一〇腰の価値を上回るものであった。その差額分は唐商人から貞重への贈与、つまりは賄賂《わいろ》ということになるだろう。唐商人は貞重に期待以上の便宜をはかることで、権門ともつながる筑紫の地方役人の信頼を得ていたのである。唐商人にとって、これが後日効いてくる。売り惜しみして値段をつり上げようとする貞重の従者の真珠を、主人貞重を使って有利に入手することができたからである。ここに描かれた貞重と唐商人の交易は、贈与によって築かれた人間関係を内在させて、おそらくは数ヶ月ほどの時間をかけて成立したものである。

一方、貞重の従者と淀の商人との真珠の取引は、その場限りで成立した売買関係だが、ここにはむしろ人間関係が築かれることへの抵抗がある。得をしたと思った商人は、利益を早く確定したくて、その場から素早く立ち去った。交渉を続けて、従者との間に人間関係ができてしまうと、そのうしろめたさに耐えられなくなると思ったからであろう。それをみて、従者はようやく損をしたことに気づく。

このように実際の交易は、贈与や、それによって築かれる人間関係を組み込み、長い時間をかけて行われるものと、人間関係を拒む一過性のものが組み合わされ、連鎖的に行われていた。その動機も多様である。唐商人や淀商人の動機は、そこから直接経済的な利益を得ることにあるし、真珠を転売しようとした貞重の従者も、最終的にはそのような気持ちをもつようになった。しかし貞重の場合は、京の権門たちに贈り物を渡して、政治的な信頼と将来を得ようとする、政治的、身分的動機である。地方の貞重と中央の権門の間には、唐物を贈り政治的地位を保障されることが、贈答の関係にあるのだ。説話には語られないが、唐商人の利益を求める動機にも、彼の社会生活とかかわる、唐土へもつながるさまざまな社会関係がからみついていたことだろう。こうしてたった一つの交易でも、そこにあらわれる歴史世界は、経済的関係を超えて、あるいは国境を越えて、それを成り立たせる人間関係、社会関係の世界と、その間を行き交うモノの移動の世界へと広がっていくのである。

エピローグ——中心と周縁の列島交易史

歴史のなかで、中心と周縁の関係は絶えずせめぎ合い揺れ動く。交易史には、そのダイナミズムがはっきりと刻印されている。もともと越境的な性格をもつ交易関係には、いくつもの中心—周縁の社会関係や人間関係が多元的、重層的に交差している。このため、特定の中心を相対化する社会関係も築かれやすい。交易拠点は、まさにそのるつぼであった。

弥生《やよい》時代の西日本西部の発展は、東アジア海域交流・交易圏の発展と密接に関係していた。その結節点となる列島西端の北部九州が倭《わ》人の有力勢力として成長したのは、中国大陸から朝鮮半島・日本列島へと向かう、東アジアの中心—周縁関係の影響を多分に受けている。

けれども三世紀に入る頃から、西日本東部の邪馬台国《やまたいこく》が、東日本との交流・交易の結節点として発展し、ここが連合諸国を束ねる中心となっていった。西からの東アジア海域交流・交易圏の刺激を受けながら、東方へと広がる列島諸社会の政治統合が開始されたとき、倭人社会の中心は、西日本と東日本をつなぐ場所に設けられたのである。ヤマトを中心とした倭王権の形成は、おそらくここを出発点とする。一方、東アジア海域との結節点であった北部九州には、「一大率《いちだいそつ》」や「那津官家《なのつのみやけ》」といった官が置かれ、倭人の国際交流・交易を管理した。それは、政治的な秩序が異文化間の交易・交流の発展に寄与するものだったからだけでなく、ここにもたらされるモノと、そこを結節点に結ばれる列島を越えた東アジア海域の中心と周縁の諸関係が、倭王権を軸とする中心―周縁関係を相対化し揺るがす力をもっていたからである。

律令国家は、この矛盾をはらんだ倭王権以来の権力構造に国境を持ち込み、その内部を中央集権的に体制化し安定化させせようとした。対外関係を独占的に管理すると、国内においては、中華天皇の姿を唐皇帝と重ねながら、舶来の奢侈《しゃし》品を優先的にかき集め、身分制に応じて分配し、天皇とその都の中心性を保とうとした。一方、外交においては、唐を軸とする東アジアの中心―周縁関係を利用しつつ、新羅《しらぎ》や渤海《ぼっかい》とも交易品で競い合い、自らの国際的ポジションを高めようとした。

しかし、律令国家が当初想定していなかった海商の時代の到来は、中央集権的に体制化した「日本」の中心―周縁関係を再び揺らしはじめる。交易関係に埋め込まれた列島を越える諸関係が、北部九州で結ばれるようになったからである。これに刺激され、列島中央部だけでなく、列島の北方や南方でも交易社会が発展し、都を中心とする「日本」との結節点に、新たな中心の胎動がはじまった。そして古代国家も、こうした国際社会の変化と連動した列島諸社会の変化に対応し、自らの姿を変えていったのである。

結局、いつの時代も、分業を発達させ高度化する社会、競い合う社会は、越境的な交易関係を強く求め合う。それは、互いの社会を結びつけ、互いに価値の共有を生み出す一方、新秩序を欲し、新たな支配や中心―周縁関係をも生み出す。だから政治の役割もなかなか縮小しない。

今のグローバル化がもたらす社会変化と社会不安、政治への期待や不安も、決して現代特有の現象とはいえないだろう。今の私たちは、この「変化」と「不安」に少々疲れ気味だが、歴史はむしろこうして動いてきたのだから、それと縁を切るのは歴史を止めるのと同じくらい難しい。昔のほうがマシだったと、歴史の針を逆回しにすることなどできないし、逆回しにしたところで、その「変化」や「不安」からは逃れられないのである。

ただ、歴史はいくつかの選択が積み重なった結果でもある。だから今、私たちが問うべきは、グローバル化やボーダレス化自体の是非よりも、それが引き起こすいくつかの問題や課題、可能性に、どう選択的に向き合うのか、言い換えれば今後の歴史をどう創るかということなのではないだろうか。歴史に責任をもつというのは、私たちが未来にとっての歴史的存在となることを自覚し、未来の社会に責任をもつことだと思う。そして、その自覚と覚悟で過去を見つめるならば、歴史は我々に重要な示唆を豊富に与えてくれるとも思うのである。

【参考文献】

Ⅰ

東潮『倭と加耶の国際環境』（吉川弘文館、二〇〇六年）
石川岳彦「日本への金属器の渡来」（『弥生農耕のはじまりとその年代』〈新弥生時代のはじまり第4巻〉雄山閣、二〇〇九年）
石母田正『日本の古代国家』（岩波書店、一九七一年）
井上主税『朝鮮半島の倭系遺物からみた日朝関係』（学生社、二〇一四年）
岡村秀典「考古学からみた漢と倭」（『倭国誕生』〈日本の時代史1〉吉川弘文館、二〇〇二年）
春日市教育委員会編『奴国の首都　須玖岡本遺跡』（吉川弘文館、一九九四年）
久住猛雄「「博多湾貿易」の成立と解体―古墳時代初頭前後の対外交易機構」（『考古学研究』五三―四、二〇〇七年）
小林茂文『周縁の古代史』（有精堂、一九九四年）
小林青樹「春秋戦国時代の燕国と弥生文化」（『歴史のなかの人間』〈野州叢書3〉おうふう、二〇一二年）
鈴木靖民『倭国史の展開と東アジア』（岩波書店、二〇一二年）
高久健二「楽浪郡と三韓の交易システムの形成」（『東アジア世界史研究センター年報』六号、二〇一二年）
田中史生「〈異人〉〈異域〉と古代の交通」（『歴史評論』五九七、二〇〇〇年）
鶴間和幸「秦漢帝国と東アジア海域」（『東アジア海をめぐる交流の歴史的展開』東方書店、二〇一〇年）

仁藤敦史「「邪馬台国」論争の現状と課題」（『歴史評論』七六九、二〇一四年）
朴天秀『加耶と倭』（講談社選書メチエ、二〇〇七年）
菱田哲郎「古墳時代の社会と豪族」（『岩波講座　日本歴史』第1巻、岩波書店、二〇一三年）
松木武彦『古墳とはなにか―認知考古学からみる古代』（角川学芸出版、二〇一一年）
松原弘宣『日本古代水上交通史の研究』（吉川弘文館、一九八五年）
松丸道雄他編『世界歴史大系　中国史1』（山川出版社、二〇〇三年）
宮﨑貴夫『原の辻遺跡』〈日本の遺跡32〉（同成社、二〇〇八年）
宮﨑貴夫「「南北市糴」考」（『古代壱岐島の世界』高志書院、二〇一二年）
村上恭通『古代国家成立過程と鉄器生産』（青木書店、二〇〇七年）
山尾幸久『古代王権の原像』（学生社、二〇〇三年）
山口昌男『文化と両義性』（岩波書店、一九七五年）
吉田孝『日本の誕生』（岩波新書、一九九七年）
李成市「新羅の国家形成と加耶」（『倭国と東アジア』〈日本の時代史2〉吉川弘文館、二〇〇二年）

Ⅱ

伊藤幹治『贈答の日本文化』（筑摩選書、二〇一一年）
大高広和「沖ノ島研究の現在」（『歴史評論』七七六、二〇一四年）
笹生衛「日本における古代祭祀研究と沖ノ島祭祀―主に祭祀遺跡研究の流れと沖ノ島祭祀遺跡の関係から」（『「宗像・沖ノ島と関連遺産群」研究報告Ⅱ―1』「宗像・沖ノ島と関連遺産群」世界遺産推進会議、二〇一二年）
重藤輝行「宗像地域における古墳時代首長の対外交渉と沖ノ島祭祀」（『「宗像・沖ノ島と関連遺産群」研究報告Ⅰ』「宗像・沖ノ島と関連遺産群」世界遺産推進会議、二〇一一年）

関口裕子「日本古代の戦争と女性」（『家・社会・女性』吉川弘文館、一九九七年）
高田貫太『古墳時代の日朝関係―新羅・百済・大加耶と倭の交渉史』（吉川弘文館、二〇一四年）
田中俊明『大加耶連盟の興亡と「任那」―加耶琴だけが残った』（吉川弘文館、一九九二年）
田中史生『倭国と渡来人―交錯する「内」と「外」』（吉川弘文館、二〇〇五年）
田中史生「六世紀の倭・百済関係と渡来人」（『百済と倭国』高志書院、二〇〇八年）
田中史生「倭国史と韓国木簡―六・七世紀の文字と物流・労働管理」（『日本古代の王権と東アジア』吉川弘文館、二〇一二年）
田中史生「倭の五王と列島支配」（『岩波講座　日本歴史』第1巻、岩波書店、二〇一三年）
菱田哲郎「古墳時代の社会と豪族」（『岩波講座　日本歴史』第1巻、岩波書店、二〇一三年）
松木武彦『古墳とはなにか―認知考古学からみる古代』（角川学芸出版、二〇一一年）
三﨑良章『五胡十六国―中国史上の民族大移動』（東方書店、二〇一二年）

Ⅲ

飯田剛彦「正倉院宝物の世界」（『律令国家と東アジア』〈日本の対外関係2〉吉川弘文館、二〇一一年）
榎本淳一『唐王朝と古代日本』（吉川弘文館、二〇〇八年）
金子修一『隋唐の国際秩序と東アジア』（名著刊行会、二〇〇一年）
シャルロッテ・フォン・ヴェアシュア『モノが語る日本対外交易史　七―一六世紀』（藤原書店、二〇一一年）
新川登亀男『日本古代の対外交渉と仏教』（吉川弘文館、一九九九年）
鈴木靖民『日本古代の周縁史―エミシ・コシとアマミ・ハヤト』（岩波書店、二〇一四年）
田中聡『日本古代の自他認識』（塙書房、二〇一五年）
田中史生「〈異人〉〈異域〉と古代の交通」（『歴史評論』五九七、二〇〇〇年）
田中史生『国際交易と古代日本』（吉川弘文館、二〇一二年）

田村圓澄編『古代を考える　大宰府』（吉川弘文館、一九八七年）
東野治之『正倉院文書と木簡の研究』（塙書房、一九七七年）
東野治之『遣唐使と正倉院』（岩波書店、一九九二年）
東野治之『正倉院』（岩波新書、一九八八年）
畑中彩子「長屋王邸の「竹」―タケ進上木簡から考える古代のタケの用途」（『古代文化』五九五、二〇一四年）
廣瀬憲雄『古代日本外交史―東部ユーラシアの視点から読み直す』（講談社選書メチエ、二〇一四年）
保立道久『黄金国家』（青木書店、二〇〇四年）
蓑島栄紀『古代国家と北方社会』（吉川弘文館、二〇〇一年）
森公章『遣唐使の光芒―東アジアの歴史の使者』（角川選書、二〇一〇年）
李成市『東アジアの王権と交易』（青木書店、一九九七年）
渡邊誠『平安時代貿易管理制度史の研究』（思文閣出版、二〇一二年）

Ⅳ

今村啓爾「木簡に見る和銅年間以前の銀と銀銭の計量・計数単位」（『史学雑誌』一一一―八、二〇〇二年）
安藤更生『鑑真』（吉川弘文館、一九八九年）
亀井明徳「鴻臚館貿易」（『九州・沖縄』〈新版［古代の日本］③〉角川書店、一九九一年）
蒲生京子「新羅末期の張保皐の抬頭と反乱」（『朝鮮史研究会論文集』一六、一九七九年）
鬼頭清明『古代木簡と都城の研究』（塙書房、二〇〇〇年）
酒寄雅志『渤海と古代の日本』（校倉書房、二〇〇一年）
田中史生『日本古代国家の民族支配と渡来人』（校倉書房、一九九七年）
田中史生『国際交易と古代日本』（吉川弘文館、二〇一二年）
東野治之『鑑真』（岩波新書、二〇〇九年）

堀敏一『東アジアのなかの古代日本』（研文出版、一九九八年）
森部豊『安禄山――「安史の乱」を起こしたソグド人』（山川出版社、二〇一三年）
李基東「張保皐とその海上王国（上）（下）」（『アジア遊学』二六、二七、二〇〇一年）

Ⅴ

河添房江『唐物の文化史』（岩波新書、二〇一四年）
蒲生京子「新羅末期の張保皐の抬頭と反乱」（『朝鮮史研究会論文集』一六、一九七九年）
佐伯有清『智証大師伝の研究』（吉川弘文館、一九八九年）
田中史生『国際交易と古代日本』（吉川弘文館、二〇一二年）
鄭有国『中国市舶制度研究』（福建教育出版社、二〇〇四年）
戸田芳実『日本領主制成立史の研究』（岩波書店、一九六七年）
藤田豊八『東西交渉史の研究　南海篇』（荻原星文館、一九四三年）
保立道久『黄金国家』（青木書店、二〇〇四年）
皆川雅樹『日本古代王権と唐物交易』（吉川弘文館、二〇一四年）
山崎雅稔「承和の変と大宰大弐藤原衛4条起請」（『歴史学研究』七五一、二〇〇一年）
李炳魯「九世紀初期における「環シナ海貿易圏」の考察―張保皐と対日交易を中心として」（『神戸大学史学年報』八、一九九三年）
李基東「張保皐とその海上王国（上）（下）」（『アジア遊学』二六、二七、二〇〇一年）
渡邊誠『平安時代貿易管理制度史の研究』（思文閣出版、二〇一二年）

Ⅵ

石井正敏「九世紀の日本・唐・新羅三国間貿易について」（『歴史と地理』三九四、一九八八年）

石上英一「日本古代一〇世紀の外交」（『東アジア世界における日本古代史講座』七巻、学生社、一九八二年）
石見清裕「唐の絹貿易と貢献制」（『九州大学東洋史論集』三三、二〇〇五年）
榎本淳一『唐王朝と古代日本』（吉川弘文館、二〇〇八年）
榎本渉『僧侶と海商たちの東シナ海』（講談社選書メチエ、二〇一〇年）
河内春人『東アジア交流史のなかの遣唐使』（汲古書院、二〇一三年）
川尻秋生『平安京遷都』（岩波新書、二〇一一年）
金文経「円仁と在唐新羅人」（『円仁とその時代』高志書院、二〇〇九年）
今正秀『藤原良房』（山川出版社、二〇一二年）
齊藤圓眞『参天台五臺山記』Ⅰ（山喜房佛書林、一九九七年）
佐伯有清『最後の遣唐使』（講談社学術文庫、二〇〇七年）
佐伯有清『智証大師伝の研究』（吉川弘文館、一九八九年）
佐藤全敏『平安時代の天皇と官僚制』（東京大学出版会、二〇〇八年）
田中史生「奈良・平安時代の出雲の玉作」（『出雲古代史研究』一一号、二〇〇一年）
田中史生『国際交易と古代日本』（吉川弘文館、二〇一二年）
田中史生「入唐僧恵蕚に関する基礎的考察」（『入唐僧恵蕚と東アジア　附恵蕚関連史料集』勉誠出版、二〇一四年）
玉井力『平安時代の貴族と天皇』（岩波書店、二〇〇〇年）
張剣光『唐五代江南工商業布局研究』（江蘇古籍出版社、二〇〇三年）
堀敏一『東アジアのなかの古代日本』（研文出版、一九九八年）
皆川雅樹『日本古代王権と唐物交易』（吉川弘文館、二〇一四年）
森克己『新訂　日宋貿易の研究』（勉誠出版、二〇〇八年）
森公章『遣唐使と古代日本の対外政策』（吉川弘文館、二〇〇八年）

森公章「朱仁聰と周文裔・周良史―来日宋商人の様態と藤原道長の対外政策」（『東洋大学文学部紀要　史学科篇』四〇、二〇一四年）
山崎覚士『中国五代国家論』（思文閣出版、二〇一〇年）
山崎覚士『海商とその妻―十一世紀中国の沿海地域と東アジア海域交易―』（佛教大学歴史学部『歴史学部論集』創刊号、二〇一一年）
葉喆民『隋唐宋元陶瓷通論』（紫禁城出版社、二〇〇三年）
吉川真司「院宮王臣家」（『平安京』〈日本の時代史5〉吉川弘文館、二〇〇二年）
渡邊誠『平安時代貿易管理制度史の研究』（思文閣出版、二〇一二年）

Ⅶ

青森市教育委員会『石江遺跡群発掘調査報告書Ⅶ』第三分冊（二〇一四年）
赤木崇敏「ソグド人と敦煌」（『ソグド人と東ユーラシアの文化交渉』勉誠出版、二〇一四年）
石井正敏「日本・高麗関係に関する一考察―長徳三年（九九七）の高麗来襲説をめぐって」（『アジア史における法と国家』中央大学出版部、二〇〇〇年）
石井正敏「遣唐使以後の中国渡航者とその出国手続きについて」（『島と港の歴史学』中央大学出版部、二〇一五年）
榎本渉「宋代市舶司貿易にたずさわる人々」（『港町に生きる』〈港町の世界史③〉青木書店、二〇〇六年）
榎本渉『東アジア海域と日中交流―九～一四世紀』（吉川弘文館、二〇〇七年）
小川弘和「荘園制と「日本」社会―周縁からの中世」（『北から生まれた中世日本』高志書院、二〇一二年）
K．ポランニー『人間の経済　2』（玉野井芳郎・中野忠訳、岩波書店、一九八〇年）
亀井明徳「日宋貿易関係の展開」（『岩波講座　日本通史』六、岩波書店、一九九五年）
唐津市教育委員会『鶏ノ尾遺跡（2）』（二〇〇三年）

喜界町教育委員会編『城久遺跡群—総括報告書』（二〇一五年）
齋藤圓眞『参天台五臺山記』Ⅰ（山喜房佛書林、一九九七年）
斉藤利男『平泉—北方王国の夢』（講談社選書メチエ、二〇一四年）
佐伯有清『高丘親王入唐記』（吉川弘文館、二〇〇二年）
鈴木靖民『日本古代の周縁史—エミシ・コシとアマミ・ハヤト』（岩波書店、二〇一四年）
席龍飛『中国造船史』（湖北教育出版、二〇〇〇年）
竹沢尚一郎「贈与・交換・権力」（『岩波講座　現代社会学』一七巻所収、岩波書店、一九九六年）
田中史生『国際交易と古代日本』（吉川弘文館、二〇一二年）
永山修一『隼人と古代日本』（同成社、二〇〇九年）
永山修一「古代・中世のリャウキュウ・キカイガシマ」（『古代・中世の境界意識と文化交流』勉誠出版、二〇一一年）
西嶋定生『古代東アジア世界と日本』（李成市編、岩波書店、二〇〇〇年）
林文理「博多綱首の歴史的位置—博多における権門貿易」（大阪大学文学部日本史研究室編『古代中世の社会と国家』清文堂出版、一九九八年）
原美和子「宋代東アジアにおける海商の仲間関係と情報網」（『歴史評論』五九二、一九九九年）
フィリップ・カーティン『異文化間交易の世界史』（NTT出版、二〇〇二年）
藤善眞澄『参天台五臺山記の研究』（関西大学出版部、二〇〇六年）
牧田諦亮『中国仏教史研究　第二』（大東出版社、一九八四年）
蓑島栄紀『古代国家と北方社会』（吉川弘文館、二〇〇一年）
蓑島栄紀「十〜十一世紀の北東アジア情勢と「北の中世」への胎動」（『北から生まれた中世日本』高志書院、二〇一二年）
宮崎正勝『イスラム・ネットワーク—アッバース朝がつなげた世界』（講談社選書メチエ、一九九四年）

森公章『成尋と参天台五臺山記の研究』（吉川弘文館、二〇一三年）
山内晋次『日宋貿易と「硫黄の道」』（山川出版社、二〇〇九年）
山口博『平安貴族のシルクロード』（角川選書、二〇〇六年）
ヨーゼフ・クライナー、吉成直樹、小口雅史編『古代末期・日本の境界―城久遺跡群と石江遺跡群』（森話社、二〇一〇年）
渡邊誠『平安時代貿易管理制度史の研究』（思文閣出版、二〇一二年）

あとがき

私は今、本書の評価もまだ受けていないというのに、不覚にも少々ほっとしている。ようやく「あとがき」までこぎ着けたからである。本書の執筆は、私としてはいつもより多くの時間がかかってしまった。ベースとなる自身の専門研究は『国際交易と古代日本』（吉川弘文館、二〇一二年）をはじめ、いくつか行ってきたつもりではあった。それでも筆はなかなか進まなかった。他にもいくつか難しい仕事を抱え込んでいたことが影響していたとは思う。けれども何よりも、本書の掲げたテーマに対し、自らの課した宿題が私自身に重くのしかかったのである。

近年、古代・中世史の分野では、本書のテーマとかかわる研究が大きく進展している。そのなかで、古代の国際交易については、国家の管理体制がかなり有効に機能していた事実も次つぎと明らかとなってきた。ただ、こうした研究も、海商の動きが活発化した九世紀以降、つまりは平安時代を対象とした実証研究を主な土台としていて、奈良時代以前の歴史に対するパースペクティブは弱い。あるいは八世紀以前は、国家使節団を中心とする政治・外交的な交流に若干の交易が付随していたにすぎないといわれることもある。けれどもこうした評価も、考古学を含む倭国《わこく》の時代の交流史の研究成果を踏まえたものとはいえないだろう。そもそも国家成立以前も扱う古代史にとって、国家の存在自体が自明ではない。また平安時代の中央政府が、管理の目をかいくぐる私的な国際交易活動に何度も禁令をだし、「海賊」ともなりうるような越境的な交易者に頭を悩ませていたことも事実である。古代の国際交易に政治的管理が重要な役割を果たしていたことと、時に管理の枠を越えてまで越境的な活動を活発化させる交易者たちの動きは、おそらく関連しているだろう。

こうした考えから、私は本書の執筆に際し、予め二つの点に留意することを決めていた。その一つは、交易をキーワードに、列島古代の国際交流の変遷がなるべく概観できるものとすること。もう一つは、古代列島をとりまく多様な地域や交易者たちの主体性を踏まえながら、東アジア各地の動き、列島各地の動き、王権・国家の展開の関連性をとらえること、である。折しも、私にとって日常的な現場である大学教育の場では、まさに国家的政策となった「グローバル教育」と「地域貢献」という二つのキーワードが大きな話題となっていた。その背景には、現実社会の変化に大学も研究教育も十分に対応できていない、という批判がある。その通りだと思う一方で、そのために今の私たちが何をなすべきかという議論や、グローバルとローカルのとらえ方に関する議論には、疑問を感じるものも少なくなかった。昔も今も、グローバルとローカルは分かちがたく結びついている。本書に課した宿題は、現代的な課題ともリンクしうると考えた次第である。

ところがこのために、ほぼ一五〇〇年もの時を相手にするはめになり、取り上げる人や地域も多岐にわたることとなった。そうなると、目配りすべき研究成果の範囲も広がる。新しい研究成果や見解が次々と発表されている分野だし、限られた紙幅において、それらの交通整理は予想以上に難しかった。

結局、本書の設定した課題は、自身の能力も顧みず、やや欲張りすぎたかもしれない。そのために、消化不良となった部分のあることは否めない。他にも取り上げたい、あるいは取り上げるべき交易者や地域、さらには貴重な発掘成果や研究成果があった。見落としも少なくないだろう。しかしそれでも、これだけの時間と多様な主体を、国際交易というテーマで一気につなげてみたことで、私には、新たな発見や気づきがいくつもあった。今後につながる課題もいろいろと確認できた。こうした貴重な機会を与えていただいた角川学芸出版（当時）の関係者の皆様と、最初の構想段階からここにいたるまで励ましとご支援をいただいた㈱ＫＡＤＯＫＡＷＡの大蔵敏氏に、心から御礼を申し上げる。

二〇一五年一一月

田中史生

田中史生（たなか・ふみお）
1967年福岡県生まれ。早稲田大学第一文学部史学科卒業。國學院大學大学院文学研究科日本史学専攻博士課程後期修了、博士（歴史学）。関東学院大学経済学部教授。専門は日本古代史。地域史や国際交流史の研究から列島の古代社会の多元性・多様性・国際性を解明。著書に『日本古代国家の民族支配と渡来人』（校倉書房）、『越境の古代史』（ちくま新書）、『倭国と渡来人』（歴史文化ライブラリー）、『国際交易と古代日本』（吉川弘文館）など、編著に『入唐僧恵蕚と東アジア』（勉誠出版）などがある。

角川選書567

国際交易《こくさいこうえき》の古代列島《こだいれっとう》

平成28年1月25日　初版発行
令和6年10月30日　3版発行

著　者／田中史生《たなかふみお》

発行者／山下直久

発　行／株式会社KADOKAWA
〒102-8177　東京都千代田区富士見2-13-3
電話 0570-002-301（ナビダイヤル）

印刷所／株式会社KADOKAWA

製本所／株式会社KADOKAWA

装　丁／片岡忠彦　　帯デザイン／Zapp!

ISBN 978-4-04-703567-6 C0321

◆◇◇

この書物を愛する人たちに

詩人科学者寺田寅彦は、銀座通りに林立する高層建築をたとえて「銀座アルプス」と呼んだ。戦後日本の経済力は、どの都市にも「銀座アルプス」を造成した。アルプスのなかに書店を求めて、立ち寄ると、高山植物が美しく花ひらくように、書物が飾られている。

印刷技術の発達もあって、書物は美しく化粧され、通りすがりの人々の眼をひきつけている。
しかし、流行を追っての刊行物は、どれも類型的で、個性がない。
歴史という時間の厚みのなかで、流動する時代のすがたや、不易な生命をみつめてきた先輩たちの発言がある。
また静かに明日を語ろうとする現代人の科白がある。これらも、
銀座アルプスのお花畑のなかでは、雑草のようにまぎれ、人知れず開花するしかないのだろうか。
マス・セールの呼び声で、多量に売り出される書物群のなかにあって、
選ばれた時代の英知の書は、ささやかな「座」を占めることは不可能なのだろうか。
マス・セールの時勢に逆行する少数な刊行物であっても、この書物は耳を傾ける人々には、
飽くことなく語りつづけてくれるだろう。私はそういう書物をつぎつぎと発刊したい。
真に書物を愛する読者や、書店の人々の手で、こうした書物はどのように成育し、開花することだろうか。
私のひそかな祈りである。「一粒の麦もし死なずば」という言葉のように、
こうした書物を、銀座アルプスのお花畑のなかで、一雑草であらしめたくない。

一九六八年九月一日

角川源義

戦国大名・伊勢宗瑞
黒田基樹

近年人物像が大きく書き換えられた伊勢宗瑞。北条氏研究の第一人者が、最新の研究成果をもとに、新しい政治権力となる戦国大名がいかにして構築されたのかを明らかにしつつ、その全体像を描く初の本格評伝。

624

978-4-04-703683-3

新版 古代史の基礎知識
編 吉村武彦

歴史の流れを重視し、考古学や歴史学の最新研究成果を取り入れ、古代史の理解に必要な重要事項を配置。新聞紙上をにぎわしたトピックをはじめ、歴史学界で話題の論争も積極的に取り上げて平易に解説する。

643

978-4-04-703672-7

シリーズ世界の思想
マルクス　資本論
佐々木隆治

経済の停滞、政治の空洞化……資本主義が大きな転換点を迎えている今、マルクスのテキストに立ち返りこの世界の仕組みを解き明かす。原文の抜粋と丁寧な解説で読む、画期的な『資本論』入門書。

1001

978-4-04-703628-4

シリーズ世界の思想
プラトン　ソクラテスの弁明
岸見一郎

古代ギリシア哲学の白眉ともいえる『ソクラテスの弁明』の全文を新訳とわかりやすい新解説で読み解く。誰よりも正義の人であったソクラテスが裁判で何を語ったかを伝えることで、彼の生き方を明らかにする。

1002

978-4-04-703636-9

密談の戦後史
塩田　潮

次期首相の座をめぐる裏工作から政界再編の秘密裏交渉まで、歴史の転換点で行われたのが密談である。憲法九条誕生から安倍晋三再擁立まで、政治を変える決定的な役割を担った密談を通して知られざる戦後史をたどる。

601

978-4-04-703619-2

今川氏滅亡
大石泰史

駿河、遠江、三河に君臨した大大名・今川氏は、なぜあれほど脆く崩れ去ったのか。国衆の離叛や「家中」弱体化の動向等を、最新研究から丹念に検証。桶狭間敗北や氏真に仮託されてきた亡国の実像を明らかにする。

604

978-4-04-703633-8

古典歳時記
吉海直人

日本人は自然に寄り添い、時季を楽しんできた。旬の食べ物、花や野鳥、気候や年中行事……暮らしに根ざすテーマを厳選し、時事的な話題・歴史的な出来事を入り口に、四季折々の言葉の語源と意味を解き明かす。

606

978-4-04-703657-4

エドゥアール・マネ
西洋絵画史の革命
三浦　篤

一九世紀の画家、マネ。伝統絵画のイメージを自由に再構成するその手法は、現代アートにも引き継がれる絵画史の革命だった。模倣と借用によって創造し、古典と前衛の対立を超えてしまう画家の魅力に迫る。

607

978-4-04-703581-2